被禁止的历史
Forbidden History

史前科技、外星人干预和被隐瞒的文明起源真相

〔美〕J.道格拉斯·凯尼恩 编撰　周子玉 译

凤凰出版传媒集团　｜　凤 凰 联 动　　尚书文化传媒
江苏人民出版社　　　FONGHONG　　Shang Shu Culture Media Co.,Ltd

图书在版编目（CIP）数据

被禁止的历史 /（美）凯尼恩（Kenyon,J.D.）著；周
子玉译 . -- 南京：江苏人民出版社，2011.3
（禁止入内：揭秘被掩盖的事实）
ISBN 978-7-214-06754-8

Ⅰ . ①被… Ⅱ . ①凯… ②周… Ⅲ . ①世界史—文集
Ⅳ . ① K107-53

中国版本图书馆 CIP 数据核字 (2010) 第 262864 号

FORBIDDEN HISTORY: EXTRA TERRESTRIAL INTERVENTION, PREHISTORIC
TECHNOLOGIES, AND THE SUPPRESSED ORIGINS OF CIVILIZATION
by J. DOUGLAS KENYON
Copyright © 2005 by J. DOUGLAS KENYON
This edition arranged with INNER TRADITIONS, BEAR & CO.
Through Big Apple Agency, Inc., Labuan, Malaysia.
Simplified Chinese edition copyright:
2011 © The Shang Shu Culture Media Limited Company of Chongqing Shapingba
c/o JIANGSU PEOPLE'S PUBLISHING HOUSE
All rights reserved.

江苏省版权局著作权合同登记：图字 10-2010-557

书　　名	被禁止的历史
著　　者	［美］J. 道格拉斯·凯尼恩
译　　者	周子玉
责任编辑	刘　焱
出版发行	江苏人民出版社（南京湖南路 1 号 A 楼 邮编：210009）
网　　址	http://www.book-wind.com
集团地址	凤凰出版传媒集团（南京湖南路 1 号 A 楼 邮编：210009）
集团网址	凤凰出版传媒网 http://www.ppm.cn
经　　销	江苏省新华发行集团有限公司
印　　刷	三河市杨庄双菱印刷厂
开　　本	165 毫米 ×240 毫米 1/16
印　　张	17.5
字　　数	230 千字
版　　次	2011 年 3 月第 1 版　2011 年 3 月第 1 次印刷
标准书号	ISBN 978-7-214-06754-8
定　　价	36.00 元

（江苏人民出版社图书凡印装错误可向本社调换）

……关于史前文明及其先进技术存在的令人信服的论据，以及对失落的世界文化源头的追寻。

SirReadaLot.org网站书评

这些著名人物在本书中所作的调查和研究表明，古埃及法老拥有出奇复杂的技术，使我们不得不重新考虑这样一种可能：一次全球性的灾难可能已经改变了文明的进程……这本高明的书质疑了官方提供的关于人类历史发展的记录，以前所未有的视角回顾了人类古老的过去。

弗兰克·约瑟夫（Frank Joseph）
《古代美国》杂志（*Ancient American*）

这是一个伟大的汇编……在回答你所有问题的同时，也让你更多地去发现。

Ladyfogg网站书评

这些关键人物周详而精心的研究，以无可挑剔的短文的形式，呈现出"我们是谁，我们来自何方，我们向何处去？"这样一种广阔的课题情境。我们很高兴能够通过这本书，了解到这些顶尖的神秘主义者、科学家和研究人员有什么最新的发现或发明。

CurledUp.com网站书评

史前的高技术、创造与进化或外星人对地球文明的干预……《被禁止的历史》显示出，为什么这些精良的研究如此难以被正统学术界接受。新的思想对学术既得利益者的威胁，使后者不愿意对世界持有更加理性的看法。本书将冲击那些僵化的头脑。

诺哈夏·坡（Rahasya Poe）
《莲花指南》杂志（*Lotus Guide*）

保密和禁忌必须结束，因为挑战根深蒂固的、过时的世界观，是一个文明社会向更高理想不断发展的基本特征。作为一个迄今为止最好的介绍被压制的替代历史的权威读本，本书对提升文明和人性大有裨益。

《书目》杂志（*Booklist*）

出色的汇编！这是由重要的思想家对一些非常关键问题的讨论。42篇文章涵盖了科学和历史领域中最具挑衅性的议题，对读者来说是一次带有冒险意味的密集性阅读，在过瘾之余渴望进入更深的探索。

《科学美国人读书俱乐部》（*Scientific American Book Club*）

中译本总序

国内的读者在一开始看到这套丛书时，想必会相当惊讶。这套书的每一本均由多篇文章构成，内容包罗万象，不仅涉及了宗教学、灵魂学、先锋物理学、天文学、考古学、心理学，甚至还有篇章谈到了玄学和魔法、超自然和神秘体验等等。这绝对超出了我们从小接受的"科学"范畴。要真正理解道格拉斯·凯尼恩编辑的这套丛书，我想，读者可能需要先了解以下一些概念。

第一个概念是"后现代科学思潮"。西方的后现代科学思潮兴起于20世纪末，在以玻尔为首的哥本哈根学派对量子力学进行了阐释之后，普里高津又给出了耗散结构理论的解释，库恩则在哲学上提出了"范式"理论——这一切都推动了这股思潮的泛滥。

1996年，美国物理学家、纽约大学物理系数学物理学教授索克尔（Alan Sokal）在《社会文本》（*Social Text*）上发表了一篇论文：《跨越边界：通向量子引力的变换解释学》。三周后，他很快就在《交流》（*Lingua Franca*）上发表了另一篇文章《一个物理学家的文化研究实验》，指出他的上一篇论文完全只是一个实验，是一个玩笑，他在论文里有意加入大量常识性错误，比如将量子系统中的"不可对易性"等同于"非线性"，认为圆周率和万有引力常数的数值也可以随着新的科学发现而变化，等等。这篇胡编乱造的论文几乎没有论证，除了论点就是结论。这个事件引发了后现代思想家与传统科学家之间的大混战。即使仅从这个事件所传递的信息来看，便可断言，西方后现代科学思潮，已经形成了一股与传统科学对抗的强大力量。

事实上，我们很难给后现代科学思潮一个明确的定义，一般来说，这个思潮主要包括了科学知识社会学、女权主义科学观、西方后现代主义科学观与极端的环境主义科学观等等。这些研究者通常认为，研究对象并不是客观的，他们更强调研究对象的"社会、制度、性别与历史"的构造；因此，对他们来说，不存在什么客观真理，他们更倾向于用人文科学的方法，即修饰学与解释学的方法去研究科学，认为科学只是一种说服人的艺术。

后现代科学研究者对传统科学的权威主义和精英主义非常反感，他们试图推进科学研究的民主化。传统科学之所以成为他们攻击的目标，主要是由于西方社会自文艺复兴以来的自由主义传统。他们一贯反抗权威，否定专制。在文艺复兴时，科学是一种反对宗教权威的力量。但是，从17世纪以后，科学已经形成了一个基于理性科学的信仰体系，成为了新的权威力量，并且比之前的宗教更为强大和蛮横。

或者我们可以这么解释，后现代科学思潮反对的主要是唯科学主义。要知道，在西方，科学的概念其实是这样界定的：科学可以为我们提供一种对客观世界的近似描述，这个描述并不一定是绝对正确的，但它对我们解决实际问题已经足够用了。

而唯科学主义却认为，科学就是绝对真理。它把特定领域的科学扩张为人类各个领域都必须遵循的范型，科学由此而成为人生观与价值本体论；由于科学已经深入到整个权力、生产与信仰之中，并拥有绝对优先权，因此，这种理念借此将科学人生观尊为现代诸多人生观中唯一的、最权威的人生观，从而以科学的名义在现代多元思想文化中，建立起一种强势专制的意识形态话语，并演变为一种拒绝对科学本身进行反思的现代迷信。

斯宾格勒（Oswald Spengler）在《西方的没落》（*The Decline of the West*）一书中对此作出了预言。他说，科学以一种循环的方式前进，由研究自然，发明新理论的浪漫阶段过渡到科学知识逐渐僵化的巩固阶段。而当科学开始僵化成信仰时，社会就会放弃科学，转而信奉宗教原教主义或其他一些非理性的信仰体系。斯宾格勒还认为，不久就会出现科学的没落以及非理性思潮的复活。显然，看看"新时代运动"，我们就知道他是对的。

因此，我们要了解的另一个概念就是"新时代运动"。中国读者和大众传媒界恐怕对"新时代运动"这个词还感到十分陌生。但这一运动对理解西方文化至关重要。"新时代运动"兴起于20世纪六七十年代的欧美，经过几十年的发展，现在势力已经遍布全球。作为对资本主义工业化和现代性的反拨，它在文化各个重要领域中都有重要的影响。它的前身是欧美反文化性质的嬉皮士运动，现在则发展成了对抗物质主义的超种族、超国界的精神觉醒运动和泛生态运动。这一运动受到后殖民主义的影响，对东方思想和东方宗教推崇备至，希望在基督教之外重新找回人类与自然的和谐状态。

美国学者玛丽娜·托戈尼克（Marianna Torgovnick）写过《原始的激情》（*Primitive Passions*）一书，代表了当今西方学院派对于这个运动的回应。我们可以这么说，不了解新时代运动，就不能真正了解现在的西方文化现象。当我们在影院观赏着《哈利·波特》（*Harry Potter*）、《魔戒》（*The Lord of the Rings*）、《阿凡达》（*Avatar*）等电影，谈论着《暮光之城》（*Twilight*）时，我们并不知道这些流行文化现象背后深层的原因。我们不能理解西方人对东方的禅、易经、老子与道教、太极、武术、星相学、风水，以及各种灵学、元心理学、未来学、外星探索与世界神秘事件探索的热情。或者这样说，这套丛书中的部分篇章基本上就是这个时代运动的产物，如果不能明白这些文章的社会文化背景，我们或许会惊讶于乱力怪神之说，居然也出现在严肃认真的学术探讨中，进而怀疑该书的编辑是否神志不清，错把梦呓当研究了。

其实说到底，无论是后现代科学思潮，还是新时代运动，其中最重要的本质就是"自由"和"多元"。后现代科学思潮试图打破科学纯客观性神话，破坏它的专制和权威，新时代运动力图吸收各种不同文化的营养，反抗西方的理性主义传统。它们都提出了一种民主的知识态度：你尽可以提出各种各样的科学理论和观点，这些理论可能有的合情合理，有的是奇思妙想，有的荒谬绝伦，但要选择什么是我的事情。我绝对不接受你代替我选择的情况，即使你声称，你选择的是最好的、最权威的。

"自由"地享受科学盛宴，这对国内的读者们来说是非常陌生的。这种自由主义精神和西方人文主义精神源出一处，"18世纪"启蒙学者伏尔泰曾说："我不能同意你说的每一句话，但我誓死捍卫你说话的权利。"而我们习惯于接受别人帮我们选好了的东西，无论是现在还在中学生物课上讲授的进化论，还是唯物主义，或者其他东西。阅读本书最重要的一点就是，不要把里面的每个观点当作神祇来崇拜（事实上有些作者之间的观点是冲突的），这有违本套丛书各位作者的初衷，你可以选择，可以嗤之以鼻，也可以真心叹服。

本套丛书中，《被禁止的科学》由熊晓霜翻译，《被禁止的神学》由徐冬姐翻译，我负责翻译的是《被禁止的历史》。这本书横跨的学科非常广，从量子物理学到精神分析学，从地质学、工程学到玄学、埃及古物学都有涉及。译者水平有限，错漏之处在所难免，敬请各位读者指正。另外，在翻译《被禁止的历史》的过程中，非常感谢熊晓霜、杨雅婷和龙颖这几位朋友给予我很多帮助，感谢王慧文为我提供了部分外文参考资料来源，还要感谢周斌先生为译稿提供了很多修改意见。

周子玉

2010年9月19日

3

目录

第五部分
古代高科技

第六部分
思考新模式

部分作者简介/255

导言

J.道格拉斯·凯尼恩

　　按照专家们所说的，当轮子——这个古代第一个伟大的发明出现之后，社会跨过了一个重要的门槛，头也不回地向现代社会直奔而去。最重要的是，我们得说，正是轮子使得原始社会发生了变革，为伟大功绩的上演铺设了舞台。现在流行的理论认为，史前的高度组织化社会是不存在的，这是讨论地球上文明萌芽时的一贯看法。

　　总而言之，他们争论说，如果地球上曾经有早期的高等文明，那么我们应该能够发现它存在的明显证据。大概地说，我们本该看到高速公路啊、桥梁啊、电线啊之类的残骸，找到塑料瓶、城市垃圾场和CD什么的。总之，就是发现这些我们将丢掉并由未来考古学家苦苦思考的东西。

　　但是，一个古代文明是沿着我们相似的道路发展呢？还是已经另辟蹊径？我们要如何理解这样一个世界，这个世界拥有的利用自然力量的技术可能和我们本质上不同，但却同样有效？我们是否能够理解这样一个世界，这个世界能够利用与电力网不同的工具创造并转化能量，能够不用内燃机就长距离旅行，能够不用电脑就进行关于地球科学和天文学的十分复杂的运算？

　　我们是否有这个雅量去认识和尊重和我们不同的文明？还是我们只愿意用最容易的办法，继续对我们神秘的原始祖先抱有粗鲁刻板的印象，否定我们不能立即理解和加以控制的一切？确实现在有这么一些人，包括这本书的众多作者，他们认为寻找一个辉煌但遗失了的文明之源的证据是势在必行的，至少，这种行为应当得到应得的地位。

　　《被禁止的历史》（*Forbidden History*）收集了《崛起的亚特兰蒂斯》（*Atlantis Rising*）杂志过去的优秀篇章，试图进一步展现遗失文明之源的证据，促进一些观念和理论的发展，这些理论与生命和人类种族的源头相关，和当前流行的观念相比，它本身可能更贴近事实。通过展示这些观念，我们希望能够提出一些有趣的刺激的问题。

　　举个例子说，关于史前社会的描述，目前流行的观念是否只不过是一长串自私自利的幻想中的一个？这些幻想让我们认定，精英如果不是我们自身，就是我们的后代。再举个例子，达尔文主义者或者均变论者在看待历史上，都认为我们的世界是一个改变十分缓慢的地方，其中万事万物都自然发展，循序渐进。在一百多万年间，这里没有任何外力来帮助——不，但愿不会发生这事！——以及干涉这个过程。这种说法在学校占据主导地位，根据这种理论，世界运行至今的方式将永远有效。

也许过去半个世纪中,没有人能比最近俄籍美国科学家伊曼纽尔·维里科夫斯基(Immanuel Velikovsky)更直接地联系灾变论观念了。当1950年维里科夫斯基的著作《冲突的世界》(*Worlds in Collision*)出版时,人们轰动了。他接下来的著作《大变动中的地球》(*Earth in Upheaval*)和《混乱的时代》(*Ages in Chaos*)进一步详细阐明了他的理论,扩大了正在越演越烈的论战。曾有一个很权威的科学家认为,金星和地球可能曾经碰撞过,留下了大量令人迷惑的线索。如果我们能够正确地破译遗留的线索,那么在解释我们神奇的历史上将大有作为。

在这些辩论中,维里科夫斯基一贯被毫不客气地嘲笑。虽然如此,如今他的很多预言却都被证实了。许多学界最初不赞同他的学者,包括最近的卡尔·萨根(Carl Sagan),都不得不承认,在某些意义上,维里科夫斯基可能还是有点道理。

几乎没人意识到,维里科夫斯基的职业是精神分析学家,与弗洛伊德(Sigmund Freud)、荣格(Carl Jung)是同行。在我看来,他在精神分析学和社会学上对大灾难的洞见,是对于正确理解古代历史的最伟大贡献。19世纪80年代中期的某天,我偶然发现他的著作《患遗忘症的人类》(*Mankind in Amnesia*),我发现,我们对于地球上人类境况的看法可谓是英雄所见略同。按照维里科夫斯基的说法,地球历史上的心理状态正是遗忘症中的一种:我们发现地球人如今处在一种近精神病状态,得感谢某种集体精神抵御方式,我们现在再也不用记得那些数不胜数的痛苦难忘的事件,也不用忍受回忆带来的痛苦。

当人们目击到威胁生命的事故(如军事战斗、自然灾害,恐怖事件、严重的事故以及强暴之类的个人暴力袭击)之后,通常会出现一系列的精神障碍。今天的精神病学家运用创伤后压力综合征的术语来指称这些精神障碍。它们的症状包括情绪低沉、精神紧张、噩梦和记忆缺失。

我们不得不问,这样一种治疗方案是否应该被运用在整个星球的文明上?对于探索并定义我们谜一般的过去,世人是否都有一种集体抗拒心理?只因为对于揭开历史伤口的恐惧,我们把这种抗拒心理固化成了一个压抑真相的系统。这种心理最后难道不是表现成了暴政?我们抗拒诚实地探查过去,这显然导致了很多恶行。随着时间的流逝,抗拒心理开始法律化和制度化,最后变成了中世纪审判和纳粹德国焚书那样的噩梦。到底有多少次我们作为一个冷酷的精英分子袖手旁观,看到别人以我们的名义来行动,强迫集体潜意识把那些有威胁的(也是禁忌的)知识隔离开来?维里科夫斯基相信,回答应该是"太经常了"。

荣格认为天生的集体无意识是所有人类意识的基石,这种观点在很多方面支持了维里科夫斯基的想法。荣格还认为集体无意识是共有体验之源,它丰富而神秘,能够显露出很多我们最大的欲望和恐惧,其影响被记录在我们的睡梦和神话中。而在这种神话故事的潜台词中，维里科夫斯基读到了巨大的古代悲剧，尽管这悲剧已经被遗忘。

当我仔细回想维里科夫斯基的理论时，我自己的思想就开始成型了。对我来说这很明显，我们确实被说服在特定事实面前闭上双眼，将自己与之隔离，并且让这些错误进一步发展。我们将这种故意的装瞎合理化，甚至赋予这一行为某种权威和高尚的特质。

回想中世纪的教父们，他们拒绝承认伽利略的学说，只不过是因为他们是从利于自己的角度来考虑他的发现。伽利略认为是太阳，而不是地球，是太阳系的中心。无论给出多少证据，这种想法都被认为是异端邪说。换句话说，权威的思想已经编造好了，他们无意被现实之类无关紧要的讨厌事困扰。

到今天为止，这种视而不见的现象是否依然存在呢？我们当中的一部分人认为，是的。当前这种规则的精髓近似于排斥异议的宗教，约翰·安东尼·韦斯特（John Anthony West）曾嘲讽地将这称之为"教会的发展"。正如葛瑞姆·汉卡克（Graham Hancock）在《崛起的亚特兰蒂斯》最近的评论中所说的，"我们之所以要把新世纪的发生史弄得一塌糊涂，正是因为我们都患上了全球性的遗忘症。我们已经忘了我们是谁。"

不幸的是，今天政府当局以及学术界仍然决意阻挠任何可能使这种遗忘症有所好转的做法。这些机构里的人士明确地、有条不紊地否定了所有的、各种各样的可能对主流规则模式造成伤害的理论。

当我们发现很难为领导人的错误选择找到一个恰当的理由时，我们不由得开始思考那些黑暗阴谋论的概念，以及隐藏在幕后的背叛。对维里科夫斯基来说，尽管这些理论被一些人描述为邪恶的，或被其他的人视作自毁和无知的，但它们确实是在受到沉重打击之后试图重获心理平衡的标准做法。

在遗忘症的实例中，事实远不是说我们记忆中有个大洞那么简单。受到致命伤害的伤者会奋起反抗，出于自觉或者不自觉的恐惧，受害者会用尽一切方法来驱除恐怖经验中的恶魔，以防他或者她被打倒。我们该如何继续我们的生活呢？把过去远远扔在背后，认真思考未来？无论如何，要把我们对于这样一段历史的记忆完全消除可不是个轻松的差事。在这个过程中我们可能会丢掉比创伤记忆更多的东西。人之为人的特性，就是有些人称作"灵魂本身"的东西，常常是第一个牺牲品。进一步说，这无论是在维里科夫斯基所说的个人层面上还是集体层面上都是事实。

当然，总是有人会反抗的，虽然反抗的过程可能进行得很缓慢。但社会机构总能及时行动，为了所有人好，它会强迫深层的集体无意识希望某些门继续关着，希望某些让人不舒服的事实继续被遗忘。这样，有些历史就成了禁忌。同时，随着这种事情一再上演，我们也越来越需要得到正确的指引。

这本书的前提就是，我们跟随的神秘地图是由我们的神话、传奇、梦境来绘制的。它们来自荣格所说的宇宙、集体无意识。我们星球的悲惨历史是可以由这些神秘的记录推断出来的。

《圣经》、中美洲印度传说以及世界各地上千个古代神话都印证了柏拉图在《蒂迈欧篇》（*Timaeus*）和《柯里西亚斯》（*Critias*）中对于亚特兰蒂斯的解释。麻省理工的教授吉尔吉奥·德·森蒂拉南（Giorgio de Santillana）是科学史方面的权威，他和科学史教授戴程德（Hertha von Dechend）合著了《哈姆雷特的石磨》（*Hamlet's Mill*），在这本里程碑式的著作中，他们猜测某种先进的科学知识曾被以密码的形式编进古代神话和星相学中。

确实，很多古代社会的神话都充斥着地球以及它的居民们在大洪灾中的故事。我们同意葛瑞姆·汉卡克说的，"当你接受神话发源于高等文明的观点时，你就开始真正理解神话在说什么了"。

我们相信，神话所说的是，巨大的灾难袭击了地球，毁灭了高等文明（这文明和我们的不同）。进一步说，这种毁灭性的灾难在地球的历史中具有周期性的特征，它很有可能再次发生。很多古代典籍（我必须再次提到《圣经》）警告了在末世这种灾难发生的可能性，甚至灾难就可能就发生在我们有生之年。如果这是真的，那么，如果我们不能从历史错误中吸取经验，我们就只能重复灾难。忽略这些来自过去的神秘信息只能说明一件事，那就是我们正在对自己的安危置之不理。

正如汉卡克指出的，我们从祖先那里接受了一份很特别的知识遗产，是时候停止忽视它们的行为了。我们必须重新接受这些遗产，从中学习我们能做什么，因为它们包含了极其重要的信息。要想在未来的挑战中获胜，我们必须重新发现自己的身份。我们得记起我们是谁，我们从哪里来。

最终，我们得清醒过来。

第一部分
过时的学说：饱受诟病的进化论与创造论

1 达尔文之死：徒劳无功地寻找缺失拼图
威尔·哈特

查尔斯·达尔文（Charles Darwin）对观察自然充满了热情，对万物的起源也研究很深，他在生物学中掀起了一场革命。卡尔·马克思（Karl Marx）则是一个敏锐的社会观察者，他同样对物种起源有过认真思考，这位伟人革新了经济学和政治学。这两人同为19世纪的巨人，对后世影响深远。同时他们又都对辩证唯物主义深表赞同。唯物论认为物质是唯一的变化主体，所有的变化都是事物固有的内部矛盾作用的结果。在某些特定年代，唯物辩证主义对知识分子和工人阶级有着很大的吸引力，但最近一个世纪末以来，它开始受到质疑。

达尔文主义也开始处于类似的窘境。并不仅仅是因为创造论者为它敲响了丧钟，达尔文自己也很清楚地意识到进化论的缺陷。他曾把开花植物的起源称作"讨厌的谜题"，并且这个谜题至今仍未得到解决。

图1.1：查尔斯·达尔文。本杰明·卡明斯（Benjamin Cummings）摄。

为了解决这个"讨厌的谜题"，科学家们花费了上百年时间，不辞辛劳地寻找化石遗迹，试图发现从不开花植物到开花植物之间那缺失的一环。不幸的是，在这个过程中大量的疑点如雨后春笋层出不穷。达尔文曾预计到过渡时期化石的空缺造成的问题。他在那时写道："这是一个最严重的、足以推翻整个理论的问题。"

尽管如此，他还是没有预见到将真正威胁进化论基础的东西。为什么呢？因为生物化学在达尔文所处的时代还处于胚芽状态，所以他不可能想象到，在《物种起源》（*Origin of Species*）出版后仅仅不到一百年，DNA的结构就被发现了。

随着科学技术的进步，一位生物化学家成为颠覆进化论的先锋之一。他的名字叫迈克尔·巴赫（Michael Bahe），一位生物学教授，写作了《达尔文的黑匣子》（*Darwin's Black Box*）一书。在书中，巴赫指出试管中出现了一种奇怪的酿造气泡现象。他集中分析了以下五种现象：血液印迹，眼睫毛，人类免疫系统，物质在细胞中的传输，以及合成的核苷酸。他系统地分析了每一种现象，并得到了一个令人震惊的结论：这些系统是如此复杂，进化论声称的那种逐渐的、一步一步来的进化之路根本就不能达到这种程度。

进化论的基础很简单，也许太简单了。它的理论基础就是：地球上的生命进化是通过一系列的生物变化达成的，这些生物变化则是自然选择和随机的基因突变共同起作用的结果。随着时间的过去，一种生物逐渐变成了另一种生物。在适应环境变化的过程中，最适合的种群生存繁衍，而不能适应的种群逐渐消亡。这就形成了进化论最有名的原理：适者生存。

一代又一代，我们都被这样的理论教育着。我们都曾学到，鱼变了两栖类，两栖类变成了爬行动物，爬行动物进化成鸟类，鸟类变成了哺乳动物。显然，向学龄儿童解释这些过程可比证明这些过程要容易多了。

可以这么说，进化论是唯一一种在还没有被科学严密论证的情况下，就在世界范围内广泛传播教育的理论。尽管如此，进化论学家仍然声称进化论不仅仅是一种理论，更是一种科学事实。问题在于神造万物与进化得万物之间根本没有选择。解决这个问题的关键在于：进化论曾经被科学证据证明过吗？

达尔文知道证明进化论的唯一一途径就是努力寻找化石证据。这种努力从他那个时代开始一直延续到今天。有多少古生物学者、地质学家、古迹发掘者、建筑工人、钻井机、钻油机、考古学家、人类学家、学生以及业余化石爱好者在地上锲而不舍地打洞找寻啊。我猜肯定有数百万之众了。

到底有什么化石能够证明过渡种群的存在呢？哈佛大学的生物学家斯蒂芬·杰伊·古尔德（Stephen Jay Gould）是一位进化论的坚决拥护者，但他最近也指出，所有的古生物学家都知道，过渡形态的化石证据微乎其微，主要族类之间的过渡形态更是极其缺乏。

古尔德并没有说化石很少，他只说能用来证明达尔文学说的化石很少。我们得解释一下，古代以及近代族群的化石很多。举个例子，我们发现了早期已经灭绝的灵长类化石，猿人化石，穴居人化石，智人化石，但是没有发现任何能把猿和人类联系起来的化石。我们发现了和达尔文开花植物现象类似的尴尬处境，进化论的阿喀琉斯之踵。

在很多地质图书馆存放了数以百万计的化石。为什么我们找到了3亿年前不开花植物的代表，找到了1亿年前至今仍生存的开花植物的代表，但我们找不到能够处于两个物种之间的中间物种的代表？而这些中间物种正是能够支持进化论的铁证。

要知道，今天世界上没有这样的中间植物，化石上也找不到它们的踪迹。这可真是达尔文的灾难。

这是一个严肃的、关键的问题，它需要被深层次地彻底分析。理查德·米尔顿（Richard Milton）是一个科学记者，他写了篇很敏锐的评论：《生命事实：进化论神性祛魅》（*Facts of Life: Shattering the Myth of Darwinism*）。在这篇文章中，米尔顿说明了他为什么要写这本书："中间物种化石的缺席促使我第一次怀疑达尔文进化论。我还意识到，鉴定石头年代的程序是个无效循环。石头通常被用来鉴定化石的年代，化石也通常被用来鉴定石头的年代。从这儿我开始考虑以前从未想过的一些东西：达尔文进化论是否有科学上的缺陷？"

米尔顿明白地表示，他并不支持那些攻击达尔文进化论的宗教狂热者。

"作为一名一生热爱地质学和古生物学的科学记者和作家，我在观察和报道90年代达尔文进化论的处境时，处于一种很特殊的位置。"他说，"结果是确凿无疑的。进化论已经不起作用了。"

据米尔顿自己说，他曾是一位坚定的进化论者。当他开始审视这个理论时，他定期造访大不列颠享有盛名的博物馆。他收集了最能说明达尔文进化论的例子，满怀热情地仔细查看。但它们一个接一个地打破了他的幻想。他意识到世界上很多科学家已经得到了相同的结论。穿着新装的皇帝显然和猩猩一样是光溜溜的。为什么没有一个专家在公开的出版物中指责这个理论呢？

原因很简单。这些科学家通常在大学或者政府公务员位置上讨生活，他们训练有素、颇有资格。如果他们这么做了，那就是在打破自己的饭碗，而且还将受到众人鄙夷。捣乱可从来不是流行的做法。政府的猎犬们还健在，并且由于达尔文主义者的加入，他们对学术圈的控制更加牢不可破。这些达尔文主义者正在一点点将他们的信仰教条化，就像他们的对头——创造论者们所做的那样。

图1.2：达尔文的探索船：比格号，因修理停靠于新西兰海滩。

尽管如此，科学家们仍然试图悄悄地暗示进化论的问题。1967年一次大学演讲上，世界知名的人类学家路易斯·李基（Louis B. Leakey）提到了"缺失的一环"，他简洁地表示："这儿根本没有什么缺失的一环，而是缺失的无数环。"

古尔德最终写了篇论文，建议应该建立一个理论，专门用来解释中间物种的缺席和新物种的突兀出现。他称这种理论为"间断平衡"。

民众通常不会被告知达尔文进化论存在着科学问题。并且当普通人意识到创造论和进化论之间有着一场战争时，那么他们显然会把这当作是一种保卫行为，一种科学与信仰问题之间的古老战争，这场战争早在一代人之前，就在斯科普斯审判[1]上取得了和解。当然，与此同时，从猴子到人之间"缺失的一环"也

1.又称"猿猴诉讼案"，发生在1925年的美国。20世纪20年代初，美国社会兴起了一场由民主党政客布赖恩领导的反进化论运动，1925年田纳西州的法令明确宣布：本州的一切大学、师范学校和其他各级公立学校，它们的任何教师如果讲授了任何否认上帝创造了人的圣经学说的异端，都将作为违法论罪。
1925年5月7日，布赖恩在田纳西州戴顿镇地方政府向法院起诉，指控当地年轻的生物教员斯科普斯在课堂上讲授进化论，违反该州法律。这一案件惊动了整个美国。最后法官宣布判决：被告斯科普斯处以100美元罚款，并偿付全部审判费用。这就是在美国科学史和法学史上一个经典的诉讼案——"猿猴诉讼案"。

确实让人有所不安。

进化论的坚定信徒们对于中间物种化石的缺失有过长时间的困惑。他们相信，之所以会有这种缺失，是因为他们还没找到着中间物种化石的地方。我们怎么知道事实就是这样呢？只不过是因为达尔文进化论需要这种说法罢了。所以寻找仍在继续。但是，在最终承认根本没有什么过渡物种化石之前，我们还得花多少时间，进行多少次远征，需要多久的探索呢？

达尔文知道，如果没有过渡物种化石的话，他的理论将会成为众矢之的。

遗传学家很久之前就了解，大量的基因突变是无益甚至有害的。换句话来说，基因突变通常是一种错误，是DNA在精确地复制信息过程中的失误。这显然说明了突变不是一种进化必需的可靠手段，因为自然选择显然并没有提供这么一种动力，能够导致进化论者所谓的进化。应该这么说，自然选择的运作更像是一种控制机制，一种反馈系统，它清除掉那些不适应的，选择那些成功适应的。

图1.3：达尔文一直无法解释像睡莲这类的开花植物。

而且，如果把基因突变作为进化的根源，那么问题就更多了。正如巴赫在著作中指出的，细胞的生命太复杂了，以至于根本就不可能是随机性基因突变的产物。达尔文并没有今天生物学家们拥有的实验室技术。他研究的是物种，不是细胞结构、线粒体和DNA。但是突变理论在物种这个领域同样不起作用。

现在我们再回到开花植物这个问题。花儿有着很高的系统性。大多数花朵是特地为蜜蜂和其他授粉昆虫设计的。那么，先有蜜蜂还是先有花朵呢？我们立刻就能发现，首要问题是：世代代依靠无性繁殖的原始不开花植物，是怎么突然就长出了有性繁殖需要的组织呢？

根据进化论，这一切发生在裸子植物变异时，随着时间的推移，裸子植物变成开花植物。这一切可能吗？让我们来思考以下几个事实：在开花植物中，在种子植物能够有性繁殖之前，花粉必须能够从雄性花药传播到雌性柱头。这种变异得从某时某地的一株植物开始。而这时没有昆虫或者动物适合传播花粉，因为在这之前根本没有花朵。也就是说，一旦花粉无法传播，有性繁殖只是一句空谈。

正是在这里，变异、自然选择和渐进主义之间的联合被打破了。无性繁殖是怎么变成有性繁殖的呢？在解释这个问题时，进化论者说，这是因为进化进行得太慢，所以进化之间的关联非常微小，很难被观察到。但这显然是不合逻辑的推论。如果进化真的很缓慢，那么我们应该会找到非常多的化石，它们能够证明"缺失的一环"确实存在。

自然选择不会选择让一种裸子植物或者羊齿植物突然变异出一种新组织，因为这需要毫无意义地消耗植物很多能量。换句话说，无花植物不会慢慢地一部分一部分地长出花朵组织，这样得花上几千万年才能长成具备完整功能的花朵。这显然和达尔文物竞天择和适者生存的理论相悖。

你越是审视进化论的逻辑推理，你越迷惑。既然旁边都没有同种花，那么一种新进化的花要如何繁衍？为什么我们在化石中找到了大量裸子植物和被子植物的证据，却找不到任何中间物种，用来解释植物是如何变异出花朵的？

如果进化论不能解释物种形成的原因，不能解释地球生命如何进化，那么谁能？弗朗西斯·克里克（Sir Francis Crick），DNA双螺旋结构的发现者之一，提出了"胚种论"的概念。这种理论认为生命是由外星球高等文明带到地球上来的。显然克里克不买达尔文的账。另外，巴赫在《达尔文的黑匣子》里还提出了"智能设计论"。

其他的生物学家们，如林恩·马古利斯（Lynn Margulis），则觉得进化论太强调这样一个观点：生存背后主要的动力是竞争。她指出，合作同样易于被观察到，也同样重要——也许更重要。自然界就有很多共生的例子：花朵需要蜜蜂，反过来，蜜蜂也需要花朵。另外一个例子是菌根真菌和森林。菌根真菌上的细菌能够为植物产生氮。这样的例子很多。人类的身体不也是不同的细胞组成的吗？病毒也一起合作创造了复杂的组织。

老模式已经开始让路给新的思想和新的模式，如智能设计论和外星介入论。马克思和弗洛伊德都是19世纪的先行者，他们照亮了知识的小径。同样的先行者还有牛顿。他们的新模式创造了新的前景，解决了旧问题。尽管如此，他们仍有局限。他们的理论是以机械论和唯物主义为基础的。随着爱因斯坦相对论的出现，牛顿理论黯然失色。物理学规律的新模式符合现实，回答了更多的问题，发挥了更大的功用。我们忍不住要猜猜，谁是达尔文之后的那一个呢？

除非有一个能更有效地解释物种起源和进化的理论出现，我们才能说出米尔顿所说的那句话："达尔文主义已经完全没用了。"

2 进化论VS创造论：这是一场严肃的辩论吗？

大卫·路易斯

圣经中的《创世纪》告诉我们，上帝在六天内创造了世界，用地球上的泥土创造了第一个人亚当。很多基督教徒相信，上帝在六千年前的伊甸园创造了人类。科学家和宗教学者称这种理论为"创造论"。

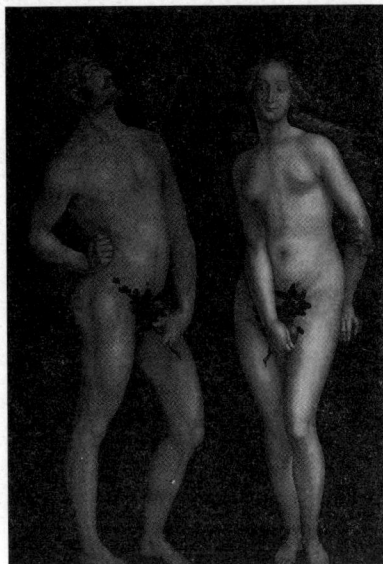

1859年，达尔文提出了另一种观点。他认为人类的出现只有放在物质创造的背景之中，通过进化和自然选择来解释才行。也就是说，适者生存。根据达尔文的学说，人从猴子进化而来，和圣经的解释相比，这确实是个古怪的想法。

创造论和进化论的斗争一直非常激烈。最近，在英属哥伦比亚的阿伯茨福德，有一个基督教徒控制的董事会要求学校，在教进化论的同时也教"智能造人论"（创造论的一种）。《麦克莱恩》（*Maclean*）杂志报道说："他们辩论的真是一个大问题……其中最大的问题是：生命是怎么产生的？是宇宙大爆炸，还是上帝创造的？"

图2.1：《亚当和夏娃》（*Adam and Eva*），拉斐尔（*Raphael*）作。

反对阿伯茨福德政策的人非常担心，怕学校董事会将把《创世纪》放在和达尔文的《物种起源》同等的位置上。他们指责董事会对学生们强加自己的信仰。但与此同时，一些基督徒认为，教达尔文进化论同样意味着对学生强加某种信仰。

尽管双方争论得面红耳赤，但最近的研究表明，双方的支持者都应该再好好考虑一下他们的立场。研究显示，进化论和创造论的论战也许已经完全失去了意义。

理查德·汤普森（Richard Thompson）和迈克尔·克莱默（Michael Cremo）合写了《考古学禁区》（*Forbidden Archeology*），在书中他们收集了一批证物，证明现代人不是如猜测的那样出现在十万年前的南非，而是早在此前数百万年就出现了。

1996年2月，NBC拍摄了一个叫作《人类起源之谜》的纪录片，汤普森和克莱默带着实证和其他专家来到这里。他们带来的证据显示，人类既不是从猴子进化而来，也不是上帝在基督诞生前4000年用泥土创造的。他们提出的理论

11

影响深远，可能会迫使大家重新考虑整个人类的起源问题。

在这部纪录片中，查尔顿·赫斯顿（Charlton Heston）展示了很多科学机构忽视的证据。这样，《人类起源之谜》将《圣经》与进化论的论战公之天下。

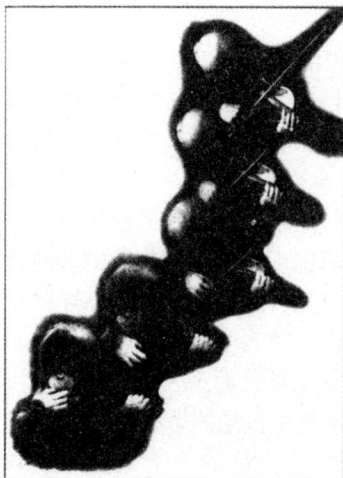

图2.2：《进化》（Evolution），汤姆·米勒（Tom Miller）作。

大家一起讨论得克萨斯州发现的人类脚印，这脚印正好印在恐龙足迹旁边；讨论石制工具是不是要回溯到55，000,000年前；讨论着不知哪个年代的精密地图；还一起讨论史前高等文明的证据。

在19世纪的转折期，达尔文进化论开始成为科学界的主流学说。基于对这一时期的综合研究，以及晚些时候的考古学发现，《人类起源之谜》揭露了科学机构内的某种"知识过滤"现象：一种更乐于接受教条而对某些证据视而不见的偏见，只因为这些证据不支持传统学说。

不幸的是，一个世纪以来，化石证据指出人类出现得比传统理论认为的早得多，而且人类也不是由猴子进化来的，当然也不是用土捏成的。NBC的纪录片揭示，这种观点之所以被禁止公布，因为它已经触犯了一个牢固的信仰体系。进一步说，挑战教条的科学家们最终发现，他们不仅仅是被排除在论战之外，还有可能会失去工作。

汤普森，科学观察家理查德·米尔顿以及其他一些专家对进化论所谓的"推测出的飞跃"穷追猛打。他们认为，所谓的人类和猴子共同的祖先从来都没被找到过，它只是由那些太热衷于找到人类进化"缺失的一环"的科学家炮制出来的。谈到为了证明进化论而进行的长达120年的努力，米尔顿认为，"看起来没有什么缺失的一环"。

我们不如来看看所谓的爪哇直立猿人的例子。1891年，人类学家尤金·迪布瓦（Eugene Dubois）在印尼发现一根人类的股骨和一只猿类的头骨，它们之间只隔40英尺。于是他灵机一动，把这两块骨头拼凑起来，创造了著名的爪哇猿人。但是，很多专家都认为这根股骨和头骨没什么关系。在迪布瓦死前不久，他自己也说那个头骨其实属于一只大猴子，而那根股骨是一个人的。直到今天，爪哇猿人仍然被作为猴子进化成人的证据。直到1984年，它还在纽约博物馆作为进化论的象征出现。

还有一个例子是皮尔当人，另一个进化论狂热追捧者的杰作。它在1910的英国年被"发掘"，和其他证据类似，这个发现最后被证明只不过是进化论狂热分子的又一起精心策划的假证据。甚至就连1974年在埃塞俄比亚发现的著名的"露西"，号称人类远祖化石中的稀世珍品，据许多人类学家指出，她也很难和一种猴子或者已经灭绝的猿类区别开来。

体质人类学家查尔斯·奥克斯纳德（Charles Oxnard）和其他科学家则描绘了另外一幅与传统画卷完全不同的人类进化图，指出了被大学和博物馆都忽视的事实。奥克斯纳德认为人属（也就是人类属于的那个类别）出现在比标准进化论认为的古老得多的时间段，这使得大家开始质疑进化论的基础。正如克莱默和汤普森编的《考古学禁区》报告的，奥克斯纳德指出："人类进化论的传统观念已经严重僵化，我们必须开始探索新观念了。"

进化论的反对者们攻击得最厉害的一点就是，进化论根本无法解释新物种和新特征的来源。进化论推测生物生命中数不清的面貌都产生于随机性的自然选择，即使下至人类皮肤上的毛孔，某种甲虫的腿，骆驼膝盖上的防护垫，都是如此。但宇宙的内在目的却显然并不符合进化论的解说。

对于达尔文主义者来说，生命只有在绝对唯物主义的前提下才存在：宇宙中发生的一切都只是一系列偶然事件和化学反应。在科学教条面前甚至常识都得退而居其次。我们可以举人类大脑为例，"适者生存"这样的教条解释不了它的高等功能（如计算微积分，拉小提琴，甚至是意识本身这样的能力）。

《圣经》和创造论到底什么关系？

创造论者的论据都直接来源于正统的宗教教义，他们拒绝接受对于《圣经》隐喻或者是讽喻的解释。这是一种很多基督徒不能真正接受，就连《圣经》本身也不支持的信仰体系。同时它也缺乏科学的支持，要知道化石记录显示地球上人类在六千年之前很久就已经存在了。进一步说，仅就字面意义上而言，六天创世的说法，在时间上也和宇宙产生的时间不符。

现在，创造论的常识性观念越来越多地被认同，甚至一些科学家也发现很难否认宇宙中存在着内部智能。但创造论者的问题不在于智能设计的观念，而是它在人类起源的论战中体现出的教条化和对《圣经》的生搬硬套。

新的领域还是古人的智慧？

远古人类起源的证据让很多人开始考虑地球外部原因，尽管某些人极力反对这种思路。但对另一些人来说，创造论和进化论中规中矩的论战自始至终都还缺些滋味。曾被嗤之以鼻的灾变论学家现在也还有很多顽强的对头，他们的观念最近才取得科学界的部分认同。灾变论坚持认为，地球上连续的生命进化过程曾被突然破坏，这改变了进化的进程。

确切地说，这个事实显然不容忽视：地球和宇宙中都曾经出现各种类型的灾难。有个著名的灾变论理论认为，恐龙的灭绝是由于一颗巨大的流星撞击了地球，产生了相当于上千颗氢弹的能量。另一些灾变论理论则研究气候的剧变、地震甚至地球磁极的互换。

灾变论和渐变说[1]的论战显示出科学界对于史前的事物了解得是多么少，还暴露了科学界内部嫉妒成性的恶习，这种恶习从达尔文时代就存在了。两种理论的论战总是和类似圣经的灾难（如大洪水）拉上关系，当然这种联系更倾向灾变论，而不是进化过程中的渐变。

灾变论还有助于另外一种人类起源论的发展。汉卡克在《上帝的指纹：地球遗失文明的证据》(*Fingerprints of the Gods: The Evidence of Earth's Lost Civilization*)中表明，过去的某些时候地球岩石圈上曾出现一种突然的灾难性的改变，这种改变被称作"地壳位移"。

兰德·佛列姆–亚斯（Rand Flem-Ath）与露丝·佛列姆–亚斯（Rose Flem-Ath）合著的《当天空陷落：亚特兰蒂斯研究》(*When the Sky Fell: In Search of Atlantis*)中也提到了这一点。这个理论根据爱因斯坦理论，提出地球的外壳可能会突然改变这个星球的外貌，导致大陆漂移到完全不同的位置。

受到查尔斯·哈普古德（Charles Hapgood）著作的启发，佛列姆–亚斯夫妇认为，这也许能解释，为什么有成百上千的猛犸、犀牛以及其他古代哺乳动物的尸体冻结在横贯西伯利亚和加拿大北方的死亡地带。令人印象深刻的是，这些哺乳动物的胃里都有温带植物，这意味着这片土地上吃草的动物们是突然从气候温和的地方到气候严寒的大陆。哈普古德和爱因斯坦的理论认为，古代南极洲可能比今天南极洲位置偏北2000英里，它是由于地壳位移而突然出现剧变和冰冻的。

古代地图对冰冻之前的南极洲有所记录，这也支持了这种观点，即认为史前南极洲曾位于气候温和的地带。汉卡克和佛列姆–亚斯夫妇拷贝了一些年代不明的古地图原件，其中有皮里日（Piri Ri'is）地图，奥伦提乌斯·费纳乌斯（Oronteus Finaeus）地图以及墨卡托（Mercator）地图。他们由此提出，一些史前社会能够精确计算经度和绘制海岸线，而在有记录的历史上，这种能力直到18世纪才出现。

佛列姆–亚斯夫妇和汉卡克的著作要点是，这些地图和大量证据一起证明了史前先进文明的存在。查尔顿·赫斯顿（Charlton Heston），NBC拍摄的《人类起源之谜》的讲述者，将这种推测的重要性比作柏拉图对遗失的亚特兰蒂斯的描述。

遗失文明是真正的"缺失的一环"吗？

考察了玻利维亚、秘鲁、埃及这些古代城市的石雕工艺之后，汉卡克认为这些巨石雕成的奇迹不可能产生于游牧狩猎文明，而这正是传统科学试图让我

1.渐变说是进化论的信条之一，它假定所有的生命进化都发展缓慢，并且不受任何打扰。这种理论在一些团体中已经失去市场。

们相信的。玻利维亚学者亚瑟·波南斯基（Arthur Poznansky）说，15000年前，玻利维亚的蒂亚瓦纳科（Tiahuanaco）壮丽非凡。要说明古代拥有先进文明，它正是一个合适的例子。在蒂亚瓦纳科，切割巨石的技术如此精准，每一面的偏差不超过十五分之一英寸，之后还要将这些巨石运输很长一段距离。这种技术已经能够与现代工程师们匹敌，甚至还超过他们。

我们一直认为当时的人们原始、落后，那么他们是如何将巨石运上秘鲁的马丘比丘山峰（Muchu Picchu）的呢？这是一个巨大的谜，它也是传统科学无法解释的奇迹。汉卡克声称，即使我们接受大多数考古学家的说法，认为这些建筑物年代很近，那么我们也得承认，这些建造者的知识和科技水平肯定都是某个文明长期发展的产物。因此我们可以推论出，高等文明在有文字记载的历史之前就存在了。

汉卡克说，"我的意见是，我们正在注视着这样一个文明，它涉及世界所有地方，有普遍性影响，出现在有记录的历史之前。作为一个遥远的第三方文明，它目前仍未被历史学家识别出来。"

目前有大量的自然证据和人类活动记录可以证实这个文明的存在。词源学认为有一种史前印欧语系存在，这能解释世界语言的深层相似性。那么，这个语言系统有可能是汉卡克说的史前文明的语言吗？

麻省理工的教授吉尔吉奥·德·森蒂拉南和法兰克福大学的科学史教授戴程德合写了《哈姆雷特的石磨》。这本著作研究的是古代神话如何描绘岁差[1]。另外，它也涉及了普遍语言这个问题，并试图证明曾有高等文明在史前人类社会中广泛发展。森蒂拉南和戴程德探讨了古代神话中的数值和符号记录，他们认为古代很多文明都共有一种先进的天体力学知识，这种知识我们最近才借助卫星和电脑勉强掌握。

我们还可以看到，生活在被大洋隔开的大陆上的生物物种密切相关，它们的繁殖使得进化论者十分迷惑，这也许也能够用一种史前存在的高等海洋文明来解释。所有的证据都支持这样一个事实：人类和文明存在的时间要比传统科学或者宗教认为的早得多。那么这些文明的存在是否就是人类历史上真正缺失的那一环呢？

为什么要把辩论限制在西方模式中？

正如我们在主要媒体上看到的，关于我们来源的传统论战有一个特点，那就是在人类和宇宙的起源上忽视了地球上很大一部分人的想法：那些神秘的东方土地上的人们。爱因斯坦重视东方，是因为东方支持了他对于智能具有普

1.岁差是地球自转轴的运动引起春分点位移的现象。指地轴绕着一条通过地球中心而又垂直于黄道面的轴线的缓慢圆锥运动，周期为26000年，由太阳、月球和其他行星对地球赤道隆起物的吸引力所造成，结果是春分点逐渐向西移动。

遍性的信念。更近一点说，诺贝尔奖获得者、物理学家布赖恩·约瑟夫（Brian Josephson）和其他人也已经描绘出了东方神秘主义和现代物理之间的联系。另外，弗里特乔夫·卡普拉（Fritjof Capra）在《物理学中的道》（*The Tao of Physics*）一书中将吠陀、佛教和道教的哲学和微观量子理论结合起来。

图2.3：爱因斯坦（右）与印度诗人泰戈尔。

在解释宇宙为何会一张一缩上，吠陀经提出了一种和现代物理相似的设想：那是创造之神在呼吸，是无所不在的意识的投射。梵，就是创造之神的精华，它天生存在于宇宙进化的万事万物中。道教则从另一方面提供了一种对于自觉现实的理解方式，这种方式类似于海森堡测不准原理[1]，它认为观点或意识形成了客观现实。

和如今物理、哲学和宗教领域里的其他学者一样，对爱因斯坦来说（尤其对晚年的他来说），意识构筑现实这一观点来得自然而然。意识是一种普遍自觉的存在，它与同一性和创造性密不可分。"当我变老的时候，此时此地的特殊性开始慢慢消失了。它消解了，汇入了自然中。"爱因斯坦如是说。

我们这个时代最伟大的思想，包括达尔文理论都有一个未曾明言的前提，那就是他们都以唯物主义为基础。他们坚信所有的生命都偶然地发源自简单物质，没有什么目的或者设计。与此同时，唯心主义创造论则提供了另一种选择：精确地诠释圣经，把拥有人格的造物主从人类和自然区分出来。

科学一直以来对意识有一种不闻不问的原则，在生命起源问题上，它从来也不敢去探究那些不能被唯物主义信仰解释的事情。大卫·查默斯（David Chalmers）曾在1995年12月出版的《科学的美国》（*Scientific American*）上写了一篇名为《精神经验的迷惑》（*The Puzzle of Conscious Experience*）的论

---

1. "测不准原理"是量子力学的一个基本原理，由海森堡在1927年首先提出。该原理表明：一个微观粒子的某些物理量（如位置和动量，或方位角与动量矩，还有时间和能量等），不可能同时具有确定的数值，其中一个量越确定，另一个量的不确定程度就越大。

文，在文章中，他强调了这一点。

查默斯说："很多年以来，研究者们一直回避意识问题……主流观点就是，科学依赖于客观现实，而且它和主观啊意识啊之类的东西完全不兼容。"查默斯接着说道，神经学家、心理学家和哲学家直到最近才开始否认意识不可研究这个观点。他婉转地提议，在坚信物质是意识基础的同时，不妨考虑一下，"（这个问题）也许能够被一种新的理论所解释……这种理论可能包括新的基本法则，它将在我们认识宇宙和自身问题上造成巨大的震撼"。

而知名物理学家斯蒂文·温伯格（Steven Weinberg）在《终极理论之梦》（*Dreams of a Final Theory*）一书中提出了另一种理论。他认为物理学的目标应该是建立一种"关于所有事物的理论"，这种理论能够告诉我们所有关于宇宙的一切——宇宙从中起源的规则或原理。按照这种说法，温伯格揭露了科学唯物主义的局限，同时试图超越它，正如他试图反抗权威和理性一样。要知道，这么做意味着你再不能在唯物主义创造论笼罩下的学界立足。温伯格承认，真正的问题是意识，因为它独立于物质之外。

举个例子，达尔文主义是建立这么一种假设上的，那就是所有存在都是由物质构成的。因此它无法解释最富特色的人类特质：意识，因为意识不是来源于随机性的、机械的自然选择创造过程，人类思维的能力要远远超出生存需要的程度。至于绝对创造论，它在铆着劲反对达尔文主义时，没能慎重考虑意识这个问题，因此它表现得像个小丑，正好衬托出达尔文主义无比正确。

要想理解人类起源，并且建立起一种"所有事物的理论"，一个真正的科学家就不能仅仅只是评价一下《考古学禁区》和汉卡克在《上帝的指纹：地球遗失文明的证据》中提出的证据就完事。他还必须研究意识，否则他就忽视了人类最基本的能力——思考创造的能力。他必须在主观世界之内做实验，钻研科学界认为是禁忌领域的一切。他必须独立于任何陈词滥调之外，全神贯注地研究意识存在的本质，正如全神贯注地研究物质创造的奥秘。就像爱因斯坦，他将这份工作看作是科学和信仰都必不可少的目标，看作最纯粹的意义上的对知识的追求，因为科学（science）这个词的意义本身就来源于拉丁语的"sciere"（知道）。只有这样做了，科学才有可能建立某种关于"所有事物的理论"。

3 揭露科学中的黑幕：《考古学禁区》合著者
迈克尔·克莱默谈到"知识过滤"和其他伪造学术著作的方法
J. 道格拉斯·凯尼恩

1966年，由国家科学基金赞助的考古学家弗吉尼亚·斯蒂恩-麦金太尔（Virginia Steen-McIntyre）和她在美国地质勘探局的同事，被征召去判断两个位于墨西哥的古代遗址的年代。在霍亚勒克（hueyatlaco）他们发现了可以与欧洲克鲁玛努人最好的制作品相媲美的精密石器，与此同时，他们还在艾尔奥尔诺（El Horno）附近发掘到了一些比较粗糙的工具。据推测，这些遗址非常古老，可能有20000年的历史。根据主流科学的说法，这个时候很接近人类刚刚在美洲定居时。

斯蒂恩-麦金太尔意识到，如果这个古迹确实被证明是真的，那她的职业生涯将获得巨大的发展。她决定证明古迹的真伪，并开始着手进行一系列全面的检测。在检测中，她使用了四种被业界广泛接受的断代法，包括铀系法和裂变径迹法。然而，检测的结果却证明最初的判断错得离谱。结果显示，这些古迹的真实年代显然是25万年以前。

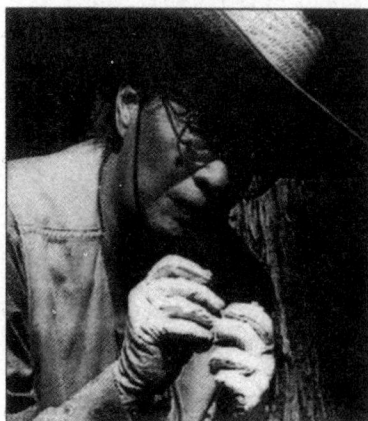

图3.1：弗吉尼亚·斯蒂恩-麦金太尔博士。

正如我们预料的一样，检测结果引发了一场论战。斯蒂恩-麦金太尔的结论不仅否认了公认的人类存在的年代，还挑战了现代人在地球上已经存在多久的问题。这时候，你或许以为科学界将大动干戈，无数数据需要重新检测，那些貌似符合逻辑的教科书也得成批地重写，可惜这一切都不会发生。相反，接着发生的事情是，公众对斯蒂恩-麦金太尔工作大加嘲弄，对她人格大肆污蔑。从那时起，她就再也无法在她的工作领域里找到工作了。

我们再来看看另一个例子。一个多世纪以前，在加利福尼亚的泰博山上发现了金矿。当人们为了建矿井向下挖了数千英尺深时，矿工们开始从矿井下带出上百件石头工艺品，其中甚至有人类化石。尽管据地质岩层资料显示，它们都来自900到5500万年前，加利福尼亚州官方地质学家J. D. 惠特尼（J. D. Whitney）还是鉴定了这些出土文物，并写了大量报告。结果科学机构从未对惠特尼的研究做任何回应或解释，这个小插曲被彻底忽视，从教科书当中消失无踪了。

而就在最近几十年间，矿工们在南部非洲，从有三十亿年历史的岩石层中发掘了数百件有圆形平行槽的小金属针。但直到目前为止，科学组织仍然没有注意到这一事件。

如果这三个事例还不够，我们还可以看看理查德·汤普森和迈克尔·克莱默合写的《考古学禁区》中引用的诸多事例。很显然，以上三个例子并不罕见，这简直就是一系列"巨大的谎言"，这些谎言掩盖了事实。克莱默和汤普森相信，在解释人类的起源的问题时，正是科研机构炮制了那些充满了谎言的书籍。

普通民众可能相信所有真实的证据都支持主流的进化理论，这种理论拥有与人类进化史类似的时间表（也就是说，现代形态的智人得往回推大约10万年）。尽管如此，克莱默和汤普森仍然指出，事实上有海量的证据被忽视并打压。这些证据都是由可靠的科学家们提供，和当权科学机构提供的证据一样，它们都符合严格的科学论证标准。在研究的每一个领域，从古生物学、人类学到考古学，这些公开存在的证据已经被无可辩驳地证实。但在由强权机构达成一致的结论面前，克莱默说，"它们啥也不是。"那么，这个结论经受过证据的检验吗？克莱默和汤普森的答案是：没有。

图3.2：迈克尔·克莱默。

在著作中，他们谨慎地引用了所有有效的资料，一个接一个地举出自相矛盾的研究实例。这些研究在近两百年来一直是科学界的主导学说。克莱默和汤普森描述了这些令人震惊的发现，接着提到了发现这些证据的学者和试图压制他们的权威机构之间的论战。

一个典型的例子是乔治·凯特（George Carter），他声称他在加利福尼亚的圣地亚哥找到了壁炉和简陋的石质工具，这些工具的制作水平完全可以与8万-9万年前的末次间冰期[1]文明媲美。尽管一些专家，如专攻石器考古的约翰·威索夫特（John Witthoft）对凯特的观点表示赞同，但主流科学界还是对之嗤之以鼻。圣地亚哥国立大学甚至拒绝看一眼就在他们眼皮底下的证据，哈佛则公开嘲笑凯特正致力于"幻想考古学"课程。

图3.3：理查德·汤普森。

看起来，这些傲慢固执的学术精英更感兴趣的不是探明真相，而是如何保持自己的权威和利益。

不用说，《考古学禁区》引发了一场大混乱。正如你所料想的，当权科学界对它宣扬的东西十分恼火，但也无法对这本书视而不见。人类学家理查德·李

1.冰期又称为冰川时期，是地球表面覆盖有大规模冰川的地质时期。两次冰期之间有一个相对温暖的时期，称为间冰期。一个冰期与相邻的间冰期组合成一个冰川周期。

基（Richard Leakey）就写道："你的著作是彻头彻尾的骗术，只有傻瓜才会拿它当真。"

无论如何，很多有声望的科学杂志，包括《美国体质人类学、地理学和考古学》（*The American Journal of Physical Anthropology Geo Archeology*）和《科学史》（*Journal for the History of Science*），都屈尊评价了这本书。尽管围绕它的辩论主要是批评，这些杂志还是不情愿地承认了这一点：那就是《考古学禁区》写得很好，研究也不错。有一些杂志还承认，这本书对传统理论来说是一个很重要的挑战。

正如威廉•豪厄尔（William Howell）在《体质人类学家》（*Physical Anthropologist*）中说的，"如果承认现代人的出现比原先以为的早得多（事实上那个时间段甚至简单灵长类都还没出现，更不要说成为我们的祖先），那么这不仅仅会动摇已经被公认的定律，还会整个毁掉至今为止很吃香的进化论。"

尽管《考古学禁区》对进化论提出了诸多挑战，但克莱默并不打算与观点相近的创造论联手，也不想自己创造另一种取代进化论的学说。不过克莱默在另一本名为《人类的退化》（*Human Devolution*）的著作中着手建立他自己的理论，这种理论致力于避开在进化论与创造论之间的二选一，要知道这种"二选一"的选项经常出现在媒体当中。在人类起源的问题上，克莱默坚持"我们真的必须回到起点，从头开始"。

图3.4：反常文物时间线。

正如作者在最近的《崛起的亚特兰蒂斯》中说的："《考古学禁区》认为确实需要建立一种新的理论，一种综合的理论来解释这一切。在《人类的退化》中，我想要通过分析细节来做到这一点。这本书致力于分析形成达尔文进化论、远古太空来客理论以及创造论的要素，但我做的不仅仅是这样，建造一门理论比这要复杂得多。我想我们正在习惯这些对人类起源的极度简化的描绘，尽管大家都开始承认，事实其实比任何现在流行的理论要复杂那么一点点。"

为了做到这些，克莱默和汤普森成为了巴克提维丹塔协会的会员，这个协会是国际克利须那知觉协会的科研机构分支。他们在这里着手的项目是想要找到证据证实印度古梵语著作的真实性，如果成功，这将使人类历史往前推数百万年。

"所以我们认为，"克莱默说，"如果这些古代著作有真实之处，那么这里应该会有一些实质性的证据来证实这一点，但我们确实没有在现存的文本中找到它。"尽管如此，他们仍然没有停手。紧接着的八年多时间，克莱默和汤普森详查了考古学和人类学的整个历史，深入研究了所有以前未曾发现的一切。他们的发现是惊人的。"我想在地毯下面扫扫是会发现一些东西，"克莱默说，"但我发现的东西实在惊人。这里有海量的被隐藏了的证据。"

因此，克莱默和汤普森决定写一部著作来罗列这些无可辩驳的考古学事实。"标准的使用意味着遗址可以被识别。这些遗址必须有可靠的地质学证据证明其年代，得有关于它的报道，在大多数情况下这些报道出现在科学文献中，"克莱默这么说道。他们希望这些证据的质量和数量都能迫使这个领域的专家对其进行严格的检验，正如它们被学生和大众检验。

几乎没人能否认他们的巨大成功，在非主流科学界他们很火，不少自任的社会学家们清楚地认识到了现代科学模式在解释真实客观现实上的失败，因此对他们的观点表示支持。克莱默相信，科学界的问题不仅仅是失职，还有渎职。他认为，"你可以发现很多事例的发生只不过是一个自动过程。它只是人类的天性，你知道，一个人总是倾向于拒绝不符合他特定世界观的事物。"

为了说明这点，克莱默引用了一个年轻古生物学家的例子，这位专家是圣地亚哥自然历史博物馆专门研究古代鲸骨的。当他被问及是否在这些鲸鱼骨头上发现任何人类印迹时，这位科学家说道："我倾向于不去沾所谓人类印迹这类事情的边，因为这太有争议了。"

克莱默认为这种回答只是某些人希望保住职位的无奈之举，并无恶意。但在其他的地方，他察觉到一些邪恶得多的事情，比如弗吉尼亚·斯蒂恩－麦金太尔的那个例子。"她发现的东西使她的报告不能公开出版。为此她失去了大学的教师职位，被大家认为是个想出风头、特立独行的怪人。她作为一个专业地质学家的专业生涯被彻底断送了。"

在另外一些例子上，克莱默发现了更明显的故意渎职。他提到一个例子：洛克菲勒基金曾资助戴维森·布莱克（Davidson Black）在中国周口店的研究。在戴维森和基金会上级的通信中，我们发现这项考古学研究是一个大得多的生物研究工程的一部分。以下说法引自这些信件："……那样我们可能获得一些信息，在必要的控制下，这些信息是可以被引导的。"换言之，这项研究是为了某种特殊目的，为了控制某些信息才被资助的。克莱默很想知道，"控制来自哪里？"

意图控制的动机并不难理解。"在解释我们是谁以及我们是什么的问题上，关系着太多的社会权力，"克莱默说，"有人说过'知识就是权力'，你也可以说'权力就是知识'。一些人拥有特殊的权力和威望，这使得他们可以为我们的社会制定规则。我想他们不想要任何改变，这也没什么奇怪的。"

克莱默认为，今天的科学家们正在成为一个实质上的牧师团体，行使着他们工业科技革命时代的前辈们从某个信仰体系攫取来的特权。"他们在世界范围内决定我们文明的基调和方向，"克莱默说，"今天如果你想知道什么，你通常不会去找牧师或者某个注重精神生活的人，你会去找这些人中的某个。因为他们使我们确信我们的世界是一个非常机械化的世界，所有的一切都能够被物理和化学定理解释，这一切如今已经被主流社会彻底接受。"

在克莱默看来，看上去似乎这些科学家们盗用了真理王国的钥匙，接着却无法兑现他们的诺言。"从许多方面来说，他们炮制了环境危机、政治危机和价值观危机，"克莱默说，"我想很多人已经意识到（科学家们）事实上无法兑现他们承诺的理性王国，尽管他们声称他们已经拿到了王国的钥匙。很多人开始认识到他们现有的世界观并不能解释人类经历的一切。"

对克莱默来说，我们都是宇宙众生等级的一部分。而他在世界神话学中发现了证实这个观点的进一步的证据："如果你观察一下所有这些传统神话，你会发现，当他们在谈论到起源问题时，他们并不是在谈论某些发生在地球上的事情。这其中掺杂了地球之外的东西，那些与众神、半人半神、女神以及天使的接触。"克莱默相信这和现代UFO现象有着某种联系。

现代科学无法很好地解释UFO现象、超感知觉和非常规现象，这很容易让人诟病。"我不得不说如今的证据非常强大，"克莱默说，"这些证据很难被忽视，它们不是某些你能清除掉的东西。如果你想要否认所有UFO、外星人绑架和其他诸如此类接触的证据，那么看起来我们不得不放弃接受任何人证。要知道这些证据来源可靠，数量众多。"

进化论很怀疑那种大灾难带来突变的观点，相比起来，他们更倾向于"渐进主义"。尽管谈论这些灾难显得挺时髦，但大家只是把这些当作很久以前的事情。久到多远之前呢？一般都认为是在人类出现之前。当然，还有个别人，比如伊曼纽尔·维里科夫斯基并不赞同这种观点。他认为很多灾难出现在人类过去的历史中，并导致了某种我们至今仍在承受的、全球性的遗忘症。

也就是说，这些灾难性事件确实曾经出现，人类也因此承受着遗忘症的困扰。克莱默对此深表赞同："我想确实有某种遗忘症存在。当我们遭遇到那些真实的灾难记录时，这种遗忘症使我们这样想，好吧，这只是神话故事而已。换句话说，我认为关于这些灾难的知识保存在古代著作和文化中，这些知识还通过口头传承流传了下来。但由于所谓的社会遗忘症，就像我们遇到那些我们无法接受的真相时一样，我们选择了遗忘。我同样认为，那些在世界上拥有极大权力，操纵着知识界走向的人中，有一部分人故意让我们不相信并遗忘那些超自然的、与大灾难相关的事实。我想这里有一种很明确的意图，他们试图让我们一直遗忘这些事件。"

这一切只是思想政治的一部分。克莱默说，"这是一场战斗，它已经持续了成千上万年，并还将继续进行。"

第二部分
灾变论实例：突发的以及循序渐进的地球变化

4 抵御灾难：地理学家罗伯特·肖赫挑战科学常识
威廉·P.艾格斯

埃及古物学家约翰·安东尼·韦斯特（John Anthony West）一向特立独行。1989年，他认为吉萨的大斯芬克斯雕像是某个古代遗迹的一部分，而这一遗迹要比正统埃及古物学者声称的更为伟大。他致力于为此寻找科学的证明，并最终在罗伯特·M.肖赫（Robert M.Schoch）博士这里找到了。肖赫博士很年轻，但已经是波士顿大学的副教授，在科学与数学领域都很有声望，同时，他还在地质学和古生物学方面有深厚的积累。肖赫有一些科学知识和分析法的资料，这些资料正好是韦斯特所需要的，它们能够证明韦斯特的假设。事实上，韦斯特的假设最早是由一个独立考古学家R. A. 史瓦勒·鲁比兹（R. A. Schwaller de Lubicz）在1950年提出的。史瓦勒·鲁比兹认为，斯芬克斯像和它的岩石围栏上有着显而易见的侵蚀，这种侵蚀与其说是由于长期暴露在风沙中造成的，不如说是由慢性降水导致。

图4.1：R.A.史瓦勒·鲁比兹。

图4.2：罗伯特·M.肖赫博士在埃及。

在科学论证过程中，肖赫使用了被广泛承认的地质学方法。他发现的一切在1993年的电视特别节目《斯芬克斯之谜》中得到推广，并成为了一个有案可查的公开记录。肖赫出席了这个引起了很大争论的节目，并宣布了他的发现：那就是斯芬克斯像和它的围栏上的侵蚀无疑是流水的作用。这意味着这座古代雕像存在的时间必须比现在假定的至少前推2500年，也就是在公元前7000年到公元前5000年之间。那是距今最近的、世界范围内大量降水的年代。

肖赫的发现使得传统认定的中东文明进程表往前推了2500年或更多。这也使得地质学家卷入了与传统埃及考古学界的激烈辩论中。对传统的埃及考古学界来说，这些压倒性的证据取代了他们对斯芬克斯像的老记录，这实在很难让人接受。

尽管如此，调查论证的过程还是重新点燃了大家被压抑已久的好奇心：文明是怎样来到地球上的？它为什么而来？这份调查结果也使肖赫如梦初醒。均变论作为主流的科学模式，一直深刻影响着肖赫的观点，他对这学说深信不疑，忠心不二。但现在这份信仰动摇了，肖赫现在更倾向于用灾变论来解释过去（或许甚至是未来）地球上划时代的变化。

肖赫把这个思想转变过程写进了自己的一本科普著作中。该书由他和一位专业科学作家罗伯特•阿奎奈•麦克纳利（Robert Aquinas McNally）合著，书名为《石头的声音：一位科学家看灾难和古代文化的关系》（Voices of the Rocks: A Scientist Looks at Catastrophes and Ancient Civilizations）。在著作中，他们调查了大量的证据，令人信服地提出这样的观点：进化论相信文明的转变是一个长期渐进的过程（即均变论观点）。但考虑到他们调查的证据，他认为灾变论观点——即认为自然灾害，如地震、洪水以及外星事件（小行星、彗星、陨星撞击）显著并突然地改变了人类文明的进程——更为合理一些。

确实，肖赫和许多其他的科学家主持并报道了这些研究，他们坚定地相信灾难性的自然事件曾在过去毁灭过文明，并且能再一次做到这点。肖赫承认他是自动自发、迫不及待地扑向灾变论，事先并没有受到任何偷偷信仰该理论的专业顾问或者大学教师的影响。他说："我只是跟随事实，而事实并没有将我引领到我被教导应该去的地方。作为一个科学家，我不能驳回事实。因此我需要另一种理论来解释这些事实。"

除了把灾变论作为一种有效的替代理论来解释过去事实之外，肖赫的著作还高调提出了解决环境问题的必要性。这些环境问题包括温室效应，臭氧耗竭，来自外太空的大型类地行星影响的威胁，这些问题中的任何一个都可能是地球局部灾难的信号。

肖赫和麦克纳利在著作的开头对科学发展的过程进行了一个综述，特别是对于科学如何发展起来的过程进行了探查。概念是一种思维模式，它们反映了世界真实变化（或者至少是反映了人类知觉的变化），肖赫和麦克纳利试图探讨它们是如何改变的。通过举例的方式，他们记录了古代世界范围内对于天堂的观点。古代普遍认为，天堂就是一个危险的，居住着暴怒的神灵们的地方。这种认识可能不仅仅是神话幻想，而是某种用宗教语言来解释真实现象的范例。举个例子，如果地球轨道带着我们的星球从太空中穿过一片密集的流星群，那么上述天堂模式就有可能出现。而在地球轨道带着它离开流星群之后，随着时光流逝，这个天堂模式最终变得面目全非，取代它的天堂模式可能反映了平静祥和的天空。例如亚里士多德后来提出的以地球为中心的一系列同心环行星轨道。

两位作者都认为，在地理学、物种进化、人类文明转变等方面，同样的模式转换现象至今仍在起作用。而和均变论比起来，灾变论正在逐步取得上风。这种转变主要基于植物和动物群化石记录中的剧变。许多研究者观察到了这种现象，他们针对这种地球上生物快速大量的灭绝现象（如6500万年前白垩纪末期恐龙灭绝）提出了各种各样的解释。

1980年，路易斯博士（Drs.Luis）和沃尔特•阿尔瓦雷茨（Walter Alvarez）

的父子搭档工作组在这方面取得了显著的成果。其他的研究者重复了他们的实验，识别出在K-T界线[1]中有比一般值略高的铱浓聚物存在。

在排除掉火山活动引发这种异常的可能性之后，研究者们推理出另一种解释：那就是一颗小行星，准确点说，是一颗小行星与地球的相撞导致了如此之高的铱浓聚物含量。1990年，在墨西哥尤卡坦半岛的奇求鲁布（Chicxulub）发现了一个巨大的陨石坑，其产生年代与K-T界线一致。这一发现证实了以上推理。

这些发现促使了点断平衡说的出现，这是一种新的解释地球和物种变化的模式。这种理论认为，我们地球的年代表可以认作是一连串恒稳态，这种相对稳定的状态会中止于一些剧烈变化的时期。中止的原因很多，通常是大型火山活动、小行星撞击或者多种原因造成的全球性气候变化。

肖赫独自为斯芬克斯像重新测定年代，最终定在新时期时代（也就是公元前7000-公元前5000年间的一段时期，传统认为这段漫长的时期只有非常初级的社会和建筑技术存在）。这导致他对传统的观点产生了质疑。传统认为，人类文明是从大约公元前3100年开始均匀渐进发展的。肖赫由此推断，先进文明的存在时间要比我们以前以为的早得多。

有科学家提出这种推断是缺乏证据的。肖赫为了反驳这种说法，引用了一些很吸引人的例子。这包括公元前31,000年的燧石采矿技术；埃及公元前8100年的精巧的新石器时代村庄；还有更近一点的，公元前4500-公元前4000年的纳布塔巨石阵，该阵位于南撒哈拉的努比亚沙漠，完全按星座排列而成。肖赫认为，甚至更早年代的人们就已经拥有出色的组织技巧、技术知识和工程技艺，近东的古代城市遗迹，如公元前8300年的以色列杰里科（Jericho）和公元前7000年的土耳其安纳托利亚（Anatolia）的安托海雅克（Atal HAyAk），印证了他的这种看法。还有一些埃及之外的证据（在美国或者欧洲）也能证明这一点：法国拉斯科克斯(Lascaux)的洞穴壁画与天文学密不可分，经测定是公元前15000年前的产物——这个时代依然是令人震惊的早。

顺着高等古代文明的线索，肖赫又注意到了一个问题：传说中的亚特兰蒂斯和利莫里亚这两块遗失的大陆是否真的存在？在著作中，他对利莫里亚进行过短期研究，在简短地回顾了相关文学资料之后，肖赫将利莫里亚作为纯粹的幻想排除了。之后，肖赫检查了柏拉图在对话录中提到的关于亚特兰蒂斯的章节，以及罗马历史学家狄奥多罗斯（Diodorus Siculus）较近的记录。他发现他们完全无助于我们寻找这个现在已经沉没的大陆。

纵览了亚特兰蒂斯假定位置的清单之后，肖赫迅速地、有条不紊地分析出，主要的假设位置是两个地方：一个是大西洋中部的克里特岛（Minoan crete），另一个是南中国海。至于查尔斯·哈普古德、葛瑞姆·汉卡克以及兰

1.K-T界线是白垩纪和第三纪地质层之间的一层薄黏土层，大约出现在六千五百万年前，其中富含铱。这个时期发生了包括恐龙在内的大规模的动物族群绝种。

德·佛列姆-亚斯和露丝·佛列姆-亚斯（Rand and Rose Flem-Ath）这一批作者提出的假设地点——南极洲的冰冠下，肖赫对他们表示了尊重，但他花费了更多的时间去质疑他们的理论。

质疑的结果是，肖赫发现并无证据支持这些学者的观点，即南极洲在柏拉图提及的亚特兰蒂斯时代不曾冰冻。进一步说，如果除去南极洲上大量沉重的冰层，那么它周围的水位线就会变高，这样的南极洲，其地质环境和现代作者假设的亚特兰蒂斯位置有很大的差别。

最后，肖赫整理了一些证据，这些证据质疑了古代地图的精确性。汉卡克等作者的假设正是建立在史前古人先进的制图技术上的。衡量了各种说法之后，肖赫接受了玛丽·塞特加斯特（Mary Settegast）的观点。塞特加斯特出版了一本著作，名字是《史前学家柏拉图：神话与考古学中的公元10000年–5000年》（Plato Prehistorian: 10,000 to 5,000 BC in Myth and Archeology）。在书中，她引用柏拉图的描述，指出马格达林文化（存在于公元前9000年地中海西部的一个旧石器文化）是在最近一次冰河期冰川消融时灭亡的，因为冰川融化很可能使得他们沿海的居住地变成了沼泽。

但肖赫仍坚持寻找能证明自己观点的有力证据。他注意到了1987年的一次考古学发现：与那国岛（Yonaguni，与冲绳岛同属日本岛屿群）附近海域中发现了水下悬崖，悬崖表面被切割成一系列巨大的几何图案，宏大、平坦的建筑被陡峭直立的阶崖分隔开，这看上去像是远古人类的技艺。

这里只是看上去如此。肖赫反复潜水下到这个地方，他观察着悬崖，刮下小碎片，对岩石进行取样，最终他相信与那国岛遗址只是自然形成的基岩，它的形成完全是自然的过程。它的方向和形状都太不精确，看上去不太可能出自人类之手。肖赫所受的科学训练和背景也使他否定了最近声称"火星脸"是智能产物的说法。另外他也排除了在火星上的干尼亚地区有一些其他人工建筑的可能性。

肖赫同样对磁极的移动，构造运动和其他地球原发性的灾难进行了详尽的探索，这些灾难都曾经改变了人类的历史。其中，大约公元前1200年左右的铜器时代末期，在埃及和美索不达米亚之外的地中海东部，有许多居住地神秘地毁于火灾。肖赫试图为之寻找一个合理的解释。他起初考虑火山活动的可能性，但之后又自己推翻了这个结论，因为那段时期没有著名的火山爆发；他也考虑过可能是毁灭性的地震，但也否决了，因为那时也没听说有地震导致的大型火灾。

另外，《圣经》中的大洪水故事在世界各地的神话和民间传说中都有，结合一些科学证据来看，这或许说明在很久以前曾经发生过全球性的大水灾。但这同样不能解释铜器时代末期吞没掉无数近东国家的火灾。肖赫也考察了冰河期到来与离去，他怀疑是否是自然的力量或者地球的转动导致的气候变化引发了这一切。

肖赫对这个猜测只是顺带一提，但令人惊讶的是，这里出现了一个惊人的巧合：大约公元前9645年，地球气候有一个显著的升温现象（15年内升了14华氏摄氏度）。与此同时，科学测定这一时期有大量淡水涌进墨西哥湾。更有意思的是，这个时期也是柏拉图提到的亚特兰蒂斯沉没的时候。尽管这个巧合看起来非常重要，肖赫却并没有顺着这个线索追下去。

肖赫同样考虑了磁极位移对地球表面改变的影响，无论这种影响是缓慢的还是迅速的，也无论是深刻的还是表面上的。他细看了查尔斯•哈普古德博士的著作，哈普古德宣称地球的外壳是像套子一样套在内层上的，磁极至少已经位移过三次，每次在纬度上大约移动了30度。最近的一次位移大约在公元前10,000年（再次吻合亚特兰蒂斯沉没的时间？）。肖赫对哈普古德的说法表示怀疑，尽管如此，以此为基础，从哈普古德教授完成了他的研究开始，研究者一直在收集"更新更好的（古地磁）数据"。

肖赫同样怀疑著名的灾变论学者理查德•努纳（Richard Noone）提出的"极地冰盖很快就将融化"的论点，努纳写作了《2000年5月5日冰灾：末日灾难》（*5/5/2000 Ice: The Ultimate Disaster*）一书，在书中，他断言，2000年5月5日行星将排成一条直线，这段时间非常短暂，因为它出现在太阳背对地球的那一面。

肖赫还对寒武纪生命大爆发的原因很感兴趣。寒武纪生命大爆发指的是大约5亿多年前，大量的各种各样的新生命种类在约一千万年间蜂拥而出。肖赫在这个问题上比较赞同地质学家约瑟夫•基尔希温克（Joseph Kirschvink）及其同事的看法。在他们最近出版的著作中，基尔希温克使用的资料比哈普古德的更多样，也更可信。他提出"真正的极移"[1]这一概念，指出在寒武纪时，整个地壳在地核上移动了90°，并认为这帮助了大量新物种的产生。

但肖赫最终还是把注意力转向了天空，认为很有可能是地球与小行星、陨星和彗星（即通常说的火流星）相撞引发了如此剧变。自从1957年科学家们最终认可亚利桑那州的陨石坑是小行星50000年前撞击地球的结果，世界各地约有150个撞击形成的陨石坑被辨别出来，这个数据仍在逐年增长。

与此相对应的是，自从1994年观察到苏梅克–列维九号彗星撞击木星，科学家们只得承认彗星确实可能与行星相撞，并有足够的能量导致全球性的生物灭绝。

另外，1908年出现在西伯利亚的通古斯大爆炸是否是由于同样的原因（彗星撞击），或者是因为小行星撞击甚至是外星飞碟坠毁，这一切都是还未知数。但无论是什么东西在那可怕的一天撞上地球，其结果都给了我们一个警示：一旦这种事情再度发生，尤其是发生在某个人口密集的地区之内或周围，后果不可想象。肖赫在书中暗示，如果其他研究者的假定是正确的话，甚至连极地自旋轴的改变都可能是这样一次撞击的结果。

无论如何，另外两位令人尊敬的科学家曾引用大约公元前10,000年的一

1.极移是地极移动的简称，是地球瞬时自转轴在地球本体内的运动。

次重要的流星撞击地球事件。他们声称这次灾难证实造成最后一次冰河期终结的原因，也是大洪水的起因（再一次与亚特兰蒂斯沉没时间吻合）。在1996年和1998年，科学家们辨认出了两组陨石坑，这些陨石坑可能与过去我们星球上大部分生命的灭绝紧密相关。如今有些科学家推测，这种现象可能说明这些毁灭性的撞击有某些周期模式。举例来说，未来的某个时候，一颗小行星或者彗星在碰撞航向上穿过地球运行的轨道，这样撞击的时间会呈现一种周期性。他们试图据此创建新的理论。依照这种思路，肖赫认为，公元前1200年铜器时代末期的大火灾，有可能是因为一连串火热的流星撞击了地球，碎片进入大气层并摩擦产生了高热，最后发生爆炸。这样我们就可以解释历史中那个时代广泛的灾难记载。

肖赫认为，就可以预见的未来而言，除了要采取措施保护大气臭氧层，防止温室效应之外，我们还应该防止来自小行星和彗星对地球的撞击。他提出，面对来自太空物体的威胁，我们第一步应该建立一个专用的系统来定位所有太空中接近地球的东西，并判断出哪一个是有可能和地球撞击的。

肖赫相信在下一次大群火流星落在地球上之前（那也许要到2200年去了），我们还有相当充裕的时间。目前有一件事可以肯定，那就是我们都希望他是对的。

5 公元前9500年大灾难：这两本新著作知识丰富，
它们支持柏拉图学说，挑战传统冰河期理论
大卫·路易斯

在史前时代，大概公元前9500年，也就是柏拉图说的亚特兰蒂斯沉没的时代，极其可怕的灾难席卷了地球。这次灾难是远处宇宙爆炸的结果，它给人类留下了深刻而痛苦的记忆。爆炸之后，地球上火山爆发，地震不断，洪水四溢，全世界山脉隆起，地轴倾斜，地壳移位。有的大陆升起，有的大陆沉没。紧接着，大量的植物和动物灭绝，恐怖的全球黑暗时代到来了。

据研究者的报告，这次灾难到来得很突然。幸存的人们到处找寻洞穴和高山避难，关于他们境况的记录保存在成百上千的大洪水神话或者火灾神话中，这些故事每一个文明传统里都有。最近一个世纪，科学家收集了关于这场灾难的证据，但却将它的一部分敷衍了事地用"冰河期理论"加以解释。实际上，冰河期理论的基础性错误现在已经众人皆知。而直到如今，科学仍不能解释其他的证据。

我们得明白，这可不是好莱坞下一场灾难秀的大纲，也不是伊曼纽尔·维里科夫斯基灾难论的改编版。这是严谨的科学研究的成果，它是两本史前历史专著的主题。写作这两本专著的专家们提出了可信的证据，揭示了史前文明的真相，这使得关于史前人类的正统观点几乎变成了笑话。这两本书，一本是D. S. 阿伦（D. S. Allan）和J. B. 德莱尔（J. B. Delair）合著的《大灾难！公元前9500年宇宙大灾难的铁证》（*Cataclysm! Compelling Evidence of a Cosmic Catastrophe in 9500 B.C.*）；一本则是保罗·拉·瓦奥莱特（Paul La Violette）博士写的《险境环生的地球：从末日天启中幸存的人类》（*Earth Under Fire: Humanity's Survival of the Apocalypse*）。

传统的推测

现代科学界一向偏爱均变论[1]，因此也一直不相信地球上出现过全球性大灾难，即使拿出20世纪发掘的有力证据来也于事无补。这种对均变论的偏心一向和科学唯物主义（这种理论假设所有的存在，包括思想都是由物质构成的）结伴出现，它们正是传统人类起源理论的基础，尽管这基础根本未经证明。

180年前，随着阿尔卑斯山脉研究的完成，冰河时期理论诞生了。那时地

1.这种学说认为史前没有任何东西是突然出现的，相反，缓慢的进化和地质改变才是事实。

质学刚刚出现萌芽，那个时代的先驱者将山脉中绝大多数化石认作是大洪水造成的结果，这一成果被认为是现代科学诞生之前世界历史的基准。众多经典著作都宣扬这个理论，并由此深信我们的世界仅仅只有4000-6000年的历史。尽管如此，作为一个系统的科学体系，地质学发现地球的历史已经长达数百万年，大雨导致的洪水也不能够解释那个时代大量的物种灭绝和地质破坏。总之，当科学界倾向于采用均变论的教条时，它就尽力将史前的一切都纳入纯粹的唯物主义范围内解释，否定所有迷信论点或者灾变论。事实上，那个时代的科学家否定了大洪水的存在，戴着有色眼镜看待人类起源和过去的文明，这种态度直到今天仍主导着科学界。

有意思的是，科学界紧紧抓住了冰河时期气候变化这一点，将某些史前大灾难的有力证据归因于冰川运动。但是这种理论要成立，那可需要一个相当恐怖的冰河时期。这个时期要比之前地球经历过的任何一个时期都要长，生存环境也要恶劣得多。这样才能解释那些层出不穷的证据，证据看上去指出某些东西与地球曾发生了极其剧烈的碰撞，并且毁灭了绝大多数地球哺乳动物，使得山脉隆起，到处火山爆发；这场灾难还分开山谷和海峡，将大量矿石和砾石撒遍全球。

让事实说话

在这个问题上，与其听传统的说法勉强乱解释，还不如自己听科学记录自己说话。为此我们访问了J. B. 德莱尔，他在史前领域上研究了很长时间，并与人合著了《大灾难！公元前9500年宇宙大灾难的铁证》。德莱尔告诉我们，在他的职业领域中，作为一个研究者他看到了很多"非常奇怪的异常现象"，如在骨穴里违背常规地发现了大量的史前动物化石，如剑齿虎、狮子、狼群、野牛、犀牛、猛犸，这些动物的残骸被发现在地下深处。要知道，在史前时代这些动物已经在世界各地都灭亡了。

这样的例子还有很多。他还发现人类也出现在类似的环境中，通过放射性碳测定法测定，这些人类与那些史前动物同处一个时代。他们来自不同的种族，其中有欧洲人、爱斯基摩人、美拉尼西亚人。同样的情况还出现在印度、巴西、北美和巴尔干半岛。地质学家还在洞穴中发现了数百具人类的残骸，他们都是自然死亡的。显然，这些人类是为了躲避某种大灾难来到了洞穴庇护所。

"结果我对于传统的某些解释开始不满了，"德莱尔这样说，"我怀疑的第一个对象是冰河期的说法，另一个就是年代表。"事实上，寻求解释这些异常现象的关键并非易事。好在德莱尔在这个问题上并不孤单——他接到了D. S. 阿伦博士的电话。阿伦是一位生物学家，致力于研究大陆漂移。他和德莱尔志同道合，最后成了合作伙伴。他们的天才交相辉映，各自的研究领域也正好互补。在长达好几年的时间中，这两人艰苦地工作，最终发现了揭开了史前历史秘密的一环——全球性大灾难。

阿伦和德莱尔发现,与传统科学告诉我们的相反,在地球的史前时代曾经发生过突然的大事件,如大陆漂移,就像他们的不列颠群岛一样,要知道不列颠群岛6000年前才从欧洲大陆上分离出去。

作为剑桥大学的哲学博士,阿伦在物理学、化学和生物学上都造诣颇深。他已经发现,在世界不同的地方都有很多同种类的植物和动物存在,这种现象本不该出现。因为这些植物和动物所处的地方已经被沙漠或大海隔开。德莱尔认为,他发现的异常的化石证据和阿伦发现的异常的生物学现象只是"一个硬币的两面……是同一个谜语的组成部分"。

在几年的艰难研究之后,这个谜语的谜底已经被拼合起来。在谜底完全揭开之时,阿伦和德莱尔漂亮地证明了一个曾经被漠视的科学记录,这一切为揭开谜底添加了完美的一笔。在我们询问德莱尔他的著作有何意义时,他回答说:"这就像油锅里溅上了一滴水,对于进化论来说,尤其如此。进化论不再只是一个适者生存的问题。你可能会遭遇到突然的灾难,一切最好的和最坏的都被毁灭——在这些例子中,只有最幸运的才能存活。"

通过用碳14测定年代,德莱尔和阿伦为那些异常的化石建立了一个时间表,接着依据这个制定了一个造成生物突然灭绝的事件时间表。

"最主要的事情就是鉴定这些化石的年代,"德莱尔解释说,"在地质学上它们还非常年轻,尽管在人类的历史上它们已经很古老了。这些化石意味着曾经发生过巨变。因为数千英里内整个动物群和植物群都混乱了,到处都是异常的死亡。你可以看到海洋生物和鸟、陆生动物死在一块,煤块和热带海胆混在一块,所有这些这些事情都非常有意思。"

装模作样的科学

"冰河期只是一个发明出来的说法。"德莱尔直截了当地说。从某种意义上来说,冰河期只是早期地质学家和科学运动的一种反应,它构成了整个成熟的迷信系统——大洪水传说(大火灾传说)。"最初的理论是冰河期要上溯到数百万年前,它在靠近极点的南北半球循环盛衰。但正如你从我们的著作中看到的一样,这个理论经不起仔细推敲。我们在生物和地质领域引用了文学作品里的证据。事实上,这些文学作品充满了对所谓冰河期的异议。"

举个例子来说,很多挪威峡湾被认为是由从山脉上滑落的大冰盾切开形成的,但现在这个答案仍然没有定论。"这儿没有可以让冰川滑落下来的地方,"德莱尔说,"峡湾是地表的巨大裂缝,充满了后来形成的冰,而且由于冰块的运动,峡湾内部变得很光滑。但造成峡湾的原因肯定不是冰。"那些所谓的冰河期的证据,如地表裂缝、深沟、脊状突起的岩石和随意散落的鹅卵石,同样也出现在那些没有发生冰河期的地方。

德莱尔还告诉我们,这些错误的假设一直长盛不衰,那些奖励传统成果的研究基金应该为此承担主要责任。它们总是试图将所有的证据都硬塞进同一个已经过时的理论，并且希望这种理论发挥效用的时间更长，范围更广，创造出更多的冰河期之类的概念。德莱尔还暗示，要将史前历史这个宏伟的迷宫拼凑完整，我们需要各个领域里的专业知识。更重要的是，阿伦博士在这项研究中投入了他退休后的所有精力，他的努力程度几乎没有任何常规雇佣的研究人员能够达到。

阿伦、德莱尔和其他人描绘出来的图景类似于大灾难，这种灾难作为神话的一部分的，已经得到众多证据的证明。另一方面，冰河期理论也屡次在解释这些有力证据上失败。事实上，这个灾难如此巨大，任何地球上的起源文明都无法幸免。阿伦和德莱尔表示，甚至不需要小行星或者彗星相撞的惨剧，就可以造成这样严重的灾难。毁灭的起因并不需要很大，只要对地球磁场起作用，如某颗星星爆炸，超新星将一片或者几片燃烧的碎片喷射到我们附近。其中有一次，这些碎片像个弹球似的在我们的太阳系里乱窜了差不多九年，通过磁影响扰乱众多行星的自转和运行轨道。这个事件导致很多行星上发生可怕的灾难，也使得地球地震频繁。但对于宇宙来说，这只不过是一次无关紧要的小事件。

宇宙大爆炸

超新星爆炸的证据主要是发现了我们太阳系边缘有大量的铝22聚集，阿伦和德莱尔据此推断星星爆炸可能导致巨大的灾难。地球上11000年前的铁矿石磁极曾被强行逆转，这也证实了当时地球遭遇了一次强有力的宇宙意外，这成为大灾难发生的磁力动因。

保罗·拉·瓦奥莱特博士是《险境环生的地球：从末日天启中幸存的人类》的作者，他提出了一种不同的观点：灾难发生的原因可能是银河系中心的爆炸迸发的宇宙波。当这种"银河超级波"（银河系中最强大的能量现象）进入我们的太阳系时，它扰乱了太阳风清除宇宙尘埃的功能，这样星际风就能对我们造成很大的影响。

作为一个系统的科学家和物理学家，瓦奥莱特在格陵兰保存完好的极地冰深处发现了宇宙尘的大量聚集。他通过测量其中铱的含量来

图5.1：保罗·拉·瓦奥莱特博士。

确定宇宙尘在冰块样本中的含量。因为铱这种金属在地球上含量很少，但在行星际物质中含量丰富。老的均变论认为，地球中沉积的宇宙尘的比率在过去数百万年间都没有变化。但是瓦奥莱特却在他的样本中发现了高比率的铱，正如

那些含铱很高的冰河期陨石一样。

在《险境环生的地球：从末日天启中幸存的人类》中，瓦奥莱特综合了天体物理学和古代神话中的神秘主义传统，详细描述了最近超级波穿越太阳系的现象。在他列举出的主要证据中，他提到了美国国家航空与航天局的旅行者2号窄槽飞船在土星环里的发现。如果像均变论者坚持的那样，这些土星环的历史确实已经有数百万年之久，那么他们现在就应该合成一个，而不是由成千上万条细环密密麻麻的拼成。瓦奥莱特解释了超级波是怎样导致了这些土星环的产生，而阿伦和德莱尔则描绘了超新星爆发时，它是如何干扰附近星球的自转和运行轨迹的。甚至在旅行者2号到达土星之前，一些研究者就宣称土星环可能已经有10000~20000年的历史，正好在瓦奥莱特、阿伦、德莱尔所说的大灾难发生的时间段内。

瓦奥莱特认为，在超新星爆炸的数个月内，宇宙尘遮蔽了天空，它导致了地球上剧烈的气候变化。在宇宙尘和太阳的相互影响下，地球上出现了黑暗期，气候在极冷之后又变得极热，发生了大洪水，温度飙升到燃点。"因为它进入了一个活跃燃烧的时期，"瓦奥莱特解释说，"现在来想象一下迄今为止出现过的最糟糕的太阳风暴，然后将这次太阳风暴的威力乘以百万或十万倍，并想象它一直持续下去……这样你就可能明白这场爆发是如何席卷地球的了。"

古代人知道些什么？

瓦奥莱特为大灾难打造了一个科学和神话学的基础，他认为灾难是一个循环的事件，这个循环来自银河系中心26000年一次的爆发。很早以前，古希腊人、索罗亚斯德教[1]、中国人就已经发现，这个循环周期和岁差运动是紧密联系的，持续时间为一个大年[2]。印度教经典也认识到了这一循环，这是一个衰退和进步交替的时期，它与太阳系围绕银河中心的运行轨道有密切关系。印度教显然把注意力集中在位于中心的太阳（梵天）上，它认为在其中的精神之旅能够带来先验的狂喜，获得对人世痛苦或者"业"的解脱。

"银河中心爆炸的循环期是另一个我们必须要慎重考虑的因素。"为了说明这一点，瓦奥莱特引用了大量的古代传说，其中很大一部分显示出古代先进的天文学知识，由此可以看出在大洪水之前的时代就已经有先进文明存在了。

瓦奥莱特进一步表示，事实上，代代相传的黄道十二宫犹如一个时代文物秘藏容器，只是设计用来警示我们的密码，它提醒我们注意银河系中心的不断

1.索罗亚斯德教是在基督教诞生之前中东最有影响的宗教，是古代波斯帝国的国教。又称"拜火教"，在中国称为"祆教"，主要流行于波斯、中亚等地。该教认为阿胡拉·玛兹达（"智慧之主"）是最高主神，他创造了物质世界和火。
2.天文学上的大年，指的是春分点绕行黄道一周，通常需要25800年左右。

衰变；而吉萨高原矗立的斯芬克斯像和金字塔其实是大灾难的天文纪念碑。德莱尔告诉我们，黄道十二宫图在绝大多数大灾难神话中都出现过。我们很难忽视它的普遍存在与宇宙循环知识之间的联系。

瓦奥莱特和其他人还发现，这一套密码被编制进大量的神话中，编进文化和神话传说中，编进了世界各地的巨石建筑中〔见罗伯特·博瓦尔（Robert Bauval）的《猎户星座之谜：揭开金字塔谜题》（*The Orion Mystery: Unlocking the Secrets of the Pyramids*），葛瑞姆·汉卡克的《上帝的指纹：地球遗失文明的证据》和汉卡克与罗伯特·博瓦尔合著的《斯芬克斯像传递的信息：对人类遗产的探寻》（*The Message of the Sphinx: A Quest for the Hidden Legacy of Mankind*）〕。正如这些研究者指出的那样，那些古代神话中都有保护先进文明的海神。这种传遍全世界的故事章节显然是从某个被遗忘了的前大洪灾世界中流传下来的。这些保护者通常是所有创造物的起源，并且驱策着人类进步。

随后，瓦奥莱特、阿伦、德莱尔、汉卡克和博瓦尔揭示了这样一个事实，那就是近史前时期并不是现代科学在偏见下假设的那样。藏在谜团中的历史正在大白于天下。这些研究卓有成就，涉及多种自然学科，它们不仅仅是一些古代知识，还有大量的有力证据。这些研究都证实了各地传说的真实性，其结果就是人类看待自身的方式必将深刻改变。

6 大洪水的实例：揭露冰川时代的科学神话
彼得·布罗斯

在关于宇宙造物的问题上，不少人对科学界给出的解释并不满意。他们自然会对柏拉图所说的亚特兰蒂斯——一个被洪水摧毁的史前文明——产生兴趣。我们都意识到了这个故事在对抗主流科学界陈旧模式上起的作用。现在世界各地散布有数千处看似神迹的巨石遗址（包括金字塔在内），而亚特兰蒂斯唤起了人们对这些遗址真实来源的兴趣，因此它和飞碟、自由能设备一起成了无神论专家（他们被组织起来誓死维护科学教条）攻击的靶子。

通过拜访遗址，葛瑞姆·汉卡克研究了世界范围内的史前文明，并写了《阴间：文明的神秘起源》（*Underworld: The Mysterious Origins of Civilization*）一书来阐明自己的观点。他设想曾有一个遍及世界的文明最终毁于大洪水。罗伯特·M.肖赫博士则写作了《金字塔建造者们的航程：从埃及到古美洲金字塔的真正来源》（*Voyages of the Pyramid Builders: The True Origins of the Pyramids from Lost Egypt to Ancient America*），并在书中声称，无论是地质学、语言学和地理学的证据，还是遍布世界的巨石遗址，都说明了这样一个原型文明确实存在过。不过，最后由于彗星撞击地球，这个文明被高涨的海水分隔在全球各地。

确实有证据显示，亚特兰蒂斯是一个迷失在大洪水中的世界性文明。发现这一点后，很多作者都在寻找亚特兰蒂斯的位置。因为在这个证据出现之前，科学界都会竭力否认史前文明的存在。他们之所以这样做，正是遵循18世纪的理性原则。在这个原则下，科学界约定不能用上帝来解释物质现实。因此他们拒绝承认所有圣经故事的真实性，如存在某个世界范围内的史前社会，也否认圣经某章节的说法：大洪水毁灭一切，仅仅留下证明文明曾经存在的巨石遗址。

这样，到了19世纪，抗击《圣经》谎言，保护世界科学安全就成了科学的头号任务。但《圣经》中所描述的世界性大洪水确实存在，后来人们不断发现了证明其真实性的证据。在此之前，皮尔-西蒙·德·拉普拉斯（Pierre-Simon de Laplace）也不过否定了上帝是太阳系永恒运动源泉一说，用的还是他凭空捏造的气体漩涡质量论。在那个时代，科学界还没有认识到，对于全球性大洪水的描述遍及全球。事实上，在500多个独立文明的神话和传说中，都有大洪水的影子。

当开拓者们开始在遥远的天涯海角勘察，试图让公众相信他们对世界的描绘时，科学界却惊恐地发现地球上由巨大的水流造成的深沟。这道深沟从地球上的西北贯穿到东南。整个山脉的西北面都留有深深的刮痕，似乎遭受过高速水流的冲击，水流中还携带有砾石和卵石。毫无疑问，大洪水正是造成这些刮痕的主因。因为科学家知道，高速流动的河水会在山体上造成同样的效果。进一步说，山脉的同一面也留存了大量的堆积物，据推测这些碎石正是退去的洪水遗留下来的。此外，这些堆积物中甚至含有动物的遗体，包括毛象。

对19世纪的科学家来说，比大水灾的证据更可怕的是在欧洲乡村到处堆积的巨型卵石。当这一切在公众中披露时，引起了很大的震动。因为这些巨型卵石本不该在那些地方。这些超大型的石块，其中很多都重达数千吨，只有可能是大洪水携带它们移动并在水退之后留在了那些地方，也正是这些石块的移动造成了前面我们提到的山坡上的擦痕。

这些发现成为世界性大洪水无可辩驳的证据，那么它们的发现将产生什么样的后果呢？如果科学界不得不承认这些证据是真实的，并且确实是一场世界性大洪水造成的，那么宗教狂热将充斥圣坛和各种报纸，他们会狂呼大洪水故事，乃至整个圣经都是科学真理——这可不是我们想要的结果。

因此，对于大洪水的说法，科学界紧紧抓住一点集中攻击：那就是大洪水没有一个显而易见的发生原因。有研究者认为水源来自月球的可见海床和大洋底，但这很容易被牛顿的万有引力说驳回。牛顿认为引力是与物质质量成正比的，而月球上所有以前存在的物质现在仍然存在。这样，月球的引力并没有减弱，月球表面的海洋也就不可能逃脱引力，在太空中穿越2500英里来使得地球引力加大，并制造一场全球性的大洪水了。

尽管如此，科学其实是一个将信仰化为现实的事业。它做得如此出色，以至于它的神话看上去比真正的事实更真实。它带来了臆测、概念，它精心炮制一整套方法，好把这些概念变成事实。科学坚持这些臆测和事实一样真实，它们预言的事实将很快实现。

科学的疆界是由假想构成的一团混乱。这些假想已经被科学界作为"科学事实"来接受。要知道，"科学事实"这个概念已经成为学界的准入证，但这其实从反面证明了假想并非事实。除了证据，没有什么能把一个概念变成事实。科学进程只不过是接受那些取得"科学事实"身份的理论，只要这些理论还没有被证明是错误的就行。当然，当我们接受这些从未被推翻的概念时，我们就有了一堆从未被推翻过的观念。拉普拉斯的气体漩涡质量论，光像水波一样，氧气和二氧化碳的循环，电子，甚至牛顿的万有引力都是"科学事实"，是一些既未被证明正确，也未被证明错误的概念。

但是，世界性大洪水留下来的证据是不可辩驳的，面对这些证据，科学界的主要任务就是创造出一个"科学事实"来，好取代这些已经存在的大洪水证据。在19世纪20年代早期，一位瑞士工程师伊格纳兹·维尼特（Ignaz Venetz）集中研究了堆积物中的毛象残骸。他指出在冰冻的西伯利亚荒地里也发现了同样的残骸，也就是说，发现

图6.1：查尔斯·莱尔。

堆积物的地方肯定是在同一时间被冰雪覆盖的。之后一批臭味相投的专家加入了维尼特的研究，他们假设冰川是从北方缓慢地移动过来的，在亿万年间冰川不慌不忙、不可阻挡地向前爬行，这个过程清晰地彰显了均变论的精神。均变论是查尔斯·莱尔（Charles Lyell）19世纪30年代提出的一种理论。这种理论认为地质变化进程是一种渐变过程而不是灾难性的突变过程。莱尔自己重建了地球的历史，集中研究了大洪水退却后沉积物的分层，将这些洪水沉积物作为亿万年间的冰川沉淀物来描绘，好让他们炮制出一套虚构的测定年代的系统，并以此来否定圣经的创世故事。

图6.2：路易斯·阿加西斯。

十年之后，瑞士博物学家路易斯·阿加西斯（Louis Agassiz）将冰河期发现者的殊荣加在了维尼特头上，并由此巩固了维尼特的理论。阿加西斯为此创造了一种相反的科学论证过程。他并没有用某种理论，也没有使用尚不为人知的事实来证明冰河期是一种科学事实，而是先使用了那些证明大洪水存在的证据，当然，这些证据推论出的结论显然让他很不满意，因此接着他就创造出了一个让他满意的观点——冰河期，然后再使用这个观点取代大洪水观点，随后他就宣布冰河理论就是科学事实！

这种情况之所以会发生，是因为没有一种方法能够证明我们是否应该接受或者拒绝一个有依据的观点。冰川理论不能解释，为什么那些据说是冰川造成的山体擦痕（专业名词是条痕）只出现在山体的一侧，也不能解释为什么沉积物（冰川理论里的专业名词是冰碛）里含有某些动物的遗骸，而这些动物只生活在赤道地区；同样，它也不能解释为什么沉积物里会找到只出现在南半球的昆虫，找到原产亚洲的鸟类。当然，冰川理论也不能解释为什么会有巨大的卵石（冰川理论里的专业名词是漂砾）出现在冰川根本不能到达的沙漠地带。

但是和冰川运动自身的科学性问题比起来，这些不相符之处都只是小问题而已。冰川理论忽视了冰川运动一个最基本的事实：就像河水一样，冰川是冰在重力作用下的流动。所以冰川不能爬上山坡，也不能在平地流动。尽管如此，因为科学事实只是一些没被推翻的观念，那些坚信冰川理论并狂热为之辩护的人比比皆是。尽管冰川不能携带漂砾穿越数千英里去覆盖欧洲乡村，不过因为北极在北方，在地球的"上面"，对冰川理论爱好者来说，这一点就

图6.3：皮尔-西蒙·德·拉普拉斯。

大大胜过了其他所有的科学证据，因为重力会导致冰川慢慢地从地球的两侧滑下去嘛。当然，没人认为冰原可以覆盖南半球，因为这需要冰川无视重力作用，从南极爬上地球两侧（参见地球仪）。

显然，这就是我们注重证据、声称以事实为基础的科学赖以立足的东西。

像拉普拉斯的气体漩涡质量论一样，冰川期也只不过是一个论题，一种对于我们所见的现实可能的解释。气体漩涡质量论比阿加西斯冰川理论早四十年，它提供了一个将理论中存在的事实转变成科学事实的范例。科学界看到了圣经所描绘的大洪水的证据，但却创造了冰川期来回避证实《圣经》故事真实性。

一旦冰河期被当作一种现实接受了，科学界面临的唯一问题就是要创造一种模式，好解释地球是如何经受住如此巨大的温度变化的。这个任务科学界至今无法解决。与此同时，随后发现的证据一直证实世界性的大洪水确实存在，数百个新发现的神话和传说也都证明了大洪水的真实性。正是这些含有毛象遗骨的堆积物，同样也含有那些从未在同一个地区生活过的鸟兽和昆虫的遗骸，还含有从没在本地生长过的植物。糟糕的是，冰川运动解释不了这种物种的混杂。

这就好像是地球上所有的生物，所有的树，所有的植物全都扔进一个大漩涡里，搅成一团，接着放到水流随意停驻的地方。另外，在地球的西北部，沉积物构筑了一系列山脉，填满了很多独立的山谷，构成了整座的北极小岛。在这些地方，同样发现了物种的混杂。北极的岛屿上不仅埋葬着温带的动物遗骸，还有数不胜数的带着完整根须的树干——这些树是只在北极树木生长线以下的地方存活的。

鉴于以上证据，我真奇怪科学界居然没有立马声称有个温暖期（而非冰河期）的存在！

相反，冰河期一成为科学事实，在沉积物当中发现的生物化石立即就从科学论文中消失了，取而代之的是新的专业名词：冰碛。这个名词特指沙子和石头的混合物。但人们又发现在很深的洞穴中填满了混杂的遗骨和植物，这种情况只有一种情况才可能发生：那就是在大洪水退却时将这些东西带进了裂缝中。但科学界认为这种异常情况不能说明什么，他们对这些证据视而不见。

后来又有学者提出，太平洋中星星点点的小岛曾经是某个文明的发源地，这个文明疆域广阔，曾从亚洲海岸一直扩张到南美洲海岸。在柏拉图的《蒂迈欧篇》和《柯里西亚斯篇》中，遗失的文明一直是讨论的主要论题。金字塔不可思议的结构存在已久，但是科学界一直不知道它属于哪个文明。直到研究者在太平洋中发现了古代城市，之后中南美洲文明就开始显露在公众面前了。

当这些巨石文明社会之间的相似性显示出来之后，"传播"这个词开始被广泛应用。"传播"主要用来描述文明从一个族群传到另一个族群的路径。文化传播方面的证据再一次很清楚地表明：有某个非常古老的文明打破了科学当局制定的考古学第一定律——即文化传播不可能扩展到海外这条铁律。有意思的是，与此同时，兴起了保卫土著居民尊严的社会活动，该活动号召公众抵抗现代技术入侵。

在美国，从大约翰·韦斯利·鲍威尔（Major John Wesley Powell director Bureau）开始，大部分科学家在19世纪晚期都认为，土著居民之前从未受过任何外来影响。鲍威尔是史密森人种局的创始人和负责人，也是很有政治影响的宇宙研究协会的奠基者和主席，还是华盛顿人类学社团的创始人和主席。同时，他也是华盛顿生物协会最早的会员之一，是华盛顿地质协会的组织者，国家地理协会和美国地理协会的创始人，另外还是美国科学促进会的主席。

但是，整个19世纪，欧洲文明和史前文明在北美存在的证据遍布全国，其中主要是落基山脉东部乡村里星罗棋布的小石堆们。为了排除这些危险，鲍威尔派出了他的人种学使者对这些小石堆和其他一些证据进行了系统地销毁。因为这些证据显示北美文明可能同样受到外来影响。由此鲍威尔终于成功地抹杀了北美大陆的历史。

之后，鲍威尔的威望使得反文化传播主义的信条成了一条世界性的科学法规。这条法规认定，所有的巨石建筑，无论是在哪儿被发现的，通通都是当地居民的杰作。当然，这些居民就生活在巨石附近。这样，全世界的人都被教育说，金字塔是由附近的土著建造的，虽然这些土著那时还在以狩猎采集为生，同时闲了也在尼罗河岸边种种地；同样，美国的巨石像也是土著祖先造的，尽管这些祖先很快就被科特斯人打败了；当然，太平洋岛屿上散布的巨石碑也是由当地土著祖先建造的，前提是这些祖先的鱼叉得够牢固，才好用五十吨重的石板来建造他们的城市。

在过去，科学界绝不承认巨石文明——这种世界性的古老文明存在。尽管这样可以很容易解释世界各地的巨石遗址，解释毁灭这个文明的大洪水留下的遗迹。冰河期的概念曾经主宰了科学界，而这个概念只是为了解释大洪水留下的证据而生造出来的。

现在我们则对冰河期这个科学事实非常着迷。我们相信这个神话：冰层从北极延伸下来并覆盖了欧洲和北美。一旦科学界把某种理论当作事实来接受，那么所有支持这个理论的证据都会立刻被接受，而反对这个理论的证据则是永远都不充分的。这样，因为没人反对，这种理论就能成为新知识领域的基本原则之一。因此，并不是阿加西斯一个人无中生有创造了冰河期理论的超然地位，而是科学界对于"合理"解释圣经故事的热望创造了这一切；同样，一个鲍威尔可没有足够的力量造成那样的破坏，一群鲍威尔才有可能做成。

这种情况之所以出现，是因为现在已经没有一个管理者能够监督整个学界。相反，考虑到如今学界自己就已经分裂成许多学科，每个学科的追随者都自认为可以承担起鉴别出错误理论的责任，这种情况发生就不奇怪了。打个比方，如果地质学认为冰河期就是科学事实，但某个别的专业的学者意图挑战这个理论，那么他就会被教训说是超出了自己的学科范围。

　　这样说起来，冰河期这个概念要比它解释的那些证据——有沟痕的石块、埋着冰碛的山脉以及漂砾——更真实一些。这个概念就是一个不存在的幻想，它更像是某处风景的画片而不是那处风景本身。

　　但是研究者发现的大洪水遗物越来越多。日本的与那国岛发现了震惊世人的水下城市遗址，遗址引发了一场激烈的争论。紧接着在古巴最西边、尤卡坦半岛的东面也发现了巨大的水下城市遗址，这导致了更大规模的争论。在这场争论引发的狂潮还未平息下来时，印度坎贝湾又发现了一座壮丽的水下城市。为此哈佛的考古学家理查德·梅多斯（Richard Meadows）被特派过来争取一份国际委托，好取得知识界的允许来公布这些发现。

　　事实上，任何试图理解这些事实的研究者都得面对这样一个现实：他们得接受用冰河期这个科学事实来解释所有的发现。这样，在同意冰河期概念之后，他们努力的最终结果也不过是进一步扭曲我们看待事实的方式。其中有些人紧紧抓住"大陆漂移"说，推测大陆漂移导致了全球海洋的位置的改变。"大陆漂移"是由查尔斯·哈普古德提出的理论，佛列姆-亚斯夫妇进一步充实了它。这个理论认为地球上现在位于两极的部分之前是从赤道漂离出去的。而其他一些人则认为巨大的彗星或者行星撞击地球，并导致了地球轴线倾斜，使得大洋的分布发生了变化。当然，还有另一些人相信黑洞的侵蚀导致了海平面升高。汉卡克坚信曾经有一个世界性文明的存在，结合凯撒·埃米利亚尼（Cesare Emiliani）提出的冰河期理论，他认为是快融化的冰层成了巨大的水坝。而这些水坝最终融化并导致了大洪水，淹没了城市。这就是那些水底都市遗迹的来由。

　　因为这些解释赋予了冰河期神话某种真实性，而且根本没解释大洪水的水源是从哪里来的，我更倾向于认为水来自地球之外。要知道大洪水的水量可是淹没了太平洋和大西洋的大陆，迫使旁边的高山隆起。显然，最明显的水的来源就是月球上的海床。很久以前我们就已经知道那是海洋干涸之后的痕迹。

　　让我们想想，讨论一下作为科学事实的万有引力。重力并不是一个只和质量相关的静态的数据，当物质有变化时，如变冷时，重力也会随之变化。这可以总结为这样一条规律：冷却物质的质量，电磁发射（如光）与重力的大小成正比，和他们之间的距离成反比。考虑到这条规律，月球比地球要小，比地球先变冷，它的重力场也随之变轻，而此时地球仍然温暖，拥有很强的重力场，因此月球上的海洋就被重力吸引到地球上了。

　　如果我们承认重力并不是静止的，那么我们就会意识到，认为大量的冰会从地球两边滑下去，和认为整个地中海铜器时代有上百万吨的铜被埋进了密歇根州，由此成就了铜器时代比起来，前一种想法更蠢。比较一下这两种想法吧：重力是某种不变的特质，而不是动态的过程，北美洲的铜也没有越过大洋。我们得面对这种将观念转为事实的科学过程。这些观念通常不会遇到挑战，因为没有证据证明它们是有效的，但也没有证据证明它们是无效的。

　　那些支持大洪水的证据如果得到承认，说不定会让世界天翻地覆。为了防止这种情况发生，学者们凭空捏造了冰河期理论。没人想回到封建科学的时代，那时候要通过信仰来决定什么是真实，信仰拯救一切。尽管如此，我们却深信一些人即兴的想法，这些人生长在不知原子、电力为何物的时代，他们甚至连我们身处银河系之内都不知道。简单来说，我们让这些死人观念主宰我们对于真实的看法，这些观念无法被证实，甚至这些人压根不知道什么是真实。

　　由于现在科学界已经不再是一个整体，而是分裂成上千个学科，所以这些跨学科的观念没有受到质疑，也无法质疑。如果我们不能有意识地从每一个步骤上质疑这些假设，那么在寻找真相（如世界性远古文明存在的证据）的旅途中，我们将会陷入这个我们正竭力弄清的谜团中无法自拔。

7 殉道者伊曼纽尔·维里科夫斯基：
灾变论学家的进步，一个获得迟来荣誉的英雄
约翰·凯特勒

我们可能没有意识到，但我们确实正在看着一个地质学基本原理垂死挣扎的过程。这个地质学原理叫作均变论，该理论认为我们今天看到的地质学进程是从很久之前就一直存在的，如果有什么变化出现的话，这个进程也只会在漫长的年代中渐进式地演变。

好吧。你可以试着跟你的孩子说说这个观点。可惜在关于事实真相的问题上（用地质学的话来说），他们早就习惯于另一种更激进的观点了。当然这是通过电视和电影教育的后果。这种观点被称作灾变论，举个如今很著名的例子：小行星撞击地球毁灭了恐龙。是的，我们如今感兴趣的是尤卡坦半岛上的奇科西卢布陨坑和6500万年前小行星撞击地球之类的事情。

在1950年，灾变论可以称得上是科学界的异端邪说。它的主要提倡者是伊曼纽尔·维里科夫斯基，他为各种学科的产生做了很大的贡献。但直到今天，他仍然默默无名，甚至很多受益于他开拓性工作的人也不知道他的名字。

伊曼纽尔·维里科夫斯基是一个犹太籍俄罗斯人，1895年6月10日出生于维帖布斯克。他在儿童时期就精通好几门语言。1913年，维里科夫斯基从金奈热中学毕业，这时他获得了金质奖章，在俄语和数学上表现优异。后来他离开了俄罗斯一段时间，旅行去了欧洲和巴勒斯坦，在爱丁堡大学学习博物学预科。第一次世界大战爆发之前，他重新回到了专制俄国，进入莫斯科大学学习。幸运的是，他既没有在东正教大屠杀当中遇害，也没有在1917年布尔什维克夺权的内战中受伤。1921年，他获得了医学学士学位，同时在历史和法律上有很深的造诣。

在那之后，维里科夫斯基移民到维也纳，在那里，丘比特之箭射中了他，他和艾丽维萨·克雷默（Elisheva Kramer），一位小提琴手，举行了盛大的婚礼。在维也纳时，他负责《斯科瑞普特大学学报》（*Scripta Universitatis*）的编辑，这是一本重要的学术著作，爱因斯坦负责其中的数学物理科学版。他同时还在弗洛伊德的门生威廉·斯特克（Wihelm Stekel）的指导下学习精神分析学，并在苏黎世研究人类大脑的运作。

1924年，维里科夫斯基和他的妻子搬到了巴勒斯坦，在那里他进行了他的精神分析学实习。他继续编辑《斯科瑞普特学术上的耶路撒冷》（*Scripta Academica Hierosolymitana*），这是一本重要的犹太学杂志。1930年，他第一篇独立的论文出版了。在这篇论文里，维里科夫斯基认为，通过建立病态异常的大脑摄影图模板，人们可以辨认癫痫。他的这部分论文涉及弗洛伊德的《摩西与一神论》（*Moses and Monotheism*），并被收录在弗洛伊德编的《意象》（*Imago*）中。从这时开始，维里科夫斯基后来的思想开始成形了。之前他狂

热寻求治愈精神创伤的方法，并希望将之组织成理论。但之后这种思想使得他在全世界都拥有了恶名，使得他被学界放逐长达十年，并在污蔑和嘲笑中度过了余生。

图7.1：《摩西与埃及第七次瘟疫》（*Moses and the Seventh Plague of Egypt*），约翰·马丁（John Martin）作。

在读过《摩西与一神论》后，维里科夫斯基开始不安分地怀疑起这本书中的思想来。弗洛伊德的英雄，那个一神论者、离经叛道的法老阿克纳通（Akhnaton）真的就是俄狄浦斯的现实原型吗？据弗洛伊德说，这个传奇性的人物，他奇怪的欲望和可怕的行为其实只是所有年轻人的心理特点。维里科夫斯基后来在《俄狄浦斯和阿克纳通》(Oedipus and Akhnaton)中同意了弗洛伊德的这一观点：即阿克纳通确实是俄狄浦斯这个著名悲剧的现实原型。1939年，维里科夫斯基休学一年，在第二次世界大战前和全家一起搬到了美国。他在纽约图书馆花了八个月的时间来做学问。

1940年4月，充满怀疑精神的维里科夫斯基开始思考另一个重要的问题。他的怀疑精神在古代历史中得到充分锻炼，充满了犹太人的信仰精神。这个问题就是：埃及古籍上是否记载了《圣经》中《出埃及记》之前的那场大灾难呢？

维里科夫斯基开始寻找证据，他找到了一张埃及手稿，出自埃及先贤伊普威尔（Ipuwer）的哀悼文。在手稿中，伊普威尔描述了一系列的灾难降临到他心爱的祖国，这些灾难看上去很像《出埃及记》中描述的。在詹姆士一世钦定《圣经》英译本中，有"雹子和火焰"毁灭了埃及的田地这样的记载，这就是伊普威尔描述的灾难的源头。

你知道，这个爆炸性的发现其实是人为的结果。据鉴定，詹姆士一世钦定

《圣经》英译本出现于17世纪，而"陨星"这个科学概念直到18世纪中后期才出现。这样的话，当译者遇到手稿中的希伯来文"barad"（石头）时，他们选择将其翻译为"雹子"。维里科夫斯基注意到在神话、传说和历史记载中，一遍又一遍地描述有"燃烧的沥青"从天空中落下。之后，他研究的目标转向了金星，并进一步提出金星在这场灾变中扮演了决定性的角色。

伊普威尔手稿的发现使得维里科夫斯基完全投入了这样一个工作：那就是对比希伯来和埃及年代表，并试图将之统一起来。最终他取得了不少成果。1952年，他出版了《混乱的时代》，紧接着1955年他又写作了《大变动中的地球》。这两本著作在埃及古物学者、考古学家和古历史学家之间引发一场学术论战。而他1950年就出版的《冲突的世界》，就像一枚超级炸弹，把天文学家、宇宙学家、天体力学家和诸多院士们炸得手忙脚乱。

1940年10月，维里科夫斯基在《约书亚记》中发现，在太阳"静止在空中"之前，发生过一次流星雨。《冲突的世界》中关键的观点正来源于这段描叙。这使得他想到，这场灾难可能并不是一次地方性的，有可能是一次全球性的灾难。他开始在历史和考古学中，在神话、传说和所有人类的潜意识中寻找证据，这时候，他的精神分析学训练给了他很大的帮助。他发现金星在全球发生的一系列灾难中扮演着重要的角色。另外，他还怀疑金星与《出埃及记》之前的大灾难有关系。

维里科夫斯基花了十年时间来研究并写了《冲突的世界》和《混乱的时代》这两部书，并试图为《冲突的世界》找个出版社。这时候他已经取得了美国的永久公民权。在超过两打出版社拒绝了他之后，麦克米兰公司同意出版这本书。麦克米兰公司是一家主要出版学术书籍的出版社。很多科学家——为麦克米兰公司写书和买书的人——向公司施加了很大的压力，意图阻止这本书的出版。但麦克米兰公司没有屈服。

出版后，《冲突的世界》成为麦克米兰销售排行榜上排行的第一名。但科学界给予的压力很大，麦克米兰不得不将这本书转给它的竞争者达布尔代公司。在达布尔代，《冲突的世界》很快在世界范围内获得了成功。这种成功很大一部分得益于对学界施加压力的反抗。

享誉世界的学界异类

《冲突的世界》在脆弱的天文学界投下了一颗重磅炸弹。之前的天文学界认为稳定的太阳系简直就是守规矩的模范，没有一颗行星会离开它的轨道去造成全世界的大破坏，更不用说还是好几次。维里科夫斯基用最简单的形式表明，金星并不一直是颗行星。相反，他认为金星曾经是从木星中飞出的一颗彗星，它的轨道很不稳定，这使得它与地球相撞。或者说，有几次它与地球离得太近，导致了毁灭全球的大灾难。在书中，维里科夫斯基坚持这种灾难的记录曾经出现在历史典籍中。

考虑一下，为什么这本书的出版引发了大论战呢？那时候是50年代，美国刚刚获得第二次世界大战的胜利，民众享受着令人难以置信的繁荣，他们觉得到处都充满阳光。面对刚刚结束的战争引发的混乱和恐怖，面对当时席卷世界的共产主义，这些民众紧密团结在一起，努力工作，尽力恢复自己的生活，开始新的一切。他们看重的是爱国主义、集体主义和消费观。具有讽刺意味的是，出版界培育的普通民众要比学术界的精英们更宽容，眼界更开阔。这就是这场论争会发生的原因。

《读者文摘》（Reader's Digest），这座美国保守主义的城堡，评论维里科夫斯基这部影响深远的著作说："（这本书）像儒勒·凡尔纳写的故事那样引人入胜，但同时有具有达尔文著作的学术价值。"《纽约先驱讲坛》（New York Herald-Tribune）称这本书为"地球和人类历史的惊人全景图"。《游行》（Pageant）用优美的语言总结了公众对这本书的反应："最近几年来，从来没有任何东西能像这本著作一样激起大众丰富的想象力。"所有以上评论都摘自这本书戴尔平装版的封底。这是《冲突的世界》在1973年的第11次印刷。戴尔平装版第一次付印是在1967年，即该书第一次出精装版后的17年。

至于科学界对这本书的反应，基本上从他们在出版前后对麦克米兰公司的胁迫中就可以预料到。当《冲突的世界》开始吸引公众和某些小圈子科学家的注意力并获得他们的称赞时，那些装模作样的讨论假惺惺地上台了。当然，结果就是暴力、赤裸裸的威胁和排山倒海的污蔑。他们攻击的目标主要有三个：公众，支持维里科夫斯基的科学团体，还有维里科夫斯基自己。有意思的是，这些人在公开指责这本书和作者之前，基本上都没有真正读过这本书。

甚至在麦克米兰公司出版这本书之前，著名的天文学家哈洛·沙普利（Harlow Shapley）就在一本学术刊物上组织了一场多方位、思维缜密的攻击，参与其中的有一位天文学家、一位地质学家和一位考古学家。他们任何一位都没有读过维里科夫斯基这本书。这种攻击模式被他们用了一遍又一遍。

沙普利和他的同伙还策划了对该书编辑的污蔑。这位资深编辑只是因为接受了《冲突的世界》的出版，就遭受了无妄之灾。沙普利还攻击了海顿天文馆的负责人，只因为他提议在天文馆里为维里科夫斯基独特的宇宙论举行一次展览。与此同时，维里科夫斯基也在众多科学刊物上遭受了系统的攻击，这些攻击通常都是对他的歪曲，充满了谎言、误解和个人偏见。而此时维里科夫斯基没有得到任何机会回应这些攻击，维护他自己的观点。

有趣的是，维里科夫斯基的攻击者之一，天文学家唐纳德·门泽尔（Donald Menzel）被UFO研究者斯坦顿·弗里德曼（Stanton Friedman）揭发出来，证明是一名第二次世界大战期间的假情报专家。唐纳德·门泽尔是一位重要的拆穿UFO现象的专家，但他的名字却出现在绝密的MJ-12文件上。在文件中，他是1947年7月罗斯维尔UFO事件调查掩盖小组的一员。他曾经在一篇论文中讨论过外星人技术，这篇论文在《崛起的亚特兰蒂斯》这本杂志上发表，名为《为获得外星人技术而奋斗：杰克·舒尔曼依然顽强面对威胁》

（*The Fight for Alien Technology: Jack Shulman Remains Undaunted by Mounting Threats*）。

现在，就让我们瞧瞧维里科夫斯基的观点，判断一下他说的是否有道理：

1、金星是热的。

完全正确。维里科夫斯基认为金星以前就是一颗很热的星球，以后也仍然会很热。1950年，人们测量了金星云的温度，无论白天黑夜，它基本都在零度以下。1962年，美国国家航空和宇宙航行局的梅拉尔2号卫星显示，金星表面温度高达800华氏摄氏度，足够把铅融化。地表探针随后测定了金星上实际温度为1000华氏摄氏度。

2、一颗大彗星曾经撞击了地球。

正确。在1950年8月，甚至在著名的奇克鲁伯火山口家喻户晓之前，就已经有研究人员发现，大洋底部的红色黏土层中沉积有大量陨石中的镍。在1959年5月，研究员发现深海中的白灰层，它是彗星撞击后的沉淀物，或者说是太空来客燃烧后的灰烬。

3、一些彗尾和陨石含有碳氢化合物。

正确。在1951年，光谱分析说明彗星尾部含有碳氢化合物。1959年，研究人员在陨石中发现了碳氢化合物、蜡和其他地球上也能找到的化合物等。

4、在月球上将会找到石油碳氢化合物的证据。

正确。阿波罗14号带回的样品中就有以芳香族碳氢化合物形式存在的有机物。

5、木星引起了无线电噪声。

1953年维里科夫斯基作出了这个判断。18个月之后，两位来自卡内基学院的科学家宣布，他们接收到了来自木星的很强的无线电信号，尽管木星冰冷的躯体掩盖在数千英里的冰层下。1960年，两位加州理工学院的科学家发现有一个辐射带环绕着木星，这个辐射带发出的无线电能量是地球范艾伦辐射带[1]的1014倍。

看来这本书确实还"蒙"对了几个事实，不是吗？

现在让我们回到维里科夫斯基最大的"罪状"，这项罪名一直给他带来麻烦：他的跨学科研究。

维里科夫斯基：跨学科研究的科学异类

林恩·罗斯（Lynn Rose）博士曾写过《沉思者：再看维里科夫斯基》（*Pensee: Velikovsky Reconsidered*），她在《审视维里科夫斯基的跨学科综合

1.范艾伦辐射带，是环绕地球的高能粒子辐射带，它在赤道附近呈环状绕着地球，并向极地弯曲。1958年，美国物理学家詹姆斯·范艾伦用美国卫星上的盖革计数器，第一次直接探测到地球周围存在高能带电粒子，从而证实辐射带的存在。由此这一辐射层通常就被称为"范艾伦辐射带"。

研究》（*The Censorship of Velikovsky's interdisciplinary Synthesis*）中，指出所有科学学科都无意识地偏向均变论。这种情况发生并不奇怪，因为对其他学科发现的灾变论证据，我们有着历史悠久的无知。这也导致了科学界忽视或者拒绝认可任何专业学科内发现的灾变论证据。

就像罗斯写的那样："每一个独立的学科都倾向于无意识地把灾难发生的证据作为其他学科的不解之谜藏起来。"维里科夫斯基揭开了这些谜团，并将之公布于众。他的建议是，当一个人不用所谓的少数"事实"来限制住自己时，那么他就会看到所有这些证据，并有可能坚持相信灾变论。

如果说维里科夫斯基揭开谜团的事实让很多人不太能接受，这只是很温和的说法。1950年5月，密歇根大学的天文学教授迪安·B.麦克劳克林（Dean B. McLaughlin）在写给麦克米兰的威胁信

图7.2：伊曼纽尔·维里科夫斯基。

中表示，"这种理论毫无疑问是一种江湖骗子的说法……每个专业的领域有其专业性……但是到今天为止没人敢说能解决科学分裂成多个子学科这种问题。结果维里科夫斯基居然怀疑起好几个学科的基本原理！这完全只是看上去像那么回事的胡言乱语！"

这也许能部分地解释，维里科夫斯基为什么被绝大多数科学团体迫害并排斥。

这也许也能解释，为什么在《冲突的世界》出版24年后的那个"出庭日"，维里科夫斯基遭受到了猛烈的攻击。1974年2月，一个叫作科学促进会的美国社团在旧金山举行了一次特别的会议，那天成为了维里科夫斯基的"出庭日"。卡尔·萨根（Carl Sagan）组织了这次会议，他承诺这次会议将非常公正。讽刺的是，接下来维里科夫斯基遭受了一次卑鄙地攻击。对于一个说话迟缓、当时已经79岁的老人，会议参与者肆无忌惮地轮番发言，甚至都没有给予他一次回击的机会。维里科夫斯基忍受了两次这样的侮辱，每次都长达7个小时。当他试图组织语言，说明一些自己的观点时，其他人就力图使他显得很笨拙。艾伯特·迈克逊（Albert Michelson）支持维里科夫斯基的观点，他被允许在会议开始前宣读一些他自己的观点。但主持会议者甚至不愿意让他带上他的主要论文。

但是，后来的行星探测证明维里科夫斯基在很多地方上都是正确的。这使得他不再被大学排斥，变得炙手可热。1979年，维里科夫斯基逝世了，逝世前还在坚持研究工作。他给我们留下了丰富的著作，无论是出版的，还是未曾出版的。

8 危险的全球性遗忘症：
我们得重新考虑一下这些被舍弃的天才遗产，
和古代大灾难上演的证物
斯蒂文·帕森斯

伊曼纽尔·维里科夫斯基一度被认为是世界一流的学者，从而饱受人们尊敬。在爱丁堡、莫斯科、柏林和维也纳，维里科夫斯基与爱因斯坦、弗洛伊德的大弟子威廉·斯特克私交甚好，他在那些地方作为精神分析学家获得了很高的名望。

但是1950年，麦克米兰公司出版了他的著作《冲突的世界》，从此一切都改变了。《冲突的世界》是维里科夫斯基销量最好的著作。这本书出版之后，维里科夫斯基在科学殿堂上的名望陡然降到了最低点。在他有生之年，他作为科学家和研究人员的声望再也没能恢复。很快他就成了大学校园里不受欢迎的人，他的著作也受到主流天文学家的攻击。

这样一个俄籍犹太学者，他在世界上一流的学府学习过，到底他是怎样为自己招致了如此可怕的批评呢？是什么让科学最权威的人士仅仅凭传闻就指责维里科夫斯基是个骗子呢？要知道这些权威甚至连他的书都没看过。为什么那些很受尊敬的学者，仅仅是因为对维里科夫斯基的观点持比较宽容态度，就因此丢掉了工作？

维里科夫斯基在检查了世界范围内的古代文明遗址之后，在《冲突的世界》中提出了三条非同寻常的观点：（1）金星的运动轨道是不规则的，在人类历史上它曾经非常接近地球；（2）行星际空间中的电磁力和静电有足够的能量影响行星的运动；（3）金星曾以巨大彗星的形态闯入地球，在我们远祖的心中留下了深深的敬畏和恐惧。

维里科夫斯基的观点是很有争议性的，但这并不能解释为什么学界的反应会如此强烈。这也不能解释为什么卡尔·萨根发动一场个人战争来败坏维里科夫斯基的名声。通常来说，科学观点是宽泛思想的集合，这里有各种各样的思想，从怪诞的到无聊的，但这次科学界对维里科夫斯基却没这么宽容。

那么就是维里科夫斯基著作中的观点太独特？这同样不能解释为什么哈佛大学天文台的哈洛·沙普利博士（Shapley Harvard）、天文学家佛瑞德·惠普尔（Fred Whipple）以及其他一些权威的科学家要强迫麦克米兰公司停止出版《冲突的世界》，开除掉这本书的编辑詹姆士·帕特南（James Putnam），即使《冲突的世界》已经取得了畅销书名单第一位的好成绩。这禁不住要让人猜测，大概只有真相的力量才能刺痛科学界的神经，让他们暴跳如雷，矢口否认。

当然，也只有深埋在集体意识之下的精神创伤能够造成这种无理性的狂怒。至于这次"维里科夫斯基事件"，这场有组织的、发狂的保卫信仰的行动，让我们看到了科学史上最病态的一幕。不知维里科夫斯基自己是否看穿了"全球性遗忘症"面纱下的真相？

作为一位精神分析学家，维里科夫斯基绝对有能力从人类行为中识别出病状。在之后写作的《患遗忘症的人类》中，维里科夫斯基认为古代贤者一直处于一种惊恐的思想状态中，这种精神上的焦虑来自他们的祖辈经历过的可怕事件。那时，整个世界在巨大自然力的作用下四分五裂，一团混乱。他还描述了人类用各种方法，使人类集体精神创伤渐渐被埋葬，被遗忘，但这种创伤却是不可消除的。

亚里士多德的宇宙学主宰了学界整整两千年，它以惊人的准确性压制住了这种集体精神创伤和恐惧。后来在19世纪，科学界相信，太阳系、地球和地球上所有的生物在过去从来都没有经历过任何狂暴的或者混乱的时代。这种思想就是均变论的雏形，它后来逐渐成为科学中冥顽不化的教条。均变论成功地将关于大灾难的记忆从人类的显意识中驱赶了出去，但有证据显示，这些记忆仍然在人类集体记忆中活跃着。

维里科夫斯基理解人类想要压制精神创伤的冲动，但他认为这种创伤最终会通过一些病态的方式表达出来，再现出来。举个例子，早期的战争都是作为一种仪式从容不迫地推进。这项仪式是对于上帝降下灾难的模仿和再现。

在如今的世界上，我们基本上不会把我们的暴力行为与它的古老源头联系起来。我们不知道，那是被埋葬的精神创伤在要求表现，人总是看不到自己的影子。

最初，维里科夫斯基相信科学只有一套检查和权衡的机制，这会鼓励其他人去检验他的结论，这样他们在研究完以后，就会得出和他一样的结论。不幸的是，随着时间消逝，1979年的时候，他已经开始相信他的观点永远也不会得到主流科学的尊重。尽管在头一个17年，他的著作重新点燃了公众的兴趣，但科学殿堂的大门却始终对他紧闭着。只有那些最活跃的、由独立基金支持的科学家有可能继续维里科夫斯基留下来的研究。

有意思的是，最近太空项目的很多发现都证实了很多维里科夫斯基的观点。现在让我们来看一下金星这个谜团：

金星的自旋方向与其他行星是相反的，它的表面温度高达1000华氏度，这可比那些老老实实待在自己运行轨道上的行星热得多。另外，金星的化学构成也违背了现存的关于行星构成的理论。金星的表层大气层充满了狂暴的、飞速旋转的气流，但它的底层大气层却是平静的，其中频繁出现闪电放电现象。这个星球遍布着100,000个火山，在最近的地质时期，这些火山完全重构了这个星球的表面。

最后，传统理论也无法解释金星那条类似彗星的尾巴，这条尾巴虽然肉眼不可见，但却足足有4500万公里长。1997年，环地轨道卫星SOHO发现了这条尾巴，《新科学家》（New Scientist）随后报道了这次发现。但是，如果我们想想古代人类对于金星的称呼，那么金星之谜其实是可以理解的。他们把金星叫作彗星，叫它长毛星，长胡子的星星和巫婆星。他们说金星就和女神一样，有美丽的一面，也有可怕的一面。她可怕的那一面是一只残暴的龙，冷酷的袭击地球。显然，金星新获得的躯体还没有在热能与电能之间达到完美的平衡，因此它才会在天空中拖着那条长尾巴。

维里科夫斯基认为古代人类的证词是可信的，在我们过去的历史上确实发生过非同一般的大灾难。由此他重启了我们那已经深埋的集体记忆。

从研究古埃及和希伯来对于灾难的记录开始，维里科夫斯基就走上了这条异于常人的学术之路。当时，他将《旧约》中《出埃及记》发生的时间精确定位到了公元前1500年，并发现在其他文明的历史著作中也有类似的事件记叙，因此他相信这场灾难是全人类共同经历的，并在全球都造成了相同的结果。

在1950年，科学界还不能接受将古人的证词作为可信的证据，以此来证明古代确实出现过全球性大灾难。物理学也不能忍受一个跨越了学科界限的外来者指手画脚。但在最近50年间，科学殿堂终于对维里科夫斯基有所松动。

科学界最近有两位富有革新精神的理论家出版了一本著作，这本著作颇有维里科夫斯基的风格。这两位理论家，一位是维克多·克鲁伯（Victor Clube），牛津大学天体物理学的系主任，一位是他的同事威廉·纳皮尔（William Napier），他们共同完成了一篇论文。在论文中，他们认为彗星造成的灾难在神话主题中传承下来。尽管克鲁伯和纳皮尔认为造成灾难的并不是某颗行星，但这个说法已经很接近《冲突的世界》中的观点了。

除了这两位之外，还有很多其他的思想新颖的理论家，他们全心全意地投入到这方面的研究中。比较神话学家大卫·塔尔伯特（David Talbott）和物理学家华莱士·桑希尔（Wallance Thornhill）认识到了维里科夫斯基发现的价值，他们跟随维里科夫斯基研究的方向，在长达45年中艰辛研究，将自己的研究与维里科夫斯基的研究进行了结合。

畅想电磁宇宙

华莱士·桑希尔独辟蹊径，他相信行星和恒星是在一个动态的电磁环境中发挥作用。金星的尾巴长达4500万公里，它保留着类似绳索或者细丝的结构。这是因为这条尾巴实际上是传输中的等离子体电流。这些等离子体的结构，即伯克兰电流[1]模式，现在在等离子物理学家当中非常著名，但对天文学家来说还比较陌生。伯克兰电流在太阳系中的存在说明太阳系中充满了等离子体电子流。这一点完全刷新了我们看待事物的方式。

桑希尔还认为，恒星上产生的光和热并不是都来自高热原子核反应过程。相反，我们的太阳和其他恒星更像是一个充满闪电的巨大球体。这些球体的能

1.伯克兰是挪威地球物理学家，磁层物理的奠基人。为了说明磁扰动的产生，他提出一种沿地磁场的垂直电流体系模式，这种电流体系现在被称作伯克兰电流。

量更多是从外部获取，而不是来自其核心的核子融合。学界广泛认同的说法是，恒星通过核子融合产生能量，但这只适合原子时代，不适合我们观察到的真实情况。

不幸的是，大众无法知道这一点：我们观察到的太阳运动并不符合传统理论。我们观察到了中微子的缺乏；太阳表面的温度散失得比产生的更快；我们还观察到加速的太阳风，太阳奇怪的旋转方式，还有它表面上的大洞——这意味着太阳内部温度更低，而不是更高。

"你得观察自然真正的运作方式，"桑希尔说，"而不是你认为它应该怎样运作。"他的研究方式以实验为依据，这让古人对灾难的描述可以成为可信的证据。寓言、神话和传说并不能证明桑希尔的观点，但它们可以提供一些线索。

图8.1：《古代大灾难》（*Ancient catastrophes*），由科尼亚小组（Kronia Group）提供。

举个例子来说，神话中的神们在天上战斗时，会互相投掷闪电。闪电和霹雳就是他们选择的武器。在古代贤者和占星师最早的记载中，那些在天空中发起战争的神的名字正是那些我们很熟悉的行星的名字。

如果神就是行星，如果这些行星在天空中彼此移动得很近，以至于他们之间迸发了巨大的闪电，并且这种景象深深地刻印在了人类记忆中，那么之后留下的痕迹和陨石坑在哪里呢？

事实上，巨大闪电袭击之后留下的痕迹遍布月球和大多数行星。这些痕迹新鲜丰富，就等着有新视野的学者来研究了。顺带一提，这些痕迹的具体样式和地球上自然闪电袭击之后留下的痕迹很相似。

图8.2: 华莱士·桑希尔。

行星地质学家研究过月球和火星表面那些细长弯曲的"沟纹"，它们起伏绵延了数百公里，最后消失在熔岩管或者干河床和地表裂缝中。但传统科学家在这点上没能得到什么有价值的观点。要知道，闪电留下的痕迹是很难被认错的。

这样有力的证据对科学界而言是很危险的。如果科学界认真考虑桑希尔的观点呢？如果从月球狭缝底部收集起来，被宇航员带回来的玻璃真的是被闪电释放的能量烧融的，而不是由于流星的撞击呢？如果"水手峡谷"（Valles Marineris）真的是由于有巨大的闪电撕裂了火星表面造成的呢？要知道这道裂缝足足可以吞下一千个美国大峡谷。

再比如，如果行星上数千道裂痕确实是由威力巨大的闪电（上帝的雷霆之怒）造成的，那么对天文学界来说，那可不是面上无光的问题了，那简直是颜面尽失啊。

对桑希尔来说，幸运的是他没有因为非同寻常的观点受到迫害，至少现在还没有。也许这是因为这个谦逊的澳大利亚人的观点还没有充分暴露在大众的目光下。但这一切很快就会得到改变。

用神话打开记忆之锁

大卫·塔尔伯特在一部90分钟的纪录片中找到了自己感兴趣的主题，那部片子名字叫《世界末日的记忆》（*Remembering the End of the World*）。他不像桑希尔从物理学入手，塔尔伯特的工作建立在不同寻常的人类记忆模式上。那是怎样的记忆啊！

想象一下，所有人类都经历某个戏剧性的、全球性的大事件，都看到了天空中巨大的奇观。再想象一下，这个非同一般的经验带来的感受是如此深刻，人类对于它的记忆如此巨大，以至于改变了人类发展的方向。有史以来头一次整个国家开始为神灵兴建巨大的纪念碑，举行虔诚的仪式，为再现这场经验，为把人类生活恢复到大灾难降临前而作无用功。

塔尔伯特认为，在人类文明的开端，也许是5000年前，文明生活的每一方面都显示更早一点时所有的一切都更美好，那时天堂

图8.3：大卫·塔尔伯特。

仍然和人世离得很近，神灵也还没有离去。艺术、歌曲、故事、建筑、信仰、军事、文字与符号的意义，这一切都是永恒的证据，它们能告诉我们人类经历过的一切。根据塔尔伯特的说法，人类用尽了所有的手段想要留住那段壮丽的记忆。这段壮丽景象展现在天空中，它也带来了灾难。那时行星极度靠近地球，并且在天空中显现出了它巨大的躯体。

但是当寓言中的神灵离开后，关于黄金时代的记忆最终也消逝了。黄金时代土崩瓦解的记忆是消失了，但它留下的伤痕并没有消失。这些关于世界末日的、巨大的集体精神创伤一直留在所有人类的灵魂中，有力地影响着我们看待世界和彼此的方式。

维里科夫斯基理解这一切，个体想要通过某种方式把痛苦的创伤性记忆深埋在灵魂下。他推断，整个人类都在集体压制这些来自黄金时代的创伤。同时这种压制也一直通过人类的暴行和异化来表现自己。我们都接受这个现状：那就是痛苦是存在的基本状态，因为那正是所有人一直感受到的东西。但是维里科夫斯基认为存在的这种状态是不正常的。我们集体忍受着这种扭曲的生命观点，因为这只是所有精神创伤的显现。当大同世界（按中国人的说法）最终变成冷酷世界时，创伤就形成了。

塔尔伯特扩展了维里科夫斯基的观点，展示了在原始时代，土星、木星、火星和金星与人类经验联系起来的方式。这些行星都曾经在创神时代之前的某个时期，运行到离地球很近的地方，并组成一种稳定的线性对称排列。"神灵的时代"（用塔尔伯特的话说）既是稳定平和的时代，也是暴力戏剧性的时代，那是这种线性排列完全崩溃毁灭之后的时代。

全世界的人类都曾描绘过有关新月的图像和符号。外行和专家们同样都推断这个新月的符号代表了月亮。但是想想吧，有时候有一颗星星被画在这个新月符号的中间。我们在月亮里可看不到任何星星。今天我们也没看到任何球状物出现在月亮的正中央。

塔尔伯特仅仅谈论这个符号就能说上几个小时，它显示出我们正面对着一个比我们熟悉的月亮可怕得多的图像，这个图像就铭刻在我们的意识深处。事实上，塔尔伯特发现在公元前500年之前，人类历史上都没有关于月亮的天文记录，尽管早期人类极其热衷于观察天空的各种动向。

这个新月图实际上是当土星出现在天空中极点的位置时，形成测距高达20°的弧形，同时我们的太阳又挡住了一部分土星，这样才造成了新月形状的图像。中间的那个圆形物是休眠状态中的金星。金星只在辐射状态下才会闪闪发光。

通过华莱士·桑希尔对等离子放电现象的理解，我们甚至不需要有专业的思维就可以想象，在地球上古老的雕像图画中，一个年轻的金星放射出彩带一样的光芒。

塔尔伯特借用了维里科夫斯基的研究方法，检查了世界范围内每一个主要文明的神话。因为随着时光流逝，很多神话故事都经过修饰美化，变得更适合当地文明，因此塔尔伯特追溯到了这些神话故事最古老和最纯粹的形态。这引导他开始研究中东和古埃及这些文明发源地最古老的著述。

根据塔尔伯特的说法，金字塔的建筑本身就是一本著述，它描绘了那个我们没能看到的世界，我们没能看到的天空。这也是为什么我们最好的专家都解释不出象形字的含义。因为这些铭文并不是为我们的世界准备的，它们只是一条重要的提示。

对科学界来说，塔尔伯特宣扬的无异于异端邪说，他甚至比维里科夫斯基还要激进。但桑希尔和许多学者都支持他的理论。塔尔伯特相信，在人类的记忆中，金星、火星、木星和土星都曾经非常接近地球。这些行星以一种让人震撼的方式出现在天空中，出现在那平和的时代，也出现在那暴乱的时代。

那些生活在"神灵时代"的人对这种熟悉的行星排列有一种深深的亲切感。那就是为什么天空中神灵的战争和这些神灵的离去都导致了混乱和精神创伤。这种感伤的情绪类似于无辜的孩童发现自己信赖热爱的父母先是突然变成了反复无常的暴君，然后抛弃了他们。在第一时间，人类开始经历分离的幻象，经受所有形式的人类暴行。然后，就是历史了。

9 神灵的雷电：电磁宇宙中是否有更多的证据，能揭示古代神话中隐藏的意义？

梅尔和艾米·艾奇逊

谁能想到呢，古老文明的神话还能给地球和月亮上的神秘外貌特征以新的释义？还能给人造闪电实验室最近的研究以新的意义？如果俄勒冈州波特兰的神话学家大卫·塔尔伯特和澳大利亚堪培拉的物理学家华莱士·桑希尔说的是对的，那么古代神话和符号就是我们全面理解历史和物理宇宙的钥匙。

在我们的年代，世界神话看上去可不像是什么发现的源泉。直到最近，神话学家还在努力将那些古老的故事与日常事件联系起来解释：四季变化啊，暴风雨的威力啊，月亮的面貌啊，或者太阳的运动之类的。但是他们陷入了矛盾的困境，这强化了大家普遍相信的那种观念：神话只是纯粹的幻想，对于研究过去，它可绝对不是一个可信的向导。

比较神话学

大卫·塔尔伯特受到维里科夫斯基的行星际大灾难理论的启发，建立起了一种比较不同文明神话的方式。他的目的是找出这些不同的故事中隐含的可信的记忆。这种方式类似于法庭上律师的推理过程，他向那些证人提问，而证人们可能撒谎，可能说无用证词，也可能有错误的记忆。当这些独立证人的证词在某个特定的事实上重合时，他们就是在互相印证事实，尽管这些证人可能在他们说的其他的事实上完全不可信。根据塔尔伯特的说法，在世界范围的神话中，有数百个普遍的主题。虽然它们出现在不同的语言和不同的符号中，但都指向了相同的事件。这种共同的指向如此奇特，以至于我们根本无法忽视它们。

塔尔伯特说，当这些神话综合起来看时，它们讲述了一个连贯详尽的故事。但用今天的眼光来看，这个故事未免荒诞不经。根据塔尔伯特的说法，古人崇拜敬畏的神灵其实是一些行星，这些行星的位置非常靠近地球，并在天空中显示了巨大的力量。它们不稳定的、完全无迹可寻的运行方式创造了神话中一个最普遍的主题——神灵之间的战争。在这些戏剧性的故事中，神灵们用闪电互掷，火焰与石头落在了地球上。

神灵们的武器

塔尔伯特记录说，在古代传统中，很少有图像比神灵的雷电更生动的了。想想气体巨人木星，在希腊神话中它是统治者宙斯，是与提坦巨人在天空中战斗的胜利者。"木星在我们今天的天空中只是一个小光点，但对古代人来说，他们对木星的印象是天空中的巨人，手持闪电作为武器。这意味着什么呢？如果神灵都是行星，那么神灵们的雷电显然就是行星之间的闪电放电现象。"

图9.1：手持闪电矛的宙斯，木星在希腊神话中的化身。

在赫西奥德的《神谱》（*Theogony*）中，我们读到了宙斯，"他从天空和奥林匹斯而来，所到之处电闪雷鸣：他强壮的手臂投出的闪电速度快捷，威力巨大，携带着雷电和四处飞旋的可怕火焰……"

当巨龙提丰（Typhon）袭击世界时，"这个怪物喷出了雷、电和火焰，它带来了极热的风和烧融一切的雷电"。最后宙斯用雷电摧毁了这个怪物，这条破坏世界的巨龙后来以"被吓傻的龙"而闻名。确实，这一点非常明显：不知道有多少神话图像描绘了被闪电惊呆的一瞬。

在古典神话当中，这些图像包括恩克拉多斯(Enceladus)，墨诺提俄斯(Menoetius)，卡帕纽斯(Capaneus)，伊达斯(Idas)，伊阿西翁(Iasion)，阿斯克勒匹俄斯(Asclepius)等等。塔尔伯特认为，"一个学者能犯的最大的错误就是试图把这些故事和地球联系起来解释。这些故事最早的原型是关于宇宙的。这些神灵，伟大的英雄和在他们之间飞舞的闪电都完完全全是属于天空的。"希伯来典籍很好地记载了神灵之间的闪电。《诗篇》第77节写道："你的雷声在天空中盘旋，电光照亮世界，大地战抖震动。"在印度，《摩柯婆罗多》和《罗摩衍那》将充满天空的闪电和如箭般落下的火雨联系起来。古埃及，巴比伦，斯堪的纳维亚，中国以及美洲的神话和传说都描绘了神灵的雷电引发的大火。

这些宇宙大战的故事要比我们今天所知的神话包含更多的内容。塔尔伯特写道："如果我们不能认识到这些天空中的表演者，那是因为这些行星已经退居幕后，变成了天空中的小光点。在现代，我们没有再看到行星间的闪电弧。"

但是塔尔伯特提醒我们，如果全球性的记忆中真的有点什么，那么留下的物理证据肯定是很多的。这就需要对于行星和月球表面进行客观的观察，去看是否有痕迹，以说明行星间的闪电放电现象确实存在。

电力与天文学

塔尔伯特不知道的是，一位澳大利亚的物理学家华莱士·桑希尔已经着手这样一个观察。桑希尔刚刚进入大学时，就发现了维里科夫斯基的著作。"我只是一个普通的物理系学生，但是却总是出没在大学图书馆的天文学书架附近，"他这样说，"结果就是我确信维里科夫斯基提出的观点需要进一步研究。"但他紧接着发现了那些不友好的科学家们，并质疑了他们理论中基本的推断。

桑希尔质疑的推断之一是：天文学领域中放电现象是无意义的。诺贝尔奖获得者汉尼斯·阿尔文（Hannes Alfven）最早观察了在闪电放电现象中等离子体的性质。之后他告诉理论物理学家们，他们的模式是错误的。真正的等离子行为方式是无法被精确推论出来的。桑希尔解释说，它们不是超导体，也不能把它们当作像气体之类的物质来考虑，比如使用"太阳风"这个概念就很不合适。它们是由电流组成的，电流在其中收拢成细丝，然后构成了等离子体类似绳子一样的结构。在日珥中，在星系喷流和彗尾中，这些长长的、弯曲的细丝清晰可见。去年，在金星长达4500万公里的尾巴中，它们作为"纤维物"被发现了。

拉尔夫·朱尔根斯（Ralph Juergens）是一位电子工程师，曾经研究过阿尔文的著作。桑希尔在他的建议下开始收集证据，这些证据都是地球、卫星和小行星的照片，照片中这些地方都有等离子放电现象（行星际闪电）之后留下的痕迹。

"通过在实验室中按比例加大电流的效果，我能够建立起一个很棒的证明体系。这个体系说明古代对于不同天空的描绘是真实的，在不久的过去，行星们和月球也确实曾经离得很近，"桑希尔还说，"电流模型在很短的时间内对一团糟的行星系统进行了排序，并一直保持这个次序的恒定。"

其中有一个实验是将表面覆盖了粉末的绝缘装置放在金属接地导板上，然后通过在绝缘装置上移动一只尖头高压电棒来产生需要的实验结果。这样在粉末上就会出现火花样式的特征图——一条长长的、几乎等宽的、狭窄的裂缝，在裂缝的中间，还有另一条更窄的、比较弯曲的隙缝。两条裂缝几乎是平行的，但它们最后交汇时是成直角交汇的。

桑希尔指出，地球上被闪电袭击过后留下的裂缝也有同样的特征：等宽的深沟，中间还有一条弯弯曲曲的、窄点儿的细沟。第二条细沟可能与主沟平行，然后两条沟成直角交会。

行星等离子体的作用

桑希尔描述了同样的效果是怎样在行星内重复的，这种效果以"弯曲的沟纹"为特征：长长的、均匀的窄沟穿过地表，通常还有隆起的堤分布在两边。中间那道弯曲一些的沟里通常还会有一些小小的圆坑精确地沿着沟纹的轴线分布，有时这些圆坑会重叠起来，形成一个笛子状的长痕。一般来说，这里没有发现顶部坍塌造成的碎石，当然，传统上用"熔岩管"来解释月球沟纹的做法显然不对。同样，沟纹上也没有发现冰水沉积的迹象，因此这些沟纹也不可能是由于水流造成的，要知道不少科学家用水流来解释火星上的沟纹。

图9.2：月球沟纹。桑希尔指出，这些沟纹既不是水流也不是岩浆造成的，它们的特征和等离子放电产生的沟纹一模一样。照片由美国国家航空与航天局（NASA）提供。

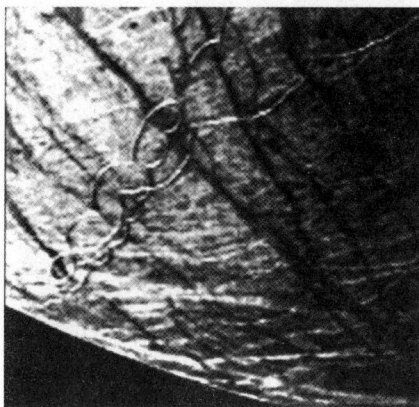

图9.3：在木卫二的表面，我们发现了螺旋状的痕迹，那是等离子电弧放电的典型特征。照片由NASA提供。

桑希尔进一步指出，这些沟纹起伏不定，看上去更有可能是电力造成而不是重力造成的，就像水流和岩浆那样。这些沟纹横七竖八，新的沟纹穿过老的沟纹，走向一点也没受到老沟纹的影响。尤其是木卫二上的沟纹，它们两边隆起的堤通常要比周围的地面颜色深一些，也同样比中间的沟纹颜色要深。这推翻了当前已经被广泛接受的说法，即之所以出现这种情况，是因为从冰缝里涌出的物质颜色要深一些。桑希尔推断，这种情况可能是因为电能改变了这些碎片的化学成分或者核成分。

木卫二上的沟纹还有一个特别明显的特点：那就是它们呈现出一系列循环的形状。循环状的冰纹闻所未闻，但等离子体线柱特有的螺旋形状可以很容易解释这些呈弧线穿过地表的痕迹。

桑希尔还提到，这些出现在行星和月球上的坑洞与实验室制造出来的十分相似。它们都呈完整的圆形，因为电弧的袭击通常是垂直于地面的。当电击器的圆周运动制造出坑洞时，

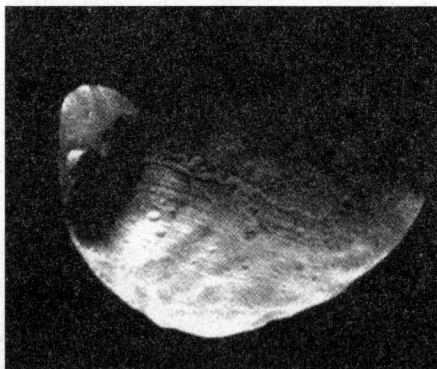

图9.4：火卫一表面沟纹上闪电留下的圆坑。照片由NASA提供。

在墙壁上的是垂直的，而地板上的基本是水平的。相反，由冲击和爆炸产生的坑洞会呈碗状：爆出物不是升上地表，而是经受了冲击，然后像被冲击的液体一样粉碎并四处流散开来。

电击造成的坑洞的另一个普遍特征就是两旁伴随着梯状物，通常这些梯状物随着电弧的旋转运动呈螺旋状钻入地面。月球和火星上都有很多这种类型的坑洞。

另外，这些坑洞的中峰呈对称性陡降下去，这很像是等离子发生器造成的乳头状中峰。当电弧呈螺旋形旋转运动切开周围物质时，很容易产生这种现象。桑希尔将这种现象与实验爆炸产生的不规则回弹峰点进行了对比。桑希尔还指出，月球上有很多陨石坑，其中峰周围的地面往往是地峡，就像实验室中电弧没有做完整个旋转留下的痕迹。

桑希尔认为，电力的源头有一个很能说明问题的特质，那就是每个陨石坑往往以另一个陨石坑的边缘为中心。在月球和一些行星上，这是一个很普遍的景象。当一个电弧跳跃前进或者击中了高海拔的地面时，这种现象就很可能出现。

最后，桑希尔还提出，很多火山更像是放大了数倍的天然中空玻璃管，它们是由闪电袭击之下的高温造成。这些中空管都有典型的陡峭的长笛状的外部边缘，并且在顶部有一个火山口。这显然是因为弥漫性的放电使得火山变形成一个窄弧。这方面典型的例子就是火星上的奥林帕斯山，山体长达600公里，高2400米。其顶端有六个窄弧火山口，这些火山口在每一个圆形痕迹边缘上升到最高点。

被闪电击伤的神灵

人类的集体记忆可能可以解释太空时代的一些令人惊讶的发现，但这对塔尔伯特来说并不奇怪。他自己就描绘了这个古老的"疤脸主题"。

在很多文化当中都有一个共同的主题——一位在前额、面颊或者大腿受伤或者有伤痕的战神。初一看，这没什么好奇怪的。因为战士总免不了受伤。但是，这并仅仅是关于一个战士的故事，而是天空战士的原型故事——这是人类战士会在战场上颂扬的战神。在早期天文学中，这个战士原型通常与某个特定的行星——火星联系起来。

在古希腊火星被称作阿瑞斯，这位天空武士在遭遇到狄俄墨得斯（Diomedes）时受了很重的伤。之后他发出一千个武士才能发出的巨吼，冲到宙斯面前哭诉他遭受的痛苦。火星的另一个希腊名是 heracles，意思是大力英雄，这位神灵也同样在大腿上受了伤。

尽管黑脚印第安人似乎并没有将他们的传奇武士疤面（Scarface）与任何天体联系起来，阿兹泰克人也不认为行星和他们著名的疤脸神灵塔拉洛克(Tlaloc)有任何关系。但是塔尔伯特坚持认为，比较的方法能够解释这些神话主题的共同来源。

火星"受伤"或许暗示某次真实的事件，这可能吗？塔尔伯特回忆说："我记得我看到过水手一号拍的火星照片，其中有一张显示有一道惊人的裂缝横过火星表面。尽管隔着遥远的空间，但这道裂缝看上去还是像一道伤疤。"天文学家们将之命名为水手谷（Valles Marineris）——它的规模大得能吞下一千个美国大峡谷。"那时我就意识到，在我们太阳系的所有行星和月亮中，火星独独和战神非常相似。"

这种比较方法同样要求注意到更多的细节，这些细节往往会被专家们忽略。对塔尔伯特来说，这里最让人激动的发现就是疤面主题可能和闪电神灵有密切联系。塔尔伯特举了古希腊神恩克拉多斯(Enceladus)为例，这位神灵曾经被宙斯降下的雷电惊得目瞪口呆。他以"留有闪电造成的疤痕"而闻名。与恩克拉多斯相同遭遇的还有怪兽提丰。在他们身上，我们看到了天空武士可怕的一面。塔尔伯特认为，人类遭受毁灭性灾难的时代就是战神阿瑞斯受伤的那个时代。

将阿兹泰克的塔拉洛克神身上的疤痕和闪电联系起来，塔尔伯特是第一个这样做的人。"这完全是因为专家们从来没有注意过这个世界性主题。"塔尔伯特告诉我们。塔拉洛克确实和闪电密不可分，他通过闪电将灵魂送到阿兹泰克族天堂。在阿兹泰克神话中，那是一个专门为被闪电杀死的人准备的世界，这个世界由塔拉洛克掌管，名字叫作塔拉洛堪(Tlalocan)。

"像水手谷这么大的裂缝有可能是被行星间的闪电切出来的吗？"塔尔伯特如此设想。现在，随着答案的揭晓，他将有机会回答出华莱士·桑希尔提出的问题。

被闪电击伤的行星

在水手谷的第一幅图像被传回地球之后，大概过了将近十年桑希尔和塔尔伯特才见到了彼此。塔尔伯特概述了他对于被闪电击伤的神灵的研究。然后他问："水手谷有可能是由雷电造成的吗？"桑希尔回答说："如果不是雷电，那我真想不出还有什么能造成这种裂缝了。"要知道，水手谷长达4000公里，宽700公里，足有6000米深，如果将美国大峡谷从纽约延伸到洛杉矶，那规模大概就差不多了。火星上有大约200万立方千米的地面消失不见，而星球上并没有发现相应的碎片区。

"水手谷是被笼罩了整个火星地面的巨大闪电弧瞬间造成的，"桑希尔说，"岩石和泥土瞬间气化。有一些落回到星球上，造成了巨大的碎片区，里面满是卵石，就像北欧海盗火星探测器和先驱者火星探测器上看到的一样。"

他指出，水手谷陡峭的扇形壁和突出的中部是典型的等离子放电产物。溪谷的侧面通常消失在圆形凹坑里，主峡谷中也没有留下碎片区。次峡和一连串陨坑都与主峡平行，主峡和次峡最后成直角相交。"闪电弧可能从这片地区的东边开始，"桑希尔推测说，"接着它向西横扫，形成了巨大的平行峡谷。最后它消失在纳克提斯迷宫（Noctis Labyrinthus）巨大的河流中。"桑希尔已经出版了一本CD，描述了上述一切和其他行星内发生的闪电现象。他引用了塔尔伯特的研究，认为古代人们见证了这一巨大能量爆发的时代，尽管如今这些能量已经进入了休眠期。

所有与神话中的神灵紧密联系的行星上都覆盖着伤疤，这些伤疤只有用等离子放电现象才能解释得通。如果仔细检查这些陨石坑、火山和峡谷，就会发现它们与地球上的那些火山峡谷根本不同。这些异常现象确实与闪电造成的创伤表现一致。塔尔伯特预言说，他对于神话主题的重新归类将会被大量行星上的现实证据所证实，他也将从各类太空探测器带回的图片中获得更多证据。

水手谷遭受的巨大袭击与神话中战神的伤痕完全一致。这条非同一般的裂缝代表了两种世界观的合流：一种是戏剧性的、历史的神话世界观，一种是客观的、科学的物质世界观。如果塔尔伯特和桑希尔是对的，那么我们就得在一个新的基础上重新建立起关于神话和科学的理解，这个基础将支撑起过去的历史和未来的电力学。

第三部分
探索更伟大的文明古迹

10 印第安人来源的秘密：
坎贝湾文物的年代推翻了科学界的主流文明来源说
大卫·路易斯

我们的地球表面的四分之三都覆盖着水，所以有人说，我们对于水下一切的了解还比不上我们对金星的了解。也许这种情况将要发生改变了。2001年春季，在古巴西部海岸下发现的遗址有可能是"遗失的城市"，这个发现震惊了考古界。根据哈瓦那（Havana）的报告，遗址里有巨大的石块堆砌成2100英尺高的直角或者圆形体，看上去很像金字塔。在小潜艇中的观察者报告说，这个地区像是一个发展完备的城市，有些建筑结构可能曾经是道路和桥梁。

因为一个前洪积世的"遗失城市"不符合主流史前科学的条条框框，因此主流学界对于这项发现保持了缄默。但是，尽管主流学界还是坚持他们的说法，近期其他的发现已经开始动摇他们学说的根基了。这个古代文明的水下遗址的发现回答了某些疑问，解决了学界的一些问题，但同时也提出了更多的疑问，导致了更多问题的出现。这片土地是怎样沉没的？是什么导致了这么大规模的灾难？我们真的了解古代历史和人类起源吗？当他们最珍视的教条面临被彻底推翻的困境时，科学界应该怎样修正他们的教条？

如果你认为加勒比海发现的遗失之城不够分量，那么在印度古据亚特（Gujurat）海边25英里深的水下，考古学家还有同样震惊世界的发现。这次发现的地点是在阿拉伯海的一部分，被称为坎贝湾的地段。印度的国家海洋科学局（National Institute of Ocean Technology）在勘察污染线时，声呐在海湾深处拍到了一些让人吃惊的图像。海洋专家使用了专门设备扫描了海底，结果发现了一系列清晰的人造建筑，这些建筑占据了大约5英里海床。

根据国家海洋科学局在世界上公布的报告，他们用声呐图像技术发现的石柱和倒塌的城墙至少属于两个城市。遗址发现的地点是一个古代河谷文明的一部分，这条河流不像是《梨俱吠陀》（*the Rig Veda*）中提到的萨拉斯瓦蒂河（the River Saraswati），但它最后也流向了古据亚特。据《伦敦时代》（*The times of London*）报道，潜水员之后从坎贝湾120英尺深的地方发现了2000件左右的人工制品，其中包括陶器、雕塑、珠宝、人骨和书稿。

1.　　　　　　　2.　　　　　　　3.

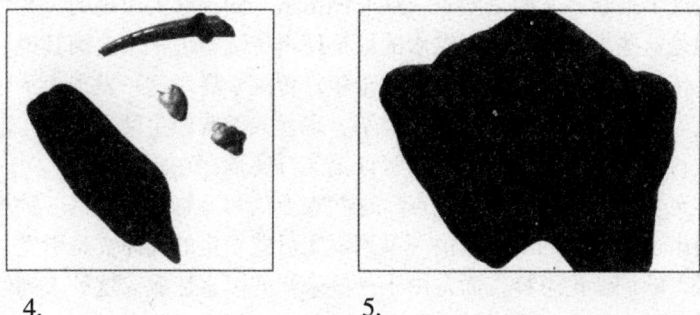

4.   5.

图10.1：

1 坎贝湾的陶器雕刻。

2 坎贝湾古器物：中空的小圆柱。由桑沙•法尔（Santha Faiia）摄。

3 坎贝湾古器物：器物两侧对称地雕刻了鹿或者其他动物。由桑沙•法尔摄。

4 坎贝湾发现的一组四件套古器物。由桑沙•法尔摄。

5 坎贝湾古器物：刻上古代文字或标志的石头。由桑沙•法尔摄。

　　2001年5月，科技部部长乔西（Murli Manohar Joshi）在一次世界性新闻界会议中宣布，坎贝湾发现的水下建筑应该属于一个古代小镇，据鉴定，这个小镇的年代是在哈拉帕文化[1]之前或者同时代。

　　乔西最初的猜测是，这块5英里长的遗址大概有4000到6000年历史，并且是因为某次大地震而沉入水底。但2002年1月，放射性碳测定显示遗址中的人工制品非常古老，是8500到9500年前的产物。根据传统科学的标准说法，这个时候印度应该只有原始的狩猎采集部落和少部分定居者，不应该出现某个遗失文明的居民。

　　水下遗址研究专家葛瑞姆•汉卡克向人们描绘了那个遗址的建筑：有数百英尺长，沿街还有排水沟。"如果这个水下城市的年代被确定是真的，那么这意味着考古学的基础理论根本不靠谱。"汉卡克说道。

　　根据汉卡克的说法，遗址的范围和年代推翻了正统科学的这条定论：那就是人类文明在5000年前发源于苏美尔。甚至就像非主流科学运动那样，它在整体上挑战了关于人类起源的正统观念。主流科学（进化论）认为，生命和人类都是在漫长的年代中由偶然事件引发，并缓慢产生的。

　　根据科学记者理查德•米尔顿在《生命事实：进化论神性祛魅》中所说，从理论上说，地球年龄是40亿年。可惜这个结论并不是由科学或者地质学证据推测而来，而是通过推断生命出现应该需要多少时间来决定的。要知道，这些生命完全是因为随机性的原因出现的，虽然这种可能性未免也太小了。

1.哈拉帕文化分布中心在印度河流域，故又称印度河文明。它的遗址主要由20世纪20年代英国考石学家J.H.马歇尔发掘出来，存在年代是公元前2350～前1750年。

根据这个推断，文明是随着"从非洲出来"的迁移者出现的（大约10万年前）。但是这些史前文明和大洪水的证据使得传统学说很难自圆其说。人们发现文明比传统学说以为的要早出现几千年。传统学界对这一发现表示不相信，他们惊慌失措，哑口无言。有证据显示，现代人类曾经生活在25万年前的南美洲，这被科学界认为是荒谬的，尽管证据实打实地存在。

从古至今还有一些其他的观点，这些观点认为万物是由于另一种神秘得多的原因而出现的，它们既不是由一系列不太可能发生的天体灾难引发，也无法由《圣经》的创造论解释，而是由于一些未知的因素造成。这种未知的因素是所有生命的动力，它与其说是"万物之源"，不如说是物理学上的"道"。它可以整合各个学科，使世界神话成为一个整体。

在后一种观点中他们认为，大家没有必要对史前文化的存在如临大敌，就因为那种认为生命从物质中进化而来的理论划了一条专横的时间线，但时间线的存在本身就是不可理喻的。在印度传统中，他们相信事实上印度文化所有的一切都是从古代迷雾中衍生出来的，神灵和神话也是。那团古代迷雾，正是现代理论物理提出的无空间/无时间的现实。

正如我们所见，这种神话传统坚持认为古印度大陆要比现在的规模大得多，甚至它可能是一个群岛，从澳大利亚延伸到了马达加斯加。自从考古学家挖掘出了特洛伊——要知道大家曾经以为它就是一个神话传说而已，学者们意识到，至少某部分印度神话传统其实是植根于历史现实中的。有人提出了"亚洲的亚特兰蒂斯"这个概念。也许这看起来很科幻，但早期地质学家相信确实有这么一块大陆曾经存在。在坎贝湾被发掘之后，这个概念再一次获得青睐。由此国家海洋科学局有意向要勘察泰米尔纳德邦（Tamil Nadu）的马哈巴利普兰（Mahabalipuram）和波普海尔（Poompuhar）水下古迹。

在以上事件中，西方学者的现代观念和印度传统信仰充满了矛盾。但事情并不总是如此。在19世纪中晚期，那时关于人类起源的理论刚刚在欧洲成形，早期的地质学家和考古学家都接受了圣经大洪水、遗失的大陆和印度洋中有陆地的说法。英国自然学家阿尔佛雷德·罗素·华莱士（Alfred Russell Wallace）甚至为此提出了南大陆的说法。

甚至直到今天，主流科学界仍然相信冈瓦纳大陆（Gondwanaland）与泛古陆（Pangea）的存在，尽管他们按照进化论判定的地球年龄，认为这些古大陆的年代在18000万年到20000万年前。另外，他们也认为早期地质学家和南亚传统的观点不无可取之处。这种观点留存在南印度、斯里兰卡和安达曼海群岛的传统中，当地人对此至今深信不疑。他们相信曾经有一个古大陆横贯现在的印度洋、阿拉伯海和孟加拉湾。

一本斯里兰卡的古书上记载说："在过去的年代，神啊，有25座宫殿和40万条街道被大海吞没……"

据这本古书所说，这块沉没的大陆位于印度西南的图希克若（Tuticoreen）和斯里兰卡的曼勒海湾（Manaar）。它的规模并不像早期地质学家想象的那样，而是和印度次大陆沉没的部分相当。

D.S.阿伦和J.B.德莱尔合著的《大灾难！公元前9500年宇宙大灾难的铁证》中则提到了另一种文化传统，这个文化出现在缅甸南部丹老群岛的瑟朗（Selungs），其中也提到了沉没的大陆："从前这个国家是一块大陆，但是有一天，一个魔鬼的女儿将很多石块投进大海……海水涨了上来，吞没了陆地，仅仅留下一个小岛……除了爬上小岛逃生的生灵之外，所有的生命都灭亡了。"

《瑟拉帕黑克若姆》（Silappadhikaram）是南印度泰米尔史诗中的一部，其中频繁地提到有一块名为库马拉德邦（Kumara Nadu）的大陆，这块大陆也被称为古默里坎达（Kumari Kandam）。它的位置远远超过了当今印度的海岸线。古代南印度的记录者写下了史前泰米尔灵魂社的很多细节，这个研究灵魂的协会曾经在古大陆上活跃。他们还写到了这片大陆中间有两条河流，一条叫古默里（Kumari），一条叫帕罗里（Pahroli）。在他们的记叙中，我们看到这个国家分为49个省，有星星点点的山脉，有丰富的动物、植物。根据古籍所说，帕德亚王国存在于公元前30000年到公元前16500年间。目前南印度至少有一支神秘主义者声称自己继承了这些古代的秘法。据说他们精神上的祖先通过练习瑜伽获得很长的寿命。

另外，据印度学者鉴定，印度史诗《罗摩衍那》出现的时间要比基督早5000年。其中说到英雄罗摩凝望着从印度西海岸到阿拉伯海的一大片陆地，虽然现在那里是一片汪洋大海。这个说法现在被最近的水下考古证实是真的。有少量的印度赞美诗甚至提到了先进的技术，如用来运送精英和战争物资的航空器。

这些著作对航空器的描述非常详尽，这让历史学家和其他学者迷惑不解。宏伟的印度史诗还进一步生动的描写了军国主义的覆灭，那场战争足可以和现代核战争媲美。我们是否可以这样猜想：那个时代也许不仅仅是只有古印度文明，而所有文明都相当先进发达呢？

飞行器……遗失的大陆，它们仅仅只是神话之地的传说，还是原本就是历史记录，只是太久远了才被人们遗忘，然后又被西方科学作为神话幻想从历史上抹去了呢？

要回答这个问题，我们首先得看看关于印度的学术历史。从19世纪开始，西方学者就认为古代人（包括南亚）的文化典籍毫无历史意义。这些专家重写了历史并将之教给东方各地，这显然是一种民族歧视。举个例子，当这些西方专家们发现印度古梵语的词根几乎可以在世界所有主要语言中找到时，他们设计了一个充满民族优越感的说法来解释这种现象——而现代印度知识分子已经接受了这种说法。

这些学者是这样想象的：以前一定存在一个欧洲民族——一个印欧民族（雅利安人），包括印度。他们描绘出了它的词源和基因谱系。学者们还征用了古印度语言来充实这个推想。他们告诉我们，这个印欧民族是从欧洲来的，然后这个民族入侵了印度北部的印度河谷，他们创造了梵语和吠陀文明。这个文明与其说是西方文明的先驱，不如说是它的产物。

但这种"雅利安人入侵论"正在越来越不得人心。来自凯西西部大学的詹姆士·谢弗（James Schaffer）是一位著名的考古学家，专攻古印度考古。他提出："考古学发掘的证据与南亚古代的口头传统和文学传统是相符合的。"

换句话说，印度神话被证明是有历史学意义的。谢弗这样写道："有一些学者提出，在文献里根本没找到南亚之外的印欧民族。现在考古学证据证实了这一点……我们强烈拒绝过分简单化的历史阐释，这种倾向可以追溯到18世纪……这些理论现在仍然颇为盛行，但它们的学术意义被欧洲种族优越主义、殖民主义和种族歧视大大削弱了……"

南部印度的文化发源要比北部更久远，更深奥。但它也遭到了同样的对待。西方学者坚信，一些说着普罗多-德拉威语言（南部通用语系的前身）的民族从西北部进入了印度。这些入侵理论正是西方信仰所需要的，这些理论首先是关于人类起源的伊甸园理论，然后是达尔文进化论，当然，还有被广泛接受的"非洲起源说"。

但是雅利安人入侵理论现在已经破产了。首先是没有可靠的证据能够显示这些假想的入侵者和印度土著有任何区别。然后卫星图像显示，印度河谷的哈拉帕文明和摩亨佐·达罗（Mohenjo-Daro）文明可能是因为气候的变化而消亡的，因为神话中的萨茹阿斯瓦蒂（Saraswati）河干涸，而不是因为那些想象中的入侵者。雅利安人入侵理论的破产和最近水下遗迹的发掘，为主流学者打开了潘多拉之盒，使得他们重新考虑过去的历史——不仅仅是印度历史，而是整个人类的历史。如果梵语早于世界其他语言存在，如果在现在是海洋的地方，确实有古代文明存在，那么现代西方学术界要如何解释史前历史呢？

我们不知道，到底有多少印度的真实历史仍然被种族优越主义、殖民主义和科学唯物主义掩盖？西方对于古印度的年代、文化，对她的人民和成就误解之深，已经破产了的雅利安人入侵理论可能只是其中的冰山一角。

很久以来一直有这样的说法，作为世界文明发源地之一，印度产生的时间在所有神话开始之前。那时拥有大智慧的哲人行走在大地上，他们的精神无人可以企及。古印度存在的时间比史诗《罗摩衍那》和《摩诃婆罗多》更久远，也比南方泰米尔纳德邦的古代典籍更古老。泰米尔纳德邦的文明发展要比北方早得多，它曾经作为古默里坎达的一部分存在，据鉴定存在时间是公元前30000年。

据报告，曾经有一场大洪水淹没了古默里坎达，这也使得泰米尔纳德邦的历书典籍受到了破坏。詹姆士·丘奇沃德上校（Colonel James Churchward）和W. S.南塞尔维（W.S.Cervé）相信这种观点。他们合著的书中指出，印度和西藏的文书典籍中分别都说到过，有遗失的大陆曾在东方。

尽管大陆漂移说认为大陆板块在极其漫长的时间中缓慢而有规律地移动，

但有大量证据表明史前时代地球表面的变化是快速而暴力的。在冰河期晚期，大概12000年前，地球上的猛犸和大量植物突然灭绝。当时成千上万的猛犸和各种植物从地球表面上消失了，洪水把它们的尸体冲到了洞穴深处，烧焦的尸体遍布世界各地。现在科学无法解释这个事件，他们也不想正视这些证据背后的事实。

D.S.阿伦和J.B.德莱尔在合著的《大灾难！公元前9500年宇宙大灾难的铁证》中收集了惊人数量的证据，好证实世界各地神话故事中的大洪水或者大火灾确有其事。如果我们能暂时把教科书上讲的一切摆在一边，阿伦和德莱尔会以一种令人信服的方式把渐进论的陈词滥调从我们头脑中驱逐出去，我们将发现确实发生过世界性的大灾难，这些灾难淹没了大陆，撕裂了大地。

这些证据大多数都集中在南亚。1947年，瑞士测量船信天翁号收集了很多信息，这些信息显示，在斯里兰卡的东南面海面下，有一片至少数百英里的高原，这片高原由冷却的熔岩构成。这里的地壳显然出现过可怕的裂缝，熔岩从裂缝中喷出，填满了当时的山谷，之后这些山谷又沉没到了水中。这次巨大的爆发正好印证了华莱士提到的南大陆沉没。据阿伦和德莱尔所说，动物学和植物学的证据都说明这块大陆存在于比较近的时期，而不是主流科学界认为的18000万年前。坎贝湾下遗失的古城可能也在相同的时间段遭受了这场灾难，也可能是某种原因造成了地质结构的不稳定，这种原因可能是小行星撞击，也有可能是地壳位移，它们最终导致了这个古城的毁灭。

早期地质学家收集的珍贵证据中包括了亚洲骨穴，其中塞满了来自世界各地的史前动物尸骨。这些尸体只有可能是被世界范围的大洪水冲到这些安息地。阿伦和德莱尔重新利用了这些证据。根据他们的著作，还有其他很多证据能够证明某场大灾难撕裂了地球表面，使得很多大陆沉没，并导致了大量的物种灭绝。如印度的德干玄武岩平原（Deccan trap），这个由岩浆构成的巨大的三角平原有数千英尺厚，覆盖了25万平方英里的地面；又如印度恒河槽，这条地表的巨大裂缝从苏门答腊穿过印度，一直延伸到波斯湾。

另外还有一些激动人心的证据，有学者根据这些证据认为，如果并没有一个有先进航海技术甚至是航天技术的古印度存在的话，那么还有另一种可能。比如说，印度河谷的文字与在太平洋另一端的伊斯特岛（Easter Island）的文字非常相似。早期的报告指出，坎贝湾附近发现的文字与印度河谷文字是同一类型的。根据一些南印度研究者的看法，这些难以辨认的字迹是原泰米尔语，这种文字将遥远的伊斯特岛和它著名的巨石雕像与古代南印度联系起来——这印证了伊斯特岛人的一种说法，即他们来自一块沉没的西方大陆。

随着近年来水下考古的兴盛，过去的历史被重写了。我们需要更多的研究，需要更多的水下探险。当声呐成像技术向我们展示了一个辉煌得多的过去景象时，史前历史教科书已经很难取信于人了。这些景象不仅仅对于那些学术研究者有意义，它们对研究人类起源之谜的人来说更是意义重大。

11 返回文明的开端：约翰·安东尼·韦斯特对高等史前文明证据的探索有了新成果
J. 道格拉斯·凯尼恩

"运动员的自尊在于赢球，如果输掉了超级碗¹，他就会痛不欲生，学者和科学家也一样，"约翰·安东尼·韦斯特轻笑着说，"他们的自尊在于持有

图11.1：约翰·安东尼·韦斯特在斯芬克斯像前。帕特里夏·凯尼恩摄。

真理。他们没有钱，也没什么名气和魅力。如果有什么人在这方面获得成功，比如我，那么他们就会表现得像被烫了爪子的猫。"

对韦斯特来说，带着"氢弹和彩条牙膏"的现代西方文明根本不能和已经长埋地底的古代文明相媲美，而且那些对古代文明毫不尊重的学者简直就是白痴。

1994年11月，当《崛起的亚特兰蒂斯》这本杂志首次发行时，我们的封面故事《从斯芬克斯像中得到的答案》（*Getting Answers from the Sphinx*）引发了一场风暴。韦斯特和波士顿大学的地质学家罗伯特·M.肖赫研究指出，吉萨的斯芬克斯像曾长期放置在雨天环境，而且它的建造时间显然要比主流埃及古物学者认为的要更古老。这种论点一出，反对的声浪一波压过一波。

从那个时候开始，汉卡克和罗伯特·博瓦尔加入了这场与主流科学界的战争。他们支持韦斯特的论点，并且还加入了自己的观点：吉萨的纪念碑有着天文学上的意义。显然在绝大多数埃及考古学家中，这四个人很不受欢迎。他们现在臭名昭著（多亏了媒体的大力宣传），而且他们还为这些证据应得的待遇而抗争，迫使科学界打破常规，不再粗鲁的无视这些证据。

2002年9月16日，福克斯电视台和国家地理做了一期特别节目，名字是"迷失的墓穴大公开：埃及生活"（Opening the Lost Tmobs: Live from Egypt）。节目展示了吉萨全盛时期的生活。这是最近一次媒体对韦斯特、肖赫、汉卡克和博瓦尔四人组的独特观点进行全面展示。尽管反对者全力抗议，但赞同他们观点的人还是越来越多。

反对者主要攻击都围绕着这个文明的诞生之谜。就像科学界坚持的，我们的文明难道不是从5000年前的石器时代发源，然后经过漫长痛苦的年代，爬

1.超级碗（Super Bowl）是美式足球联盟的年度冠军赛，胜者被称为"世界冠军"，一般在每年1月最后一个或2月第一个星期天举行，那一天称为超级碗星期天（Super Bowl Sunday）。

升到如今的文明高度？或者就在这儿，在最遥远古老的年代，一个文明发源地已经发展完备，其水平即使不说超过我们现在，至少也能和我们匹敌。之后这个文明突然消失了，它消失得如此彻底，以至于现在已经很难找到它的遗迹。这种情况是可能的吗？

如果这是可能的，那么这些观点如果不是令人震惊的，也是见解深刻的。韦斯特和肖赫可能发现了证实早期文明存在的第一批证据，这些证据无可辩驳，这将会成为我们这个时代最重要的学术成就之一。

韦斯特在《崛起的亚特兰蒂斯》谈到了对学界坚持不懈的抗争，谈到他为了证明有高度发达史前文明存在而收集的证据。韦斯特还谈到了一个不出名的阿尔萨斯考古学家，他认为我们对于古埃及的理解只能从欣赏和重视开始。

史瓦勒·鲁比兹的精神遗产

韦斯特相信，理解古埃及智慧的主要计划已经上路，但这个计划并不像你指望的那样，是由埃及古物学界发起的。史瓦勒·鲁比兹为此已经做了大量工作，从1937到1952年，他制作了一份十分全面的关于路克索神庙的研究报告，这后来发展成古埃及哲学和科学上的"统一场论"。他写作的《人类的神殿》（*The Temple of Man*）是一本关于古埃及的著作，这本著作研究全面、影响深远，使得他美名远扬。在著作中，史瓦勒·鲁比兹发现了埃及古物的象征意义，韦斯特成了这一观点最积极的拥护者。在韦斯特的著作《天空中的巨蛇》（*Serpent in the Sky*）中，他保留了很多完整的对史瓦勒·鲁比兹著作的评价。

史瓦勒·鲁比兹一直在寻找古代的证据，以便能洞察和谐一致的原理。他尤其对"黄金分割"很感兴趣，这条原理被认为是希腊人而不是埃及人提出的。史瓦勒·鲁比兹使用了很多方式测量路克索神庙（后来一队法国的建筑学家和考古学家使用了同样的方法测量），他发现"黄金分割"被完美地运用在路克索神庙的建筑中，而这条原理的复杂性和完美性是古希腊文明根本不能达到的。

这是一个无可辩驳的证据，它证明在毕达哥拉斯生活之前的1000多年早就有高等数学存在。"显然这不是无根之水，"韦斯特说，"新王朝时期的埃及继承了中期或者老王朝埃及的传统，是它们的延伸。史瓦勒·鲁比兹证明了这样一个事实：在埃及文明开端（据传统学界说的），埃及人已经掌握了协调的原理，那大概是公元前3000年或者更早。"所有的这一切都说明可能存在一个更古老的文明，这也符合韦斯特和肖赫对斯芬克斯像年代的判断。这个判断原本只是基于史瓦勒·鲁比兹的一次随机观测，他发现斯芬克斯像曾经在雨水较多的地方存留过很长一段时间。

"埃及绝不可能是古希腊文明的一次预演，这两个文明先后影响了我们的文明，造就了我们文明的辉煌，"韦斯特说，"希腊人自己也承认，智慧更伟大的源泉要来得晚一些。换句话说，从古埃及开始，文明曾经经历了一次滑坡。事实上，古埃及自己就在下滑的路上，因为它已经到达了辉煌的顶点——它的技艺到达了完美的高度——那大概是在公元前2500年的老王朝时期……接着所有的东西都不那么完美了，甚至是新王朝时期美到极点的神庙也是如此。"

但是疑问仍然没有得到解决。"如果这里确实存在过一个史前高等文明，一个拥有航天器的文明呢？"韦斯特花了很长的时间追寻这个问题的答案，他在斯芬克斯像上的发现使得他迈出了重要的第一步。

但是文明发源地的遗迹并不能限制在斯芬克斯像上，韦斯特也深知这一点。他发现了一些遗迹，有证据说明这些遗迹比公认最古老的老王朝时期遗迹还要早数千年，那时埃及人拥有一个高度发达的文明。韦斯特认为，其中有一个以前大家没有注意到的遗址会很好的证明他的理论。

红色金字塔的秘密

红色金字塔通常被认为是为第四王朝时期的法老斯奈夫鲁（Snefru）所建。它位于代赫舒尔（Dahshur），是一个军事保留地的一部分，直到最近才不再对公众开放。在之前，红色金字塔的旅游交易总量几乎与大金字塔相当。因为红色金字塔的坡度更柔和一些，也更容易进入。通常游客可以从它的北面陡峭的楼梯爬上去，然后通过一个有136个阶梯的、长长的斜坡走廊走下来，到达第一个有高高山墙的大厅（红色金字塔里有两个这种大厅连接在一起），而大金字塔的走廊是水平的，宛如壮丽的画廊一样。

在第二个大厅的末端，有一个颇具埃及古风的木质阶梯，顺着阶梯游客可以到达第三个大厅。第三个大厅的坡度上升了约50英尺，与前面两个大厅形成一个直角。站在大厅的木质阳台上，游客可以俯瞰用不规则岩石装饰的坑道。顺带提一句，在红色金字塔里从来也没有找到任何下葬的标记。

当笔者第一次看到这个地方时，有几个念头一下子冒了出来。坑道里的石头显然和建筑上的石头完全不一样。进一步说，金字塔的建筑是非常精确严谨的，但坑道里的石头却安排得很混乱。这些石头甚至都没有经过人工切割，他们的边缘很圆滑，这看上去像是时常下雨的天气导致的。我告诉韦斯特，我认为这个地方肯定属于一个更古老的遗址，比红色金字塔更古老，也许是一个宗教场所。可能由于天气的原因终止了这个庇护所的建造。在作出以上观察时，我认为我只是在表达一下自己观察时的感想，但让我吃惊的是，韦斯特变得非常激动："我想你是对的，不可能再有其他的解释了。"

这并不是韦斯特第一次怀疑这个大厅的用途。"自从它在十几年前重新开放以后，我到了这里不下6次，"他说，"我一直对这个奇怪的墓室深感迷惑，它看起来也不像是被洗劫过……那么为什么它显得这么混乱？看上去它像是被拆卸了，但马上你又发现它并没有被拆过。以前这想法从来没出现在我脑海中过——嘿，这里曾经是外面，而不是里面。是的，这些古老的风化了的石头，它们以前是在外面的。现在要找些地质学家来拆穿这个把戏，看看这到底是什么类型的石头。"

上：图11.2：代赫舒尔的红色金字塔下的墓室。J. 道格拉斯•凯尼恩摄。

中：图11.3：红色金字塔下的墓室。上面部分是老王朝时期的建筑，下面是更古老的建筑，中间有条明显的分界线。库珀•赫奇科克（Cooper Hedgecovk）摄。

下：图11.4：红色金字塔下的墓室里水蚀的古代石工建筑。J. 道格拉斯•凯尼恩摄。

图11.5：肯特考斯墓穴一角：老王朝时期的石块在上，更古老一点的水蚀石块建筑在下。J. 道格拉斯•凯尼恩摄。

韦斯特相信，像肖赫这样的专家肯定也能找到方法来鉴定出这地方的年代。韦斯特认为这些石头都是硬石灰岩，而且确实非常古老。"我认为它曾经是远古时期埃及的宗教场所，古埃及人修建了整个红色金字塔环绕着它。"

在我们剩下来的旅途中，韦斯特再三强调他所说的是"一个真正重要的发现"，甚至他准备给这个大厅取名为"凯尼恩洞"。他还认为这个地方可能会证实他的理论，解决他理论中的问题。

"反对者总是说，斯芬克斯像这一个证据怎么能证明早期文明的存在呢？"韦斯特抱怨说，"好吧，并不是只有这一个证据。但当我给出其他证据时，他们就开始装聋作哑。"在发现红色金字塔之前，他就检视了斯芬克斯像东南面的石墓地区。那里曾经是肯特考斯（Khentkaus）的墓穴，肯特考斯是孟考拉国王（Menkaure）的王后。据说这个石墓区是吉萨金字塔中的第三座，也是最小的一座。这座建筑的东南角曾遭毁坏，专家们发现用来修补的盖砖有4500年历史。这显然要比金字塔古老得多，而且它们也同样留下了被雨季侵蚀的痕迹——和附近的斯芬克斯像一样。

这儿还有其他的一些异常现象。"分两期建造的哈法拉（Khafre）金字塔，它底部的巨石和环绕巨石的石板路显然和其他老王朝时期用来建造金字塔的石头不是同一时期的。这情况同样适用于孟考拉金字塔。塞加拉（Saqqara）金字塔的正中偏东部也有很深的雨水侵蚀痕迹。"

韦斯特还指出，斯芬克斯像附近的河谷神庙和考夫拉（Chephren）建造的其

图11.6：阿比杜斯的俄西瑞。
J. 道格拉斯•凯尼恩摄。

他建筑之间也存在着这种矛盾现象。他进一步指出，在阿比杜斯有一座被称作俄西瑞（Osirion）的建

筑，建筑中有巨大简朴的花岗石。这座建筑充满了异国风情，而且肯定要比附近新王朝时期建造奥西里斯神庙古老得多。韦斯特认为："如果一定要说这两座神庙是由同一批建造者建造的，那就好像说建造了沙特尔大教堂[1]的人同样也修建了帝国大厦[2]。"他相信尼罗河厚厚的淤泥曾经也覆盖在俄西瑞上，并且现在仍然在它周围，因此他希望最终能用碳14测定法来确定这一点。

韦斯特的证据并不仅仅限于建筑之内。比如说，在开罗博物馆，有一个老王朝早期的小花瓶也能说明问题。它是用最坚硬的闪长岩制成，有着精美的外形和完美的被挖空的内部。这些根本无法用那个时代的加工技术来解释。它可能更为古老，就如它那些还未被发掘出来的同类一样。

当然，同样的证据还有金字塔文字，它们雕刻在第五到第六王朝修建的金字塔墙壁上。专家们一致认为，这些文字是从更古老的地方复制过来的，不能确定的只是复制源头到底有多古老。在埃及的旅行中，韦斯特和克莱森·H.哈维（Clesson H. Harvey）结伴而行。哈维是一个物理学家和语言学家，他花费了近40年翻译这些金字塔文字。哈维相信这些文字揭示出埃及信仰源泉并不是来自老王朝时期上溯一千年的那个时段，而是有可能是上溯上万年的时段。韦斯特认为哈维的想法很有道理。

尽管这些证据非常有分量，但韦斯特并不指望埃及古物学界立即就改变态度，对此让步。"这很像是中世纪的教会，它拒绝相信伽利略的太阳中心说。人类处于上帝计划的中心，教会可没那么容易就放弃这种想法。现在也一样，埃及古物学者们也很难接受这种想法，即我们的文明是从一个更古老的源头而来的。这并不仅仅意味着人类文明其实更古老，它还意味着我们的文明曾经如此先进，它创造出的科技成果是我们不可复制的。"

向着正统埃及古物学前进

当有人建议韦斯特去学点传统的埃及古物学课程时，他并没有生气。韦斯特不是小肚鸡肠的人，他采纳了这个建议。他觉得在向传统学界的挑战中，在这个领域取得一个博士学位，要比清点图坦卡门（Tutankhanmen）的水下发现更有意义。事实上，他可以随口说出几打富有意义的课题。比如，他很喜欢那种极其仔细的研究建筑的方法，就像史瓦勒·鲁比兹研究路克索神庙一样。

他认为，这种形式的研究需要研究某些特定的神庙，确定它们用到的和声学、均衡学、度量法等等。"这些神庙已经被观察过，但是没有人做过几何学的统计分析——它们是如何从一个核心圣地成长为一座神庙的。通过那种分析研究，你就可以理解这些神秘的教义，还有其中数学的、几何学的和声学的原

1.沙特尔大教堂，坐落在法国厄尔——卢瓦尔省省会沙特尔市的山丘上。1979年被联合国教科文组织作为文化遗产列入《世界遗产名录》。
2.位于美国纽约市的一栋著名的摩天大楼，共有102层，1931年落成。

理以及其他等等。"

韦斯特还相信，研究神庙艺术中的手势也能让人获益良多。另外，神庙墙壁上曾被系统地抹去一部分内容，研究这些被抹去的内容是另一条研究路子。他观察到，很多神庙都小心翼翼地抹去了部分特定的图像，这并不是后来的一些宗教狂热者做的，而是当时埃及祭司经过深思熟虑之后的选择。这些祭司看到了一个时代的结束，另一个时代的萌芽，因此他们采取了恰当的措施来应对。

韦斯特和史瓦勒·鲁比兹曾经把他们的研究称之为"追溯源头"，如果这股研究风潮能够继续，那些新生的学者将会带着更新的信息，更深刻的洞见闯进这片领域，就像他们的前辈曾经勇敢做过的那样。

12 新研究解开了老谜题：尽管传统学界对此嗤之以鼻，但有关肖赫论文的证据仍然在增加中
罗伯特·M.肖赫博士

在过去十年里，我一直和约翰·安东尼·韦斯特一起工作，我们试图重新鉴定吉萨大斯芬克斯像的年代。传统鉴定认为这座雕像的年代在大约公元前2500年左右。但是根据我的地质分析，我相信斯芬克斯像最古老的部分可以追溯到至少公元前5000年左右。如果这个年代是真的，那么它不仅仅挑战了传统埃及古物学，还挑战了早期文明的发源时间。我已经不记得我以前大学的同事跟我说了多少遍，认为这么早的年代里不可能出现斯芬克斯像，因为当时人们的科技水平和社会发展程度都不足以造就这样的艺术品。尽管如此，我仍然觉得自己必须跟随事实指出的方向。

我对于斯芬克斯像年代的研究使得我最终怀疑起传统科学世界观的方方面面，如今这种世界观早已经渗透到学术界的各个地方。我有了一个探索的方向，而且每天都有这么多新的想法在我脑海中盘旋，催促我把它们组织成文章。因此，1999年，我和罗伯特·阿奎奈·麦克纳利合著了《石头的声音：一位科学家看灾难和古代文化的关系》。

这本著作的手稿完成于1998年8月。从那个时候开始，我一直从两项关于斯芬克斯像的独立研究中获益颇多。这些研究在很长一段时间里支持了我的分析和结论，帮助我成功地反击了批评家们的指责。

在这些项目中，研究人员证实了我最初的推断。我最早对大斯芬克斯像研究时就认为，斯芬克斯像上有证据显示它曾经受到过降雨造成的风化侵蚀（即陵削）。而且斯芬克斯像的主体部分和斯芬克斯神庙最古老部分的年代应该比哈夫拉法老时期（约公元前2500年）和胡夫法老时期（胡夫，又叫基奥普斯，是哈夫拉法老的前任，大约在公元前2551–前2528年在位）要早得多。

大卫·考克希尔(David Coxill)是最先研究斯芬克斯像的专家，他在《题词：古埃及期刊》（*Inscription: Journal of Ancient Egypt*）上发表了《斯芬克斯之谜》（*The Riddle of the Sphinx*）一文。在这篇文章中，考克希尔首先对我的观点表示了支持，认可了我对斯芬克斯像上侵蚀现象的观察，并指出除了降雨之外，其他的情况都无法解释这种现象。之后他清楚地表示："这显示斯芬克斯像至少有5000年历史，远早于古埃及王朝时代。"

考克希尔接着简短地谈论了我和托马斯·多贝克（Thomas Dobecki）对于地震的研究。另外，我根据地震资料判断出斯芬克斯像最古老的部分在公元前5000–7000年左右，考克希尔也介绍了这一点。他对于我的工作既不表示支持，也不反对，只是简单地说："斯芬克斯像年代的鉴定必须非常小心，因此在更多的可靠证据出现之前，鉴定方法越传统越好。"

我能够理解他的立场，尽管我对我们做的地震分析很有自信，也对成果很

满意。考克希尔在这篇文章中接着表示："无论如何，斯芬克斯像显然要比传统鉴定出来的年代（哈夫拉时期）要古老得多。"

简单来说就是，考克希尔认同我研究的核心理论，而且也认为斯芬克斯像最古老的部分经过鉴定是在王朝时期之前——早于公元前3000年。

另一位地质学家科林·里德（Colin Reader）也对斯芬克斯像主体的侵蚀风化现象进行了详细的研究。他将这种研究和吉萨高原的古代水文地理学研究结合起来，并发表了一篇论文，题目是《吉萨大墓地的地理形态学研究》（"A Geomorphohogical Study of the Giza Necropolis"）。和考克希尔一样，里德指出了我的反对者们的问题和弱点。

里德还指出，"在斯芬克斯像西面，侵蚀的强度有所增加……我认为，只有一种解释可以说明为什么会有这种现象：那是因为有雨水从北部和西部的高地流进了斯芬克斯像……无论如何，胡夫当政时期在雕像上坡的位置修建了大块方形石，这些石块能够阻挡任何下落物接触到斯芬克斯像。"

因此，里德总结说："考虑到雕像所在位置的水文地理，斯芬克斯像上的侵蚀分布不均是可以理解的。它显示出吉萨斯芬克斯像存在的时间是在胡夫执政的第四王朝之前。"

有意思的是，里德还总结说，所谓的哈夫拉堤道（Khafre's causeway）、哈夫拉墓寺和斯芬克斯神庙都在胡夫时代之前。

我绝对相信不仅仅是斯芬克斯像比主流学界认为的更古老，而且同时期的斯芬克斯神庙也一样。不用里德，我和韦斯特也总结出了这一点：哈夫拉墓寺的一部分在哈夫拉时期之前就存在。但是我并没有公布这个结论，也没有公开它的细节，因为我想要先收集更多的证据。现在里德得出了和我们类似的结论。我很高兴看到他做出了正确的判断。我相信，在老王朝时代之前，吉萨地区的人类活动要比以前认为的活跃得多。我甚至认为哈夫拉金字塔实际坐落的地点可能要比现在认为的古老得多。

根据埃及古物学者约翰·贝恩斯（John Baines）和亚罗米尔·马莱克（Jaromír Málek）在《古埃及的阿特拉斯神》（Atlas of Ancient Egypt）中所说，古时候哈夫拉金字塔被称作"大金字塔"，当时胡夫金字塔号称"位于太阳升起和落下之地的金字塔"。既然哈夫拉金字塔被称作大金字塔，是否说明这个金字塔的位置特别重要，而且也比吉萨高原其他的建筑更早就修建起来了呢？

根据已知的在古埃及建筑中使用的石头，里德暂时将斯芬克斯古迹、斯芬克斯神庙建筑、原墓寺和哈夫拉堤道存在的时间鉴定为早王朝时期后半期，也就是公元前2800到2600年间。我认为里德鉴定的时间段显然要比证据显示的要晚。以下是我的主要观点：

1、我认为，如果斯芬克斯像是公元前2800年甚至公元前3000年才雕刻出来，那么它上面侵蚀风化的程度和特征就肯定不是现在这样的。另外，塞加拉高原（Saqqara Plateau）上石室坟墓的泥砖经鉴定是公元前2800年左右的，并没有证据显示它们曾经在雨季放置过，相反，从这些泥砖上可以看出，最近5000年间气候有多么干燥。我相信，斯芬克斯像及其周围建筑上的侵蚀痕迹都说明它们存在的时期要早于公元前3000或2800年。

如果真有人认为斯芬克斯像及周围建筑上降雨造成的侵蚀发生在几百年前，那我就觉得他们也太容易被糊弄了。就如我之前做过的那样，里德指出，甚至连埃及古物学者扎希·哈瓦斯（Zahi Hawass）——当我重新鉴定斯芬克斯像的年代时，他是我的一个最坚定的反对者——都声称，斯芬克斯像主体上的侵蚀风化痕迹在老王朝时代被修整掩盖过。那么我们可以假设斯芬克斯像最初的部分雕刻的时间要早一些。

2、里德没有提到过地震的作用，而这正是我们一直在研究的。我在粗粗判断了斯芬克斯最古老建筑的年代之后，以此地震分析为基础将这个年代加以校正和精确。我认为，我们研究了地震效果之后估计的年代，和我们研究了斯芬克斯建筑上的侵蚀痕迹之后估计的年代是一致的。而且这和已知的吉萨高原气候历史也能合得上。一些批评者曾经建议，我们与其研究风化本身，还不如就观察记录地震对地下层岩石产生的效果。

在这里，我不得不指出，我们记录到了不同的风化方式，它们阻断了地下岩层的倾角，同样的情况也相应地发生在斯芬克斯建筑的地面上。此外，斯芬克斯遗迹后面低速层[1]的深度如此之浅，这也和地震数据中记载的石灰岩的原始岩层不符合。

3、我发现以"已知的古埃及建筑中对石块的使用"为基础来推断斯芬克斯的年代很难让人信服。我曾指出，地中海其他地方的巨石建筑完成的时间肯定要比公元前2800年早上千年。甚至在埃及，学界现在也承认纳卜塔（Nabta）的巨石建筑和前王朝时代的利比亚调色板都显示，很早很早之前，在尼罗河三角洲的西边曾经有一个很强盛的城市存在。

在我看来，这一切可以概括为：里德赞同我的基本观察和结论——斯芬克斯像最古老的部分出现在公元前2500年之前。

自从《石头的声音：一位科学家看灾难和古代文化的关系》初次出版之后，学界在很多方面都有所突破。1999年6月，我受邀参加了一次激动人心的会议。这次会议是由贝加莫大学的埃米罗·斯皮蒂卡托（Emilio Spedicato）组织，名字叫作"太阳系进化与地球人类历史新说"。在会议上，我做了关于斯芬克斯像年代鉴定的发言。

许多科学家和研究人员参加了这次会议，他们带着许多"旁门左道"的观点。其中亚历山大·托尔曼（Alexander Tollmann）尤其显眼。托尔曼是维也纳大学的地质学教授，他在会议上谈论了他与第二任妻子伊迪丝·托尔曼（Edith Tollmann）合写的著作。这对夫妇在著作中收集了大量证据，证明在

1.低速层，又称低速带，一种地球物理层。在这一层物质中，地震P波和S波的传播速度比其上下层都低。

后冰河期末期（大约公元前11000年到公元前7500年）彗星撞击对地球造成了很大的影响。

另一个参与会议的重要研究者是麦克·贝利（Mike Baillie），他来自贝尔法斯特的女王大学，专门研究树木的年轮。贝利首先表示对我的观点十分赞同，并且提供了一系列爱尔兰橡树年轮的年代表中的"狭窄年轮年"，据记录是在以下年份：公元前3195年、公元前2345年、公元前1628年、公元前1159年、公元前207年和公元540年。

正如贝利指出的，这些记录显示了重要的环境变化和重大的灾难时期，展示了人类文明史上的变化。贝利还暗示，这些记录可能部分或者全部都和彗星活动对地球的影响相关。确实，我相信这些记录和斯皮蒂卡托教授提到的公元1178年灾难，可能都表现了彗星对地球或强或弱的影响。当然，贝利还指出了这些时段大致上以500到1000年为一个循环周期。

根据这些记录，我们可以进行以下随机观察和推测：

公元前3195年：这可能标志着"斯芬克斯文化"的终了。正是因为这种文化的崩溃，导致了随之而来的文化空缺期，为埃及王朝文化和其他地中海文化的发展等等铺平了道路。

公元前2345年：《石头的声音》中谈到，这是早期铜器时代的重要时期。

公元前1628年：埃及中王朝时期结束，中国朝代更替。

公元前1159年：《石头的声音》中谈到，这时铜器时代结束了。

公元前207年：中国和远东社会崩溃，地中海周圈的希腊帝国衰落，罗马帝国崛起。

公元540年：古罗马帝国土崩瓦解，这意味着古代的结束和欧洲中世纪的开始。

公元1178年：太平洋和亚洲地区社会动荡混乱（包括在成吉思汗领导下蒙古人的兴起）。

基于以上模式，如果说我们的星球将在21世纪或者22世纪早期遭遇到另一次彗星撞击，那我并不会感到奇怪。1908年西伯利亚发生的通古斯大爆炸（我相信是因为彗星撞击）可能就是这种未来的某种预兆。

最近，科学界已经承认，太空灾难事件在远古人类文化的发展中扮演了一个重要的角色。2000年5月3日《科学》杂志刊登了一篇文章，文章指出，经过鉴定，在中国南部发掘的一些石质工具来自80万年以前。很有意思的是，这些工具中含有玻陨石。这种石头是由于陨石撞击作用产生的熔融岩石的光滑碎片。看上去这次撞击烧焦了大地，改变了当地环境。它产生的这种岩石最后被加工成工具，这为早期人类发展铺平了道路。在这次撞击造成的灾难之后，文明发展的新机遇也出现了。

很显然，不断有证据显示，太空灾难，尤其是彗星撞击直接影响了人类文明的进程。我的观点在《石头的声音》中表达得很清楚。我相信如果我们要为未来做好准备的话，那么就要从过去中学习。让我们期待这一天的到来吧。

13 R.A.史瓦勒•鲁比兹的杰作：理解古人智慧的关键
约瑟夫•雷博士

　　一直以来，很多重大的事件都是在无人知晓的情况下发生。伟大的发现，天才的发明甚至是人类珍贵的遗产都默默无闻。在R.A.史瓦勒•鲁比兹的天才之作——《人类的神殿》出版时，大多数人也对此一无所知。

　　仅从体积上来说，《人类的神殿》也是一部巨著。过去两百年中，从来也没有这样的杰作，能够在书写的目的、范围、主题思想和文字的宏伟华丽上与之匹敌。当然，也没有著作能够比得上它漫长的篇章和优美的语言。仅仅是阅读它就需要花上一年多的时间，在这期间，你如果想要领会它，理解它的精神主旨，那么就需要反复阅读、思考，然后才能获得启示。

　　读者需要全神贯注地研读这本书。只要你这么做了，而且你又真挚勤勉，既聪明又有决断力，那么你肯定会得到不少成果，你的观念也会大有进步。G.I.葛吉夫（G.I.Gurdjieff）说过：“观念不会无意识地进步。”他的伟大作品《别西卜说给他孙子听的故事》（Beelzebub's Tales to His Grandson）中有许多奇妙和深刻的教训。这部作品也需要同样的努力来研读，当然，其产出也和《人类的神殿》一样丰盛。

　　读懂这两本书的关键都在于读者拥有毫无偏见的头脑，有较高的接受能力。在这些大师停止输送教义之前，读者们得暂停大脑的反应，仅仅只是接受一切。等到大师们完成了他们的讲授，读者们就可以开动脑筋去理解了。

　　每一个试图抓住这本书精髓的读者，都必须在读书的过程中理解史瓦勒•鲁比兹的独特性。这其中包括他的措辞，他思维的分类，还有他思考的方式。要成为史瓦勒•鲁比兹的学生，那就意味着要对他表达的思想保持一种高度敏感的状态。这个学生得很熟悉史瓦勒•鲁比兹的措辞和表达方式。进一步说，他得拥有和史瓦勒•鲁比兹相似的思考和推理方式。只有这样，这种心理上的融合才能产生聚变，迸发出美丽的思想之光。这种聚变是读者与作者之间的心灵共鸣，它从“心灵的智慧”中释放出了宝贵的知识，创造了对世界全新的理解。

　　一种知识越是微妙难言，就越不能被理智所解释。“知识不能仅仅通过书写来表达，形象的象征也是必不可少的。”史瓦勒•鲁比兹这样说。象征是一种具体形象的综合，它无法被及时表达。也正是这些形象产生了综合的意蕴。这可能听起来有点怪异，但过程就是这么简单。具体的象征符号需要心灵智慧的参与，它们从心灵智慧中获取知识。用平庸的语言和思维去表达它，用理智去衡量它都是错误的做法，只能扭曲它的原意。

　　无论如何，史瓦勒•鲁比兹和我们不仅仅是思维方式的不同，更主要的还是认知方式的不同。按他的说法，我们都是“机械思维”的受害者，对自然抱有唯物主义的错误理解。要掌握史瓦勒•鲁比兹的思维方式，需要不断地努力，要承受得了痛苦，还需要反复地试验。他还写过两本短一点的著作：《自然之语》（*Nature Word*）和《人类之中的神殿》（*The Temple in Man*）。无论是从新意和可读性上看，它们都是《人类的神殿》非常有价值的先驱。而那些随便翻翻的读者也不会被吓跑，因为他们马上就会发现自己已经被这种古代贤者式的奇特教义深深吸引。这些教义优美而深刻，构成了一个互相联系的整体。史瓦勒•鲁比兹告诫读者说："这些古人试图说的是我们能理解的一些东西，你们应该找出为什么他们会用那样的方式表达自己的想法。"

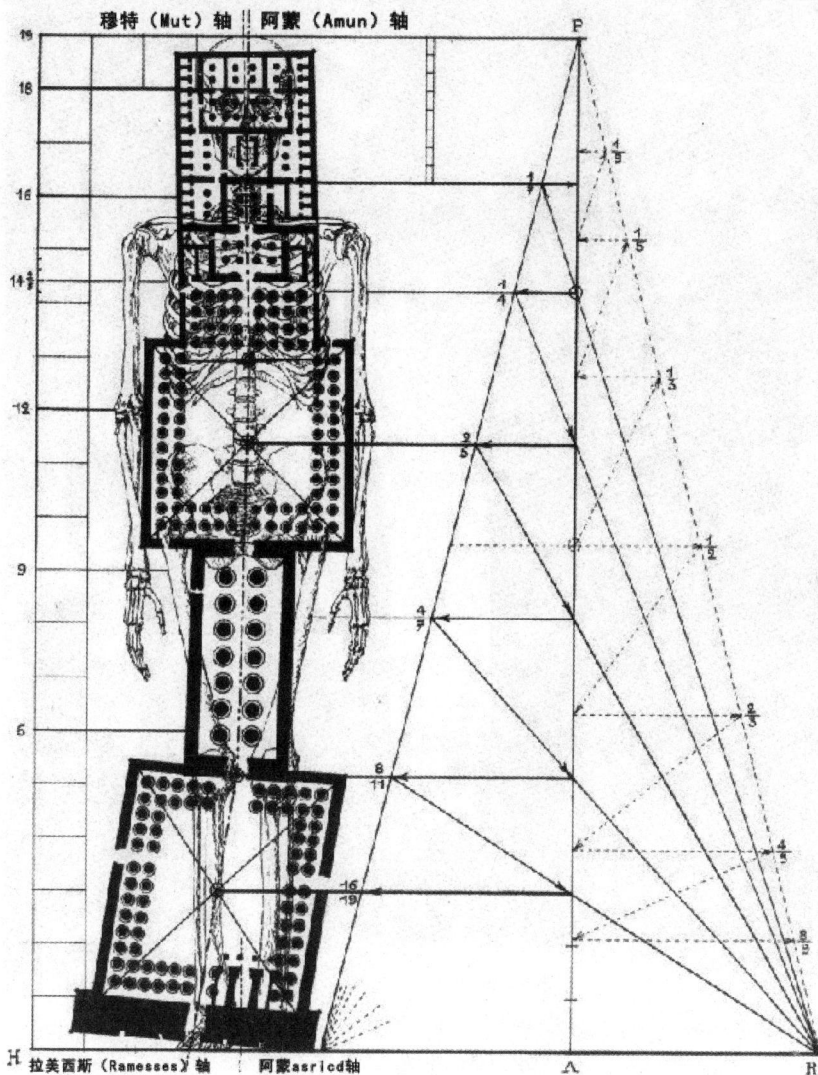

图13.1：史瓦勒•鲁比兹发现，路克索神庙的建筑结构与人体骨骼呈等比。

　　《人类的神殿》不是一本简单易懂的古代教义概说，也不是史瓦勒·鲁比兹以客观方式讲述的个人之旅。它的主体内容是以史瓦勒·鲁比兹的个人发现和阐释为基础的。他汲取了古埃及的学说，路克索神庙上抄写的象形文字给了他很大的启发。这种文字比普通语言优秀得多，而且现在仍未死亡，保有新鲜的活力。显然，将人类从曲解中解放出来的唯一办法就是翻译这些文字。

图13.2：路克索神庙。

　　对史瓦勒·鲁比兹来说，路克索神庙是个绝好的例子。它极富象征性，通过某些微妙的暗示将知识编入建筑中。通过这种种煞费苦心的转换，古代玄妙的知识融入了这座可观可感的建筑符号。这样，这些古人避开了理智的言说，而采用了象征的表达手段。

他们的目的就是激发出学生的大智慧，这种智慧深藏在"心灵智慧"之中。这是真正的教育，它融合了体验、情感冲击和实践。它使学生们成为知识的一部分，而不是去死记知识。正如葛吉夫所说的那样：一个人知道什么决定着他会成为一个什么样的人。

这种教育本身就是目的，它是一种改进观念的方式，因为它同样包含了忍耐的过程。史瓦勒•鲁比兹按他的理解体验了这种方式，《人类的神殿》能够教给读者正是这个。在这个教育过程中，我们的经验不会增加，但理解力却能够得到提高，因为这些思想本身充满了生气。

那么，埃及古物学界的专家学者们对这部著作有什么样的反应呢？少数人可能仔细读上一遍；大多数人则满不在乎地无视它，还有一些人认为这部著作是史瓦勒•鲁比兹丰富想象力的产物，是胡编乱造。在这点上，需要澄清一点：无论是过去还是未来，从未有过这么一本书，其中的智慧如大海般宽广，想象力如燃烧的火焰一般充满活力，其他综合能力又如此完备。而现在《人类的神殿》做到了。

可惜就这本书自己本身来说，可能没有主流学界认为的那么胡编乱造。很多书中的概念和教义都可以在古埃及哲学中找到源头。比如说"科学的相通性"，这条原则正是古埃及人选择象征体的基础。

斯韦登伯格（Swedenborg），这位瑞典科学家生活在18世纪，从未去过埃及。他写了很长的一段篇章，谈到"科学相通性"，并以此为题写了一本著作。《天堂和地狱》（*Heaven and Hell*）的一个章节也谈到了这个主题："那些生活在远古的人们，那些天空的人，他们思索相通性这个问题，正如天使所做的那样……"，"整个自然世界都是心灵世界的倒影"，"如今关于相通性的知识全部都遗失了"。

事实上，斯韦登伯格已经涉及了最初状态的天人一体说，他将宇宙描述为"一个巨人"，人类与之相比极其渺小。史瓦勒•鲁比兹沿用了"宇宙巨人"一说，继承发扬了斯韦登伯格的学说。

《人类的神殿》分为两大卷，六个部分，44个章节。在前面27章，史瓦勒•鲁比兹谈论了路克索神庙的特殊物品，其中包括101只盘子，这大概占全书300幅图中的三分之一。

在后面的章节中，史瓦勒•鲁比兹评论了这些盘子，说明了它们的主题。有时候，随着主题的变化，盘子的样式也会改变。前面的章节为后面的阐释提供了坚实的基础。这些章节，有的可能很难读懂，有的也会让人觉得枯燥无味。当我觉得反复阅读能够帮助我更好地理解这本书时，我毫不犹豫地做了。你不能被这本书表面上的艰涩给吓住，只有坚持下去，你才能领会书中的精髓。

史瓦勒•鲁比兹告诫读者，在阅读本书时，努力是必须的。努力是一种坚持和忍受苦难的过程。古代的贤者说得很清楚：苦难是增长智慧的动力，"苦难能拓宽人的思想观念"，它是"在思想观念激烈碰撞中产生的深刻体验，而不仅仅是一种悲痛的情绪"。获得这些古埃及智慧的方式就是要经受住它们的考验，"机械论思维是一个很大的障碍"，史瓦勒·鲁比兹认为理性思维的本质就是束缚的，是排斥异己的。

确实，我们当中绝大多数都生活在理性思维建构的意识牢笼里。相反，古埃及智慧是一种源自内心的非理性智慧，它是包容的，是人性的；它依靠直觉，因此直截了当，是人类天生固有的智慧；它能激起无穷的创造力。

史瓦勒·鲁比兹在《人类的神殿》中写道："……首先我要展示古埃及人用来转化知识的方法"，"第二，我要展示天人合一学的主要观点，这一学说引导着古埃及贤者们思考问题"。为了达到这个目标，史瓦勒·鲁比兹思考了以前科学很少触及的方面：如天人合一论，古埃及预测学，羊皮卷上的宇宙原理，隐藏的神庙，智慧，接受与给予，等等。

应该说，读者可以从著作的后半部分获得一些非常有益的原理和观念。另外，在后半部分，读者还能充分了解一些非常重要的概念，如象征。当然，这需要花费一些时间。而且就如我们提到过的，甚至连随便翻翻的读者也能在书中到处看到机智的表达，已经被时间证实了的推测以及醒目的睿智见解：这本书里包含了如此之多的精神粮食，或许其中某些部分你只能囫囵吞枣了。

"天人合一的主要理论是，每一种植物，每一种动物都反应着意识的发展……"人类自身就是一个小宇宙。"那样宇宙就被具化为一个人，一个充满无数潜在可能性的人，这就是天人合一。"在这个理论体系中，创造和繁殖是最重要的，创造的能量和发展的瞬间都是这个理论的主题。

顺带一提，人类只是繁殖，并不创造。我们对生命理解如此扭曲，我们总是沾沾自喜于那些愚蠢的行为：通过遗传学工程制造某种植物，克隆一只羊，让老鼠的背上长一只人耳朵等等。我们屈从于自我欺骗和狂妄无知，这正是人类的弱点。

现代人的生活是如此混乱失衡，如此与自然隔绝。即使不是这样，我们要获得古埃及的智慧洞见也并非易事。但是我们对于这些智慧也并不热衷，倒是对那些"实用的迷信"趋之若鹜。我们还信奉这么一条现代生活原则：不付出也能得回报。要知道，在精神王国里，付出是一条重要原则。因此这么一种世界观进一步增加了我们理解古埃及智慧的困难。

一旦你发现了现代思想中的空虚，那么你一定会努力去去除这种空虚对你的影响。理性智慧造就的精神意识一刻也不得安宁，它总是需要被包围着，被人群，被声音，被动作，甚至被噪音包围。这种意识只有靠不断地刺激才能维持生存。史瓦勒·鲁比兹说，绝大多数的现代人（他指的是19世纪50年代的人）从来也没有享受过心灵的安详，这种安详在古埃及人中很容易发现。

史瓦勒·鲁比兹还告诉我们，为了掌握天人合一学说的精髓，我们需要用象征的观念重组我们的头脑。象征并不仅仅是"一个代替某个观念的字母或者图形"，它是一个综合的表征，是合成物。

图13.3：路克索里的阿蒙神庙。

　　古埃及人选择这些符号来代表自然中相对应的事物，包括它们从生到死的过程。一个象征符号的特质往往是多样化的，就像岩浆一样，它常常会变化，绝对不能用语言的桎梏来限制它。它是活的，充满生机，不断变化，因为天人合一论本身就是一种充满活力的哲学。

图13.4：路克索里的多柱厅。

"如果要用语言去解释一个象征，那么就等同于谋杀它……"事实就是如此，埃及古物学界堆满了这些僵死的、从来也没被人了解过的象征符号。"理性思考者们"相信我们早已经超越了这种简单的思维。但是或多或少，在最近两千年里，我们一直使用着这种思维。

史瓦勒·鲁比兹在《人类的神殿》当中，对很多现代思维中的概念作出了不同的定义和理解。不幸的是，那些无意识地接受了机械理性主义的科学家、学者甚至普通大众，都将不会接受这些异端的思想。"任何时候起因和结果都不能分开来看。"史瓦勒·鲁比兹说，在书中有"某种原理，某种神秘的特质，那是现代科学忽视了的"。

书中的这种思想和当今的世界观格格不入，但是一个人或许可以用这些思想检视一下现代的社会科技状态，这样他们就能发现这种古代教义的长处。

看看科学史吧，我们很少利用前人的伟大发明。几乎没有物理学家知道开普勒发现的行星运动原理；更没什么数学家了解他用分数计数法来表示乘方的创举；当然也不知道他认为"数字5"是古埃及数学的一部分。葛吉夫说，现代科学就像是"从空虚中来，到空虚中去"。史瓦勒·鲁比兹则说，现代科学是一栋建筑在一大堆谬误上的房子。我们都知道动能，但没人知道"气"，我们用能源、电力和各种改造方法瞎鼓捣，尽管我们其实对这些东西根本不了解。

理性思维是以感性信息为基础的，我们从主要感觉系统得到这些感性信息。古代的人是这样理解这一点的：自然的、外在的作用和神秘的心灵作用互相倚靠，一起形成了我们的感知思维世界。我们不需要对这种感知力的精细程度而惊讶。举个例子，"我们设定好一个嗅球，感知能力就会帮我们判断出嗅球的位置……"

当然，找嗅球这只是我们大脑的基本功能，它甚至和大脑皮层（大脑的灰质）没有直接的联系。尽管这样，考虑到嗅觉独特的功能特性，古埃及人还是将嗅觉作为三个圣堂之一供奉在路克索神庙的第五室。在第五室，是非感、性征和身体中的"气"都被综合表现为某种象征——眼镜蛇。这个圣堂用来寻找"良心"，因为据说善良的心有一种灵魂的芳香,这样"嗅觉"能够发现它。

人们很难承认感觉的精确性，因为这和他们已知的知识相冲突。有讽刺意味的是，我们几乎没有证据可以用来反驳这些古代教义，尽管它们的存在已经完全超过我们理解的范围。

史瓦勒·鲁比兹在书中总结了埃德温·史密斯（Edwin Smith）发现的古埃及外科手术文献。这些文献是1862年从路克索神庙中发掘出来的，1920年被著名的埃及古物学者布雷斯特德（J.H.Breasted）翻译出来。布雷斯特德据此相信古埃及人的科技和数学都已经发展到了很高的水平。但是显然现代埃及古物学者仍然抱着老观念不为所动。在这本文献中，广泛收入了颅骨、前额、咽喉等处的结构，方便阅读者理解头部受伤的多种情况。尽管古人缺乏现代医学意义的头部创伤病例，而且也没有脑电图描记器、CAT扫描、磁共振成像之类，但他们的临床神经解剖学知识已经很详细，也很正确。

古埃及人认为一个人是由三个互相联系的部分组成的，每一个部分都有它自己的身体和器官。当然，每一部分都是很重要的，头脑尤其重要。因为那里是灵魂的居所。在这里，血液是精神化的，在它流向肉体之前，"气"被灌注了进去。这些身体是因为有了精神才如此有活力，但我们在一生中却对此毫不知情，完全处于自欺的状态。

在我看来，现代人被自己造的孽吓得不知所措。他们滥用那些自己根本不了解的力量，如今却无法承担可怕的后果。我们在整个宇宙新陈代谢的循环中有自己的角色，可我们却演得很失败。当我们的星球处在水深火热之中时，我们必须停止自欺欺人，停止所有自找灭亡的行为：杀害鸟儿，灭绝昆虫，给土壤投毒来灭绝植物，污染空气和水。任何一个神志清醒的人都知道，我们生活的方式是不自然的，这一点古埃及人早已经预见到了。

每一个人的意识都需要扩展和进化，我们需要意识到这种进化正在离开我们。做到这点的代价是忍受一些痛苦。"现在路克索神庙已经向我们展示了可以跟随的道路，让我们可以开始探索古埃及贤者教义中更深的含义。"史瓦勒·鲁比兹这样写道。我们将会认识到要付出什么样的代价，才能继续前行。

14 为众神做指纹识别：一个畅销书作家找到了可信的证据，证实官方所说的伟大的遗失文明确实存在

J. 道格拉斯·凯尼恩

几乎没有人会怀疑《迷失方舟上的入侵者》（*Raiders of the Lost Ark*）这部影片受欢迎的程度，当然，更加没有称职的学者敢说这部电影不仅仅是一个好莱坞幻想。所以1992年，当备受尊敬的英国作家葛瑞姆·汉卡克向世界宣称他在埃塞俄比亚一个现代休息所发现了《旧约》中约柜的真实存在时，所有人都无比吃惊。尽管如此，如果读者没有偏见，那么他们在阅读了他的《符号与图章》（*The Sign and the Seal*）之后，马上就能意识到，虽然汉卡克的说法看上去难以置信，但确实是很难驳倒的。他的这项研究工作很快受到了大范围的热烈欢迎，并且在美国和英国都上了畅销书排行榜，同时也成为好几个电视专题节目的主题。

图14.1：葛瑞姆·汉卡克在大金字塔。克里斯朵夫·杜恩（Christopher Dunn）摄。

汉卡克曾经在非洲做战地记者，为《经济家》（*The Economist*）和《伦敦星期天时代》（*The London Sunday Times*）撰稿。这段经历磨砺了他的写作技巧。他曾获得梅肯荣誉奖，并写作了《非洲避难所：合恩与埃塞俄比亚的人民与饥饿抗争》（*African Ark: Peoples of the Horn, and Ethiopia: The Challenge of Hunger*）。在写作了《符号与图章》后，汉卡克被《保卫者》（*The Guardian*）赞誉说："（汉卡克）发明了一种新的文类——主人公自己做侦探——这是一种新的推理侦探小说……"

显然，《符号与图章》的成功并不是结束，汉卡克迷恋上了挑战权威的快感。他接下来写了《上帝的指纹：地球遗失文明的证据》，推翻了全球公认的一个事实：文明诞生在大约5000年前。

我们一向被教育，任何早于这个时期的历史都是十分原始的。在这个问题上，汉卡克进行了广泛的研究，拿出了600多页的研究报告，之前从没有人这么做过。他展示了许多有突破性的证据，证实人类历史上有一个被遗忘的时代，那个时代要比现在公认的文明发源地——埃及，美索不达米亚和远东——存在的年代早上数千年。汉卡克进一步指出，这个遗失的文明不仅仅有高度发达的文化，还有先进的科学技术。12000年前，一场全球性的灾难毁灭了这个

文明，之后冰河期开始了。

《苏格兰教会评论》（*Kirkus Reviews*）将《上帝的指纹》称作："历史探险的幻想篇，它扣人心弦，充满魅力，读来令人心情愉悦，同时又发人深省。"汉卡克自己在《崛起的亚特兰蒂斯》中提到了这本著作，他指出媒体界的关注使得《符号与图章》在美国风行一时。他感觉采访者对他的观点非常包容，也比较认同。尽管学界的反应要冷淡得多，但他觉得这是可以预见的。

"这种情况出现的其中一个原因是这本书太长了，"他解释说，"因为我尽力想完全记下所有的一切，这样好让学者们能够认真一点对待这些证据，而不是把它当作我个人的突发奇想。为此我尽一切可能地收集可靠的证据。"

为了收集这些证据，汉卡克进行了一次全球旅行，行程包括秘鲁、墨西哥和埃及。他决定彻底调查以下充满魅力的不解之谜：

1、古地图极其精确地描绘了南极洲的海岸线，尽管这些地点已经在几千年前就沉入了数千英尺厚的冰层下。

2、在中南美洲和埃及的古迹中，我们发现石质建筑技术十分高超，以我们现在的水平甚至都不能复制出同样的效果。

3、全世界都有精确的排出天体位置的古迹。

4、有证据表示古代对于25776年一循环的岁差有广泛的认识。这一点显然被编进了古代神话和建筑中，古人通过许多代人的系统观测发现了这一规律，但传统学界却告诉我们直到公元前150年，希腊哲学家喜帕恰斯才发现了岁差。

5、大斯芬克斯像上的水蚀说明在吉萨高原变成沙漠之前，这些雕像就已经存在了。

6、有证据显示吉萨高原的遗址是按猎户星座的组成来建造的，其建造时间在公元前10500年左右（据比利时工程师罗伯特•鲍威尔说明）。

与很多专家不同，汉卡克没有被所谓的专业资质所限制，因此他觉得在这样一个广泛的研究上，他更有优势。那些学者，尤其是历史学家的问题在于他们集中研究的范围很窄，结果这使得他们的目光非常短浅。

汉卡克对于当前的埃及古物学界充满了鄙视，认为他们特别短视。他抱怨古埃及历史已经成了一种死板的教条，其功能就是阻止埃及古物学者前进，让他们丝毫也不能考虑其他的可能性。它就是一种知识过滤器，过滤掉所有不符合它教条的理论。在汉卡克看来，埃及古物学者现在就像持有固定信仰的牧师一样，固执己见，蛮不讲理。他谈到这个时笑着说："要是在几百年前，他们可能会把我和韦斯特这样的人绑上十字架烧掉的。"

汉卡克担心这种毫无理性的狂热会阻挡公众了解他们在大金字塔的重要发现。1993年，德国发明家鲁道夫•甘特布瑞克（Rudolph Gantenbrink）从皇后墓室中放了一个带电视摄像机的机器人进通风管道，试图弄清楚那扇有铁把手的门后面是什么。汉卡克怀疑那扇门之后可能记录着古埃及人的传奇经历。但无论有什么在门背后，他觉得都应该得到慎重的研究。但是，直到今天，仍然没有任何官方对此作出反应，至少没有公开的反应。汉卡克引用一个目击者的说法抗议说，"埃及古物学者说，即使有什么在这块板子后面，也没什么好值得寻找的。你可以注意到，他们说'板子'，他们甚至都不把它叫作门。他们这么说是'因为我们知道在大金字塔里不会有另一间墓室了'"。这种态度激怒了汉卡克："我想知道，他们是怎么知道这块重六百万吨的建筑里什么都没有的。这里的空间足够建造3000个和国王金字塔里的墓室一样大的房间。他们怎么能这么冒失地说这里没什么有价值的呢？"

图14.2：鲁道夫•甘特布瑞克和他的机器人。

这扇门惹得汉卡克心里痒痒的，他推断建造门的人是故意这样安排的，为的就是考验探索者们的技术水平。"除非探索者们的科技已经达到了某个水平，不然是进不了这扇门的。"汉卡克还指出，甚至在一百年前我们都对此束手无策。在最近20年，科技发展了，因此现在我们探索了通风管道，"然后我们看到了：管道尽头是一扇有把手的门。这就像是一种邀请，邀请我们进去看看，当然，那是在我们已经做好准备的情况下"。

汉卡克对官方是否会对此加以关注充满了怀疑。"如果这扇门被打开了，公众可能完全无法知道到底发生了什么。"他希望参与研究的是一个国际团队，但是实际上研究这扇门的是埃及古物学者组成的精英团队，"毫无疑问，他们会对发生的一切严格保密"。事实上，汉卡克相信他们已经这么做了。因为自从甘特布瑞克发现了那扇门之后，皇后墓室已经关闭了九个多月了。"他们给出的解释是他们正在清理墙壁上的涂鸦，但是那些涂鸦从来没被清理干净过。我很怀疑在这九个月里他们在做什么。这是真正让我愤怒的，这个所谓的精英小组掌控的知识本来是留给我们整个人类的。"

甘特布瑞克发现的门并不是吉萨高原上仅有的神秘入口。汉卡克同样对韦斯特和肖赫发现的墓室很感兴趣。他们是在研究斯芬克斯像的风化成因时，利用地震勘探法在斯芬克斯爪下发现的。这两处地方都可能是古代记录厅。因此，在两起事件中，当局都对科学家的进一步研究百般阻挠。

汉卡克相信在地壳曾经发生过30°位移，这毁灭了绝大多数的高等文明。在这之后，地壳稳定了下来，整个吉萨遗址区就是那时形成的。根据兰德与露丝•佛列姆-亚斯合著的《当天空陷落：亚特兰蒂斯研究》，当时地球的整个温带都移到了南极，并且被冰山覆盖了。汉卡克相信，这就是柏拉图所说的亚特兰蒂斯最后的真实结局。可是直到他最近出的书里，他才提到亚特兰蒂斯这个名字。"我觉得当局对这个传说抱有不信任的态度，我没必要授人以柄，"汉卡克说，"这么晚才提到亚特兰蒂斯完全只是一种策略考虑。"

汉卡克推断，吉萨遗址是某种重新测定的地图，是对下一代的文明教育。因此他相信，鲍威尔将它的年代鉴定在公元前10500年，这一点非常重要。"金字塔就是这种讲述的一部分，告诉大家这个文明最终停留在了哪里。这也是为什么大金字塔排成的直线指向北方的原因。因为他们显然在那个时代有了一个新的北方。"

这样，汉卡克更加下定决心为自己的理论寻找有力的证据。他也不在意自己著作中的知识被很多直觉主义者和神秘主义者用来证实自己的理论。相反，他相信，"人类的透视能力只是众多潜在能力中的一种，尽管现代理性科学粗暴地拒绝承认这一点。我想我们拥有的能力比我们以为的要多一些。我们整个文化氛围都拒绝承认我们拥有这些基于直觉的、神秘的能力。但是所有证据都说明，这些其实确确是人类重要的能力。我怀疑，那些已经被毁灭的文明，不仅仅是在科技上，可能在精神上也比我们现在先进得多"。

因此，汉卡克认为金字塔中的知识是古代文明遗产的一部分，我们必须努力去重新获得这些知识。"我们一再地发现，这些古代知识是一种关于不朽的科学，一种对于灵魂不朽的追求。这点在古埃及金字塔的文本上表现得更为突出。我认为这种不朽可能并不就是简单保证所有人都可以转生，而是用来协助集中精神力量的。"他相信，金字塔的真正目的可能是为了教导我们如何获得永生。但是在我们理解这一点之前，我们得先弄懂那时的文明。

汉卡克认为我们是一个善于遗忘的种族。"我想所有的症状都显示我们曾经有一段可怕的过去。这段历史如此糟糕，以至于我们根本不知道如何去正视它。遭受了可怕事件的遗忘症患者通常会害怕被唤起那段痛苦的记忆，他们甚至会逃避这一点。所以我们集体逃避了。但是，如果你希望继续生活，继续发展，那么你就必须回到痛苦的源头去克服它。你得面对它，解决它，面对面的看着它，认识到它意味着什么，然后战胜它，继续你自己的生活。这就是我们社会现在需要做的。"

汉卡克进一步指出，这种对古文明成就的漠视由来已久，这其实是一种源自恐惧的集体潜意识。"为什么会有如此巨大的冲动去拒绝所有这一切，就是因为这些事实让我们突然感到脚下的一切都崩塌了，我们无依无靠。其实本来觉醒的过程并没有这么可怕。如果我们能够完成这场困难的考验，从中挣脱出来，我相信我们都会更好过一些。我越来越确信，在20世纪末期，我们之所以这么混乱，这么无所适从，就是因为这个原因，因为我们忘记了我们的过去。"

如果这是真的，那么我得说，那些不能从历史中吸取教训的人注定要重蹈覆辙。在我们过去的历史中有不少教训，如果忽视它们，那只意味着灾难重演。很多大灾难的故事都写在不同文明的神话中。麻省理工的教授吉尔吉奥·德·森蒂拉南是科学史方面的权威,他和戴程德合著了《哈姆雷特的石磨》。在书中，森蒂拉南推断古代神话中其实编进了先进的科学知识，汉卡克引用了这种说法。他指出："一旦我们意识到神话可能源自那些拥有高等文明的人，那么我们就不得不开始听听这些神话到底说了什么。"他相信神话表明，曾经有巨大的灾难袭击了这个世界，毁灭了高等文明，终结了人类发展的黄金时代。并且在地球的历史上，这种灾难是周期性的，它还会再发生。很多古代典籍，包括圣经都指出了这种灾难将在我们有生之年循环到来。尽管如此，汉卡克仍然认为他并不是一个厄运预言家。他指出："我们从过去继承了这份特别的遗产，现在是正视它的时候了。我们必须了解传统，学习我们能做些什么，因为这些传统中有着如此重要的信息。"

当然，这样做的好处并不算太多。"我相信，我们如今被困在观念之战中。"汉卡克如此说，"我认为治好我们的遗忘症将是一个种族的胜利。这很重要。因此我们不得不变强，不得不雄辩四方。我们看到我们的对手正在试图买通我们。这种肮脏的把戏他们会一再尝试。我们得在他们的主场与他们战斗。"

15 美国最重要的秘密：
主流科学界在阐明中美洲高等古代文明来源上惨遭滑铁卢，
如何解释这种失败？
威尔·哈特

　　这已经是23年前的事情了，但我回忆起那个早晨，却好像是昨天一样。当时，碑铭神庙（the Temple of the Inscriptions）的丛林里蒙上了一层薄雾，一连串可怕的吼叫声打破了林中的寂静，听上去似乎是一群吼猴正在穿过树林。这种声音加重了林间的神秘感。

　　我的头正疼得厉害。那时我正在帕伦克（Palenque），之前我们已经探访了一打古迹，从墨西哥最北端一直到尤卡坦半岛。探访中，我陷入了一大堆谜团。但对我来说至少有几件事情非常清楚：建造了金字塔和其他古迹的文明在艺术和科学上都很有造诣。我已经目睹了这个高等文明创造的许多美丽的事物，还有留下的一堆堆谜团。

　　其中，奥尔梅克文明最使我惊讶。我已经阅读过玛雅人的文化，也知道阿芝台克人。但在比亚埃尔莫萨（Villahermosa），当我发现石像时还是很震惊：这些石像是巨大的黑人头像，石柱上雕刻的画面描述着奇异的使者来到这片土地上。这种图像显然不是来自任何一种墨西哥文化。

　　这些史前古文物不仅仅是一个有吸引力的遗址，它们给科学界出了一个难题。它们是反常的。谁雕刻了那些头像呢？谁创造了那些石柱？他们从哪儿得到那些头像和图像的样子的？这些都是问题，因为这样科学家们就得重建中南美洲的人类史。非洲人不像这些图像，他们也没有跑去在石柱上雕刻这些白人图像。尽管他们待在这好像阳光一样醒目，可他们本来不该出现在这里。

图15.1：奥尔梅克巨型人面像。汤姆·米勒摄。

　　科学家声称无法解释这个谜题。人类学家和考古学家也承认他们对奥尔梅克人的文化所知甚少。所以我们对这个同种民族一无所知，对他们的语言、组织结构、信仰和传统也一无所知。没人知道为什么他们要雕刻这些头像，也不知道这些奇异的种族如何称呼自己。

　　我们所有的唯一的资料就是他们留下的这块遗址，它确实让人印象深刻。

但我们要如何去了解他们呢？他们到底在人类历史上占据了一块什么样的位置？在墨西哥，这里没有直接的线索。奥尔梅克人没有给我们留下任何书面记录。尽管如此，我们还是有一条线索。

《圣经》是一本非常重要的文件。你是否信教都没关系，关键是它里面有对于远古人类历史的描绘，收集了多种早期文明的信息。而且我们至少可以肯定，《创世纪》是真实的。但是《圣经》并不是总那么容易被解读的。在《圣经》中我们是否能够获得解读奥尔梅克之谜的答案呢？

在《创世纪》第11章，我们读到以下句子："现在整个世界都说同样的语言，使用同样的词语"。这显示出在人类历史的某一个时段，我们拥有一个全球性的文明。我们可以称之为"零"文明。我们还认识到，在那个时代，人们试图建造一座塔："来，让我们为自己建造一座城，建造一座能够到达天上的塔，让我们为自己创造一个名字，让我们在整个地球上开枝散叶。"

显然，事实就是，奥尔梅克文明的科技水平相当先进，这和科学常识不符：数据资料和科学模式对不上号。科学家们没办法改变已经观察到的数据，它坚如磐石。但是他们可以改变一下现存的模式来适应新数据。当然，这有点困难。一代又一代的人类学家和考古学家在这个模式上投入了巨大的精力，最终才将它建立成型。

因此，科学家们宁可忽视这个困难的问题，将奥尔梅克文明留在那团历史迷雾中。这可不是科学探讨的态度。他们追寻真相的热情呢？科学方法呢？他们仅仅是不能接受事实罢了。可这是为什么呢？

总而言之，事实就是：有某些古代文明建造了这个巨大的土丘，将玄武岩从60英里外的采石场拖到遗址。要知道，这些头像重达5-18吨，而且他们还将这些头像雕刻在石柱上。除非这些石柱上的人对他们非常重要，不然他们是不可能费这么大的劲去做这些事的。这是一个合情合理的推断，我们只希望某个遥远的未来，科学家们在研究了拉什莫尔山（Mount Rushmore）[1]之后，能得出相同的结论。

既然我们发现了这些史前古物，我们也就知道肯定有某些人建造了这儿。当你为揭开谜题而寻找线索时，你一般会从最有可能有线索的地方开始：墨西哥。问题是在征服者来之前，奥尔梅克人已经消失了很久了。也没有证据显示阿芝台克人与奥尔梅克文明有任何联系，这些黑人头像在中美洲其他任何地方都没有发现过。另一个让人惊奇的事情就是：按道理来说，在雕像建造之前，必然有一个发展到一定程度的文明存在，但没人找到过这个文明留下的痕迹。奥尔梅克文明似乎只是突然出现，又突然消失了。

1.拉什莫尔山位于美国南达科他州的西部，花岗岩的一面山体上雕有四位美国总统的头像，他们是华盛顿（1732—1799）、杰斐逊（1743—1826）、林肯（1809—1865）和西奥多·罗斯福（1858—1919）。

我花费了数年时间去寻找解开谜题的答案，最终我发现最有可能的答案就在《圣经》中。这也是我最后寻找的地方了。那么奥尔梅克文明有没有可能来自太空呢？确实有研究者这样假设过。但我并不这么认为。第一，没有证据支持这种理论。第二，这些黑人头像和雕刻在柱子上的人显然都是人类。

糟糕的是，这种观点——认为在古代曾经有一个全球性的文明——显然和现有的科学模式背道而驰。尽管如此，《圣经》中的某些证据却证实了这个观点的有效性。现在的问题是，老的科学模式不能解释现有的资料。这是一个严重的问题，它将引发很多不良后果。如果这个问题只局限在奥尔梅克文明问题上，那么我们可能可以忽视它。但是问题是，在埃及、南美洲和墨西哥的其他地方都有很多古迹根本和传统科学模式配不上套。

当科学家们发现他们无法用自己一直信仰的理论去解释这些古迹时，他们选择了视而不见。或者更糟糕，他们忽视最关键的问题，说这些事实都是捏造的。可惜的是这种挣扎实在徒劳，现在有很多遗失文明的遗址，有无数人的记录都能作为可靠的证据，证实奥尔梅克之谜和《圣经》某些章节的真实性。

再想想这些事实：230个不同文明里都提到过大洪水；玛雅的历史里说他们从一片被毁灭的大陆逃往东方；历史学家希罗多德（Herodutus）详细地记录了亚特兰蒂斯的故事。这些记录可能听上去像是想象出来的浪漫神话，但当你站在一个古迹中，周围环绕着那些宏伟的遗址时，你也许开始在想：或许这并不是神话？

为了寻找证据，我去了碑铭神庙，拜访了墨西哥帕卡尔坟墓（the Tomb of Pacal）。之后我决定来一次长途旅行：去了乌苏马辛塔河（Rio Usamacinta），然后到波拿蒙派克（Bonampak）[1]和亚克锡兰（Yaxchilan）。路途中有一段约一百英里的土路，上面全是泥，路况很糟糕。后来路面上的泥一直漫到了我们的卡车的车轴上。不过我们最终还是到了目的地。因为波拿蒙派克比较近，所以我先去了哪里。

我的第二个目的地是亚克锡兰，这个遗址在离波拿蒙派克大约8英里远的丛林里。本地人警告我说："森林是禁止入内的！"但我还是决定要去试一试，看是否能用弯刀砍开一条路。事实证明这些本地人是对的。我竭尽全力跋涉了四个小时，只走了不到1/4英里，其中大部分时间都用在和那些锋利的荆棘灌木丛搏斗。丛林里的蚊虫也一直在咬我，最后我不得不放弃。

亚克锡兰遗址坐落在河边，它被认为是这一带玛雅文明的中心。1989年2月，詹姆士·奥肯（James O'Kon）设法到达这里实地考察。之前，考古学家对它已经研究了整整一个世纪。奥肯一到当地，一些奇怪的石块就引起了他的注意。科学家们只是把这些石块当作一个无关紧要的小谜题，奥肯虽然只是一个业余考古学家，但同时也是一个受过严格训练的工程师，因此他立即就知道

1.今墨西哥南部的图斯特拉-古铁雷斯附近的一座遭毁坏的玛雅城市。其废墟连同寺庙和保存完好的壁画，于1946年被发现。

那些石块是什么了：一座桥的一部分。

他使用了现代科技来帮助他证明这一点。奥肯曾经是美国土木工程师理事会的前主席，他对于建筑制图技术的运用得心应手。他先收集了玛雅遗址的现场资料，将这些资料和考古学研究成果、航拍图片和地图结合起来，制造了这个古遗址的三维立体模型，最终确定了这座桥精确的位置和规模。

最终奥肯公布了一个令人震惊的发现：玛雅人已经建造了当时跨距最长的桥。当他结束计算时，计算机模拟出了一座桥：这座桥跨距有600英尺，麻绳悬挂结构，它有两个水上平台和三个桥拱。这将墨西哥的亚克锡兰和

图15.2：考古学家詹姆士·奥肯手举玛雅大桥的画。威尔·哈特摄。

佩腾（Peten）的农业文明联系起来了。佩腾就是现在的危地马拉和蒂卡儿（Tikal）。

那堆石块其实是这座桥梁中很重要的一部分，尽管它们曾经被考古学家认为毫无意义。它是一个水上平台，有12英尺高，直径有35英尺。航空照片显示，还有另一个水上平台在河对面。这两个平台都是就地浇铸的，外表看上去由石头砌成。这从某种程度上说明了玛雅人的金字塔是怎么造成的。

奥肯接受采访的时候说："玛雅人的数学和科技已经十分先进。"他认为这座玛雅桥梁的设计要求完全可以和20世纪桥梁设计准则媲美。

今天，我们对这些遗址感到惊奇，我们猜想为什么他们建造了这些仪式性的建筑。我们不该忘记，玛雅人已经是一个文明高度发达的民族。他们有天文学，有精确的历法。在"0"进入欧洲数学之前700年，他们就已经创造了这个概念。他们铺平道路，建造了古代最长的吊桥。

当我到达了金塔纳罗奥（Quintana Roo）的科巴（Coba），站在当地一座金字塔的顶上时，我注视着脚下的丛林，突然我意识到：玛雅人正是从这样的丛林里白手起家，创造了这完美的一切。我想像不到还有哪个文明能从丛林里发展到如此程度了。这使得玛雅之谜更加扑朔迷离。

现在再让我们来看看路网（sacbe）。这是连接各个古迹的公路系统。它是另一个让科学家们和业余研究者们迷惑不解的建筑。这些道路用石块建成，非常平整，石块中用石灰抹缝。他们的宽度从8英尺到30英尺不等。问题很简单：既然他们既没有有轮子的车，也没有拉车的动物，那么为什么石器时代的人们会需要这么精心制作的公路网？

在结束了对玛雅桥梁的研究之后，奥肯开始转而研究这些公路系统。他发现从科巴到亚述那（Yaxuna）之间有六英里的路，这些路笔直得像射出的箭。

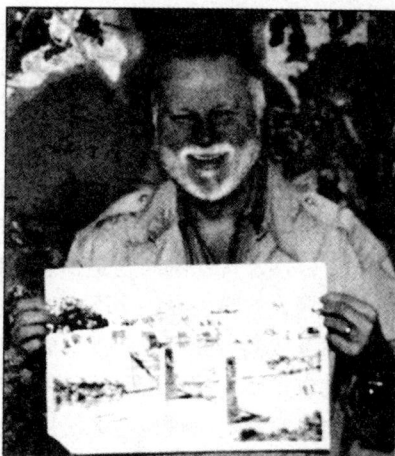

他研究之后认为，玛雅文明并没有石器时代，他们也不使用铁，因为最近的铁矿离这里有1500英里远。奥肯认为，"他们使用玉器工具，这些工具比铁器还要硬。"

你必须亲自站在这块古迹上，想象玛雅文明达到顶峰时的场景，那么你才能真正体会到这个文明曾经有过多么伟大、多么完美的成就。现在你看到的只不过是残迹和丛林，金字塔和光秃秃的石块没什么两样，斑斑驳驳的建筑外都是荒漠。但是，在那个时代，金字塔外面涂上了涂料，他们光滑洁净，在阳光下闪闪发光；夜晚月亮则给它们镀上了一层银光；这些建筑的墙上画满了色彩鲜艳的图案，后院是如此平整宽敞；他们的道路洁白平整，像蛛网一样联系着各个城市。

但是，尽管有这些，尽管他们拥有先进的天文学和数学知识，又在艺术和建筑上达到了如此高的水准，我们的科学家们还是认为玛雅文明是属于"石器时代"的文明。

生命的本质就是时间。人类一直陷于时间之河中，用各种方法来追寻这条河流的踪迹，用分钟、小时、星期、月、年乃至千年来计算它。我们知道很多计量时间的单位，也能善加利用它们。我们知道什么时候恐龙在地球上漫步；知道不同的放射性同位素衰减要用多少时间；知道我们的原人祖先什么时候从猿类中分离出去；还知道未来月食和日食将要发生的具体时间。

在时间之河中，所有的生命都经历着从生到死的过程。我们与时间的关系，正如鱼和水的关系。但我们从来也没有问过一个最基本的问题："时间是什么？我们了解它吗？它是不是仅仅就是一个用来分辨什么是现在，或者宇宙年龄有多大的衡量系统呢？"

所有的文明对时间这个问题都很重视，玛雅也不例外。他们测量了火星的昼长，测出是528个地球日。玛雅人的历法比格里历（阳历）要精确得多。他们设计了三个不同的历法系统：卓尔金历（宗教用历法），哈布历（民用历法）和万年历。卓尔金历一年有260天，共13个月，每个月20天。哈布历则以太阳活动周期为参照。这两种历法每隔18980天就会重合在一起，现在我们已经知道这是一个历法循环期，大约是52年一循环。

在玛雅文明里，每一天都有自己独有的文字和意义。在52年循环期结束的时候，他们会有一个新生仪式。万年历则5200年是一期。依据玛雅人的说法，人类是在第四期出现的。这个时代从公元前3011年开始，于2012年结束。

玛雅宇宙学中最长的循环是26000年一循环，这其实是岁差循环的时间。现在我们已经接近了第四期的末期，当这个时期结束后，第五个5200年的循环又会开始了。

为什么玛雅人对天文学如此着迷？为什么他们要创造出如此错综复杂的历法系统？一个石器时代的农业社会需要这么先进的天文学和数学知识吗？他们是怎样在这么短的时间里得到这些知识的呢？他们是怎么发现金星的昼长和岁差之类复杂的天文学现象的呢？

　　是因为他们要比科学界以为的古老得多？还是因为他们拥有我们根本不知道的先进技术？或者是什么人将这些知识传授给了他们？玛雅人第四期开始的时间是公元前3000年，犹太历法也是在公元前3000诞生，这是巧合吗？也许这种说法——我们的文明只有5000年历史——其中另有深意。现在正是5000年循环快要结束的时候，而基督徒相信我们正处于末世，这也是巧合吗？

　　玛雅人对时间的迷恋很可能是基于这种认识：他们认识到了时间是如何在宇宙范围内运作的，知道这种运作方式在地球上显示为一系列或长或短的循环。这可能就是遗失的文明试图传递给我们的信息，我们或许该开始解读这些信息了。

16 目标——银河中心：约翰•梅杰•詹金斯认为当今世界需要向玛雅文明学习

莫伊拉•蒂姆斯

随着古玛雅号角吹出的原始神秘的音乐，天文馆的巨大的圆顶被无数黎明前的星星映得闪闪烁烁。接着太阳从所有人的左侧升起来，冲出重重黑暗，照亮大地。古老的音乐渐去渐远，世界之门再一次打开了。在这迷人的开场之后，约翰•梅杰•詹金斯(John Major Jenkins)开始了他的讲演：根据玛雅人的宇宙学，我们生活的时代是非常罕见的，因为这时我们的太阳系和银河系中心排成了一条直线。我们的时代是一个孕育着变化的时代，玛雅历将这个时代的终点划在了2012年12月21日。

詹金斯是一位研究古天文学和玛雅历的专家。在谈到他的著作和生活时，他说："我几乎把所有的精力都用来重建玛雅宇宙学，来解释这个庞大的、全球性的天文学模式，虽然现在这门学说已经被大家遗忘了。"他强调他的工作一方面是解释这一理论，另一方面也是发扬这一原始传统，或者说是"永恒哲学"。所谓"永恒哲学"，这一术语指的是世界主要信仰和哲学核心里的普遍事实，这些事实在各个年代当中传承了下来。

图16.1：约翰•梅杰•詹金斯。

"我相信人类可以通过复兴原始传统，来从精神上提升自己。尽管现在这些原始传统已经逐渐被淹没在唯物主义思潮之下，"詹金斯说。正是因为詹金斯对于传统认真地鉴别，不辞辛劳地加以发扬，银河中心-太阳系对齐理论——这份深理在当代唯物主义思潮之下的古代宝藏才得以被发掘。这一理论不仅仅是玛雅历的核心，也是吠陀宇宙学和其他很多古代文化传统的精髓所在，这些文化传统包括了密特拉教[1]、宗教建筑和希腊宗教哲学等等。为了更好地阐释他的论点，詹金斯写作了两本开创性的著作，分别是《2012：玛雅宇宙的生成——玛雅历中末日的真实含义》(*Maya Cosmogenesis 2012: The True Meaning of the Maya Calendar End Date*)和《当银河中心与太阳系对齐：根据玛雅人、埃及人和吠陀传统转变观念》(*Galactic Alignment: The Transformation of Consciousness*

1.密特拉教信奉密特拉神，是一种罗马帝国后期军人广为信仰的宗教。在公元1至3世纪期间，它是基督教的主要竞争对手。

According to Mayan, Egyptian, and Vedic traditions）。

20世纪90年代中期，詹金斯在研究玛雅历提到的2012年末日时，发现了"银河中心-太阳系对齐"理论。他意识到玛雅人已经掌握了26000年一循环的岁差，知道地球一直在向着银河系中心缓慢调整方向。玛雅人认为，在很久之后的未来，这种方向上的调整最终会导致地球在某个冬至日与银河中心连成直线。这基本上可以看作是发生在人马座和天蝎座之间的一次"核震荡"。对玛雅人来说，银河中心类似一个不断更新的巨型子宫，他们为此在自己的历法上将这次特殊的直线对齐发生日标记为末日。

詹金斯的研究方法就是巧妙地把考古天文学、图像学、人种学融为一个协调的整体，这使得他拥有了一种"多维"的眼光。他的兴趣不仅仅建立一个新的理论系统，还包括复活一个老的理论系统。这个系统以银河为关注重心，这一点实际上非常先进，但其先进性和重要性却无法被现代科技所认识。在研究了原始传统的神话、符号象征、文本和口传文化之后，詹金斯说，"很显然原始传统是以银河为中心的，这是它智慧的不竭源泉。我相信这种智慧现在已经准备好要在人类历史舞台上大展身手了……它就像是人类灵魂中的亚特兰蒂斯一样，是我们遗忘了的，但却依然非常重要的一块。"

在詹金斯最近出版的著作中，他探访测量了许多宗教场所，其中展示的天体图为银河中心-太阳系排成直线现象赋予了极其重要的意义。"如在其上，如在其下"，这句神秘的炼金术箴言或许也揭示了真相。在詹金斯探访的宗教遗址中，墨西哥恰帕斯州（Chiapas）的伊萨帕（Izapa）尤其重要。"这个遗址告诉了我们玛雅历中的2012意味着什么，"詹金斯说，"就在这儿，玛雅人把银河中心和地球排成直线的意义用这座宏伟的雕像表示出来了。"

在伊萨帕的遗址中，有三座仪式性的巨碑，它们是古人留给我们的珍贵遗产，将帮助我们理解古玛雅人的银河中心宇宙学。詹金斯认为这个圆形场地是理解银河中心宇宙学的起点，这儿能帮助我们明白今天我们注定要面对什么命运。这也是古代伊萨帕人卓越才智的证明。

幻象之旅

詹金斯回忆说，自己还很小的时候，就对机械和科学很着迷。"我总是把东西拆下来然后又装回去。那时爱迪生是我的偶像。"到了中学之后，詹金斯认为科学是一种认识自己的手段，他开始阅读哲学。"这使得我开始对东方神秘主义感兴趣，"他说，"这为我打开了诺斯替教[1]的大门，使我走上了追寻内心智慧的道路。我开始练习瑜伽和冥想。我研究了西藏佛教，试着禁欲，写了不少虔诚的诗歌。我想要提升自己的精神境界，让自己从平庸的唯物主义的包围下挣脱出来。"

1.早期基督教，相信神秘直觉说。

  这段生活一直持续到詹金斯20岁那年。那时他心中的热望已经很难抑制住。"某种灵魂上的危机在我体内涌动不止，后来我开始了在美国东南部的朝圣之旅。我的居所就是一辆1969年的货车，在这里面我生活了整整7个月。在旅途渐入佳境时，我冥想，大声赞颂，斋戒禁食。有时我在海岸边，有时在佛罗里达州林业局的宿营地。"1991年，詹金斯写了一本著作，名字叫《天空之镜》（*Mirror in the sky*）。他说："这是我第一次和公众分享我过去的生活。"

  "这趟朝圣之旅最后在一场长达三天的祈祷中达到了顶点，我赞颂和祈祷，希望能有一次显圣。这是一个关键时刻，就看我是否能和我一心向往的至高存在建立起联系。这时我突然产生了神秘的幻觉，看到了地球守护女神戈文达(Govinda)。"詹金斯说，这种现象在瑜伽中叫作"生命力的上升"（kundalini rising），即"悟道"。"这不仅仅是一个梦或者幻觉，这是一个真实的物理过程，你可以将它称为'个体意识海最深处的漩涡'，或者'逆流的秩序'。有本道教图书《金花之奥秘》（*The Secret of the Golden Flower*）提到了这一现象。"

  詹金斯相信这次见到女神的体验是一次"赐福"。它将使命加之于詹金斯肩上，将他引向玛雅文化。"它为我打开了一条知识的通道，"詹金斯说，"之后不到一个星期，我见到了一个人，他鼓励我去墨西哥旅行，去探访玛雅遗址。"在那段时间，詹金斯还在读弗兰克·沃特斯的《神秘墨西哥》（*Mexico Mystique*）。

  今天，距离詹金斯见到女神已经过去了快20年。他说，"这种与至高神的联系依然在我体内发挥着作用，因此我继续担任着神的代言人这一身份。但是生活的困窘有时不免让人心生退意。"

思与知

  詹金斯的神秘主义倾向并没有在他最近的著作中有所表现。这些著作充满了严格的学术性，有充分的论据。在詹金斯看来，"智力与精神力并不见得会协调。在我进行早期研究时——那时我刚刚从诗歌写作转换到学术写作领域——我觉得我的研究会被批评说太简单粗糙了。因为新时代运动[1]中的精神唯物论曾经是最原始的普遍真理，但现在它已经没有最开始那么纯净了。"

1.新时代运动是一场声势浩大的文化寻根运动或思潮，自20世纪六七十年代以来，历经三十多年的迅猛发展，从西欧和北美扩展到世界各地，形成风靡全球的反叛现代性的文化寻根大潮。它是对过度的科学和理性崇拜的修正，这场运动与后传统(post-traditional)的宗教，哲学，(超)心理学，生死学，神话学，精神医学和精神治疗，以及新学科的宇宙观结合起来，涵盖的范围非常广泛，在学术、思想、宗教、科学、法律、商务、文学艺术和日常生活等领域都引发出巨大的冲击波，包括哲学、科学、心理学、音乐、绘画艺术、超能力、通灵、水晶研究、外星人、古文明等主题。

　　"人们从现代世俗文化中出发,创造些新的术语,以此来说明、象征那永恒的真理……当他们这么做的时候并没有意识到,古代智慧已经被曲解了。因此我决定将我的所有才智都用来为心灵服务。心灵是比大脑更重要的。"这样,詹金斯的著作已经超出了天文学的范围,进入了灵魂转换的玄学领域。他期待着我们在这些著作的带领下,迈入银河中心宇宙学的大门。

　　银河系在我们这个时代的重要意义主要集中在银河中心–太阳系对齐这一现象上。就像我们在玛雅历中发现了2012世界末日一样,我们同样很清楚地看到很多其他的古代文明也提到了同时期的世界末日。詹金斯在最新的著作中对此有很详细的解释。根据他的发现,印度历史循环期,也叫时代(yugas)[1],其中第四时代与玛雅历中的世界末日时间是一致的,都在双鱼座时代[2]。

　　除此之外,基督教的千福年[3]也与银河中心–太阳系对齐时间惊人的吻合。2012这个时间是由天文学决定的,也就是冬至日太阳与银河中心对齐的时候。詹金斯纵览了哲学家奥利弗·赖泽(Oliver Reiser)的著作,其中解释了太阳系是如何与银河中心排成直线的,以及这样的现象将对我们的生命和意识产生什么样的影响。

　　但是,有一个无法回避的问题:"如果我们改善与宇宙的关系,这会起什么作用吗?"詹金斯在《当银河中心与太阳系对齐》中对这个问题做了充分的解释,但他仍然坚持,他做出这个回答的基础是"很多古代哲学的核心基础,事实上,可以更进一步说,是所有古代传统的核心。如果我们自己的文明——包括我们的科学与信仰——无法看到此事的意义,那么很不幸,我们就是与传统割裂了。"

　　乔斯林·戈德温(Jocelyn Godwin)是科尔盖特大学的教授,他自己写过神秘主义相关的著作。他也看到26000年一循环的岁差对我们的意义。他说,"詹金斯是银河中心主义学者中最博学多才的一个。通过在原始传统中构建银河中心–太阳系对齐这一主题,他发扬了银河中心宇宙学,将它提升到了新的高度,恢复了它的旧日荣光。"

　　詹金斯一再强调,他的著作并没有提出什么新的理论体系或模式,他只是重新找回了我们失去的知识。他暗示他一直深受最初那次灵魂体验的影响,在那次体验中他与地球女神建立了联系。詹金斯认为错误的理解和错误的信息之

1.印度文化中有一种说法,印度历史分为四个时代(Yugas),总共涵盖12000"天年"。而人的一年等于神的一天,因此天上的一年等于人的360年,所以12000天年就等于4320000人年。而在最后一个时期,文明衰退,人类毁灭。

2.这是西方占星学的纪年方法。这个命名方式来自地球的"岁差"。岁差就是地轴绕着一条通过地球中心而又垂直于黄道面的轴线的缓慢圆锥运动,周期为26000年。"双鱼座时代"是指地球的轴心刚好指着双鱼座,因此称为双鱼座时代。每个星座时代是二千多年,现在是由双鱼座时代进入水瓶座时代的交接期。也就是说,地球的轴心慢慢地转为指向水瓶座了。

3.又名千禧年,其概念源于《新约》中《启示录》的第二十章,传说耶稣将重临人世统治的一千年。

间是恶性循环的，因此他希望他的著作能够帮助人们更深更好地理解古代关于人类转变的教义。

新开端越来越近了

在很多古代文明中，银河的中心都被当作是母神的子宫，是世界的中心和源头，是我们在历史终端重获新生的终极意义。对玛雅人来说，银河中心地带是源头，或者说产房。

正因为这样，詹金斯早年才能有见到戈文达女神的"重生"经验。这引导他投入了重建银河中心宇宙学理论的工作。这一理论认为，在2012年，太阳将会在母神的子宫（银河系的中心）中"重新出生"。詹金斯相信，理解这一点是非常重要的。无论如何，2012被认为是一个伟大时代的终结，是旧世界的死亡，新世界的新生。我们环绕黄道十二宫的岁差之旅是人类每隔26000年一循环的妊娠期，生产的时间就是2012年。但是，就像所有的新开端一样，如果这个生产仪式中有什么不协调的事情，那么也有可能发生灾难。是反抗还是接受将导致不同的结果。

考虑到2012的复杂性，自然会有很多疑问产生。詹金斯以自己的方式回答了这些疑问："可能我的说法不太被接受，但我说的确实是事实。2012的目标并不是毁灭，它是一个定向转变的过程，是一扇打开的门，是一次将我们与银河生命之源联系起来的机会。"他指出，"推动我们改变的力量已经酝酿好了，我们要通过近千年来从未体验过的严酷考验。事实就是，我们将被召唤去创造、培育、帮助那些可能要在我们死去后很久才会兴盛起来的生命。人类更大一波的生命浪潮正处于危险之中。"他提到美洲土著人被教导要计划七代之内发生的事情，以便于做出明智的决定，并且建议我们应当把这条古训作为座右铭。

《当银河中心与太阳系对齐》指出，2012并不是一次因果事件，它是一次人类精神转向更高层次的过程。如果非要说2012有什么特殊性的话，那就是它就像是一个玛雅传统聚集日。因为是玛雅人将2012定为世界末日，这是深植于他们宇宙神话中的真理。这些中美洲的古人将神话、政治组织、信仰和天文学融为一体。他们之所以这么做，肯定是希望未来的玛雅人能够理解他们过去的辉煌功绩。

詹金斯还在《当银河中心与太阳系对齐》中解释了这一点：银河中心-太阳系对齐理论是如何成为世界性传统中共同的主题的。在密特拉教、吠陀天文学、印度教义、伊斯兰教的占星术、欧洲宗教地理学、中世纪基督教教堂以及各种各样的炼金术典籍中，詹金斯都发现了这个理论。"对我来说，这意味着银河中心-太阳对齐理论是西方文化精神的核心，它统一了地球上各种不同的传统。"

有人问詹金斯，到底什么是他作品的核心呢？他下一部作品的主题又是什么呢？"核心？当然是我与神灵的关系了。1985 年，在我第一次在幻觉中见到女神之后，我被引导到现在研究的各个领域中。神灵的智慧是我所有著作的永恒主题。我的著作总是围绕着治愈、重生，劝导世人在最后的时刻打开自己心门，这样他们将被领进一个新的世界，领进人类演化史上新的循环舞台。"

第四部分
追根寻源

17 源自史前巨石文化的英格兰：约翰·米歇尔访谈录

J. 道格拉斯·凯尼恩

当今不少学者著书论辩，认为曾有一个伟大辉煌的文明源头，尽管它已经被世人遗忘，但至今依然对我们影响颇深。在这群学者中，最为雄辩的应该要数约翰·米歇尔（John Michell）了。

米歇尔写了众多著作，大多是关于古代之谜、宗教几何学、UFO现象以及科学解释不了的现象等等。美国读者最开始接触到的著作是他的《亚特兰蒂斯上的风景》（*The View Over Atlantis*）。通过这本著作，美国读者逐渐对他熟悉起来。后来他在1995年重写了这本书，出版时名为《亚特兰蒂斯上的新风景》（*The New View Over Atlantis*）。另外，在《地球灵魂》（*The Earth Spirit*）中，米歇尔谈论了圣地、地球上奇妙的启发力量之谜，以及自文明之初就有的全球性的仪式。

在《亚特兰蒂斯上的新风景》中，米歇尔，这位出身剑桥的学者描绘了一个高度发达的巨石文明。这个文明对知识的掌握远远超过了当今我们的理解。它的造物如此缜密，如此完美，看着这些遗迹，很难让人相信主流科学说的那一套——这些巨石建筑只不过是石器时代农牧社会的产物，是由那些蠢得可怜的原始人创造的，他们思维简单，只能想想生存和繁殖之类的事。米歇尔在书中详细描绘了那些神奇的景象：与天空中的行星精确连成直线的古代石碑；先进的古代数学和宗教几何学；先进的史前工程学等等。米歇尔描绘出的这个宏伟整一的世界远远超过了我们今天所能想象到的一切。

图17.1：约翰·梅杰·詹金斯。

"我们生活在一个巨大的古代遗迹中，"他在《亚特兰蒂斯上的新风景》第一版中写道，"这个遗迹的规模之大前所未见。"通过当代研究显示，这个古迹的规模超过了人们的想象。多少年来，它就安静地待在我们脚底下，耐心等待着我们的科技发展到足够的程度，最终能够发现它，欣赏它。

科林·威尔逊（Colin Wilson）认为《亚特兰蒂斯上的新风景》是"一本对我们这代人影响深远的著作，这本书将引领更多的人加入这个研究领域。"在接受《崛起的亚特兰蒂斯》的采访时，记者问米歇尔，他是否和汉卡克、罗伯特·博瓦尔一样，研究了埃及吉萨地区的古代遗迹，这些遗迹与猎户星座和其他行星连成直线。他回答说，他研究了在英国发现的古代遗址，那是一些更加古老的石质建筑，它们与一些重要的星座排成直线，主要是为了给人死后灵魂的路途指明方向。

"在世界各地的古迹中你都能看到这种对于死亡的恐惧，它反映在这些石碑的指向上"，米歇尔说。对他来说，这一点很清楚，这些古迹的排列展示了古人对于永生的狂热追求。这一点他与汉卡克英雄所见略同。

科林·威尔逊推断认为，这些古人拥有非常先进的超自然能力，但并没有我们今天理解的那种科技。但米歇尔不这么认为。他觉得显然这些古人是拥有先进科技的。无论是从精心制作的遗址来看，还是从石碑完美的建构来看，他们都有高度发展的数字学和几何学。

"这真的很奇怪，在这些非常简单的建筑里有那么多数字上的协调，"米歇尔赞叹说，"他们是如何让其他的人在这么长时间内集中精力建构这些的呢？这些极其美丽的图案暗示我们能够在大地上建构起通往天堂之路。"他常常提到数字12的使用，如以色列的12个种族与黄道十二宫十二个符号之间的联系。这个数字暗示着，通过对天堂中事物原型的模仿，他们要使大地上的万物规整，这是遵循天道。

关于古人科技的疑问非常多，但想想这些古迹中石块如此巨大，古人仍然能够切割、加工并运输它们，那回答这些问题确实困难。"这是一个谜，"米歇尔承认，"这些建筑有让人难以置信的精确度。更不用说在那个时代，要抬起这些上百吨重的石块，运输到目的地，堆放上去。他们有可怕的创造力，而且毫无疑问，他们肯定是掌握了某些我们今天都还没理解的知识。"

那么这种知识包括了某种漂浮技术吗？"古代作家总是提到声音的力量，"米歇尔解释说，"通过歌声或者音乐使事物变轻，这样你不需要用多大的劲就能移动很重的东西。"

米歇尔还相信，无论这些古人拥有的是什么样的秘密，我们都可以在恰当的时候重现这些秘密。"人类的创造力就是这样，我们能做到任何我们想做的事情。如果我们真的需要这些古代知识，那么它就会再次回来。这点毫无疑问。"有人建议我们应该让这些珍宝和知识继续留在黑暗和未知中，如传说中的埃及记录室。米歇尔认为这些无主珍宝确实可能存在，但当我们看见它们的时候可能根本意识不到它们的珍贵性。

"柏拉图曾多次谈论埃及人掌握的原则和真理。通过这些原理，他们达到了数字上的均衡和音乐上的和谐。这种原则主宰了整个社会，使这个社会在数千年间保持了同样高的水准。"米歇尔解释说，"古代文明持续的时间比我们以为的要长久得多。对我来说，这个社会是建立在对于宇宙和谐的理解上的，这也是宇宙赖以存在的原则。在这之外，还有一些仪式帮助这个社会共同渡过难关。"尽管这样说，米歇尔还是承认，我们要发展到足够的程度才能欣赏这种智慧之美。

当我们开始回应这些古代的智慧之音时，我们就有可能打开古代智慧复苏之门。在一些宗教故事中，如《启示录》中，米歇尔看到了关于"新耶路撒冷"的描述。"新耶路撒冷"是天堂的一部分，它将作为天启降临世间，这意味着时代的巨大转变，米歇尔认为，这种天启的降临其实是"一种祈求"。
"我们需要它，我们祈求它，然后它就降临了。今天，人们对那些俗世的理论充满了不信任，他们不信任那些一个接着一个出现的科学理论，这些理论在人心里没有建造起什么。所以我认为我们寻找祈求的真理并不在这个混乱的世界上。我们寻求的更高真理一直都在心里，当我们祈求时，我们就得到。"

我们现在的世界非常混乱，不和谐占据了主导地位。看上去没有什么力量能够改变这种情况。尽管如此，米歇尔依然保持他的乐观。"它将会改变它自己，"他说，"很显然，这个世界意识到了这一点：音乐是所有艺术中最有力量的。柏拉图甚至认为政府的结构也应该遵循音乐结构。这也是为什么古人都非常小心地控制音乐，他们不允许刺耳的乐声出现。同样，在每年的节日他们演奏悦耳的音乐，人们在音乐的魔力下如痴如狂。"

"音乐还是最有效的治疗方法。很明显，我们如今所见的音乐和其他的艺术形式都预示着社会的动乱。音乐不仅仅会反映正在发生的，还会决定将要发生什么。尽管我对于将发生什么一无所知，但我越来越确信，这是上帝的事，这些巨变将通过自然因果规律发生。我们回应着秩序之源，也渴求秩序之源——这是一种追寻，也是一种祈求。"

那么，当这些巨变到来时也会带来灾难吗？"每一种造物或迟或早都要灭亡。"米歇尔说，"所有的果实最终都要落到地上，这就像明天太阳要升起一样无可避免。虚假的事物总是不持久的。看看巴比伦的毁灭，前一天它还带着它所有的财富，炫耀它的辉煌壮丽，但第二天这一切就都不存在了。毫无疑问，我们的所有制度最终都要崩毁。那么这个过程会怎样发生呢？我们愈是对这些人造的虚假之物着迷，灾难就越重。"

在米歇尔看来，巴比伦的毁灭和亚特兰蒂斯的陨落有着某种相似之处。他相信柏拉图说的这个故事是一种告诫："柏拉图说得非常清楚，他描绘了一个几何图——亚特兰蒂斯的平面图，它是以数字10为基础的。但他理想中的城市应该以数字12为基础。他认为这是亚特兰蒂斯毁灭的原因。"

"他们在基本原则上犯了错，"米歇尔说，"这个错误越变越大，最终导致了整体的崩溃。接下来，经过很多代的流传，原则成为铁律。它在流传过程中受到误传和扭曲，渐渐变得充满错误，这种错误能让一个理想中的社会变成巴比伦。最完美的宇宙模式曾经保存在社会的结构中，这样，它可以让这个文明存在很久，但没有任何东西能够永远存在。最终一切都会化成尘土。"

但是好消息是人类的天性总是比那些强加在它身上的暴行保持得更久，就像凤凰一样，人类总能浴火重生。米歇尔相信，"无论是从精神上还是肉体上看，如今我们就像生活在过去遗迹鬼屋里的蝙蝠，抱着一些过时的想法沾沾自喜。如果你试图挣脱这些陈旧的思想，你就必须停止迷信科学神话，就如同我曾经做过的一样。"

"即使不说这些科学理论是错误，那也可以说它们是残缺的，是专横的。"米歇尔解释说，"这就是他们在学校教育的方式。你不得不挑战他们，这样才能更接近事实。如果你听从了他们，你将会有一个艰难的人生：就像你知道的，这些被当作铁律的科学定理其实经常变动。当你在学校相信了他们说的一切，到了我这个年纪，你就会发现自己相当过时了。"

18 柏拉图笔下的事实：怎样证明他的话可信？
弗兰克•约瑟夫

> 埃及的亚特兰蒂斯传说同样也出现在大西洋沿岸各地的地方传说中。其中包括从直布罗陀海峡到赫布里底群岛（Hebrides）的广大地区。另外，西非的约鲁巴人对这个传说深信不疑。
> ——罗伯特•格拉夫(Robert Graves)，《希腊神话》（*The Greek Myths*）

作为现在仅存的描绘了亚特兰蒂斯的古籍，柏拉图对亚特兰蒂斯的描绘是研究者寻找这个失落文明的重要依据。他的讲述至今仍吸引了大批读者，这其中有抱怀疑态度的，试图戳穿亚特兰蒂斯这个神话；也有坚信不疑者，他们声称柏拉图说的每一个字都是真的。其实，如果对柏拉图在《蒂迈欧篇》和《柯里西亚斯》中的讲述抱持中立态度，那么我要说，在他的对话录中确实有一部分事实。这些给读者留下深刻印象的事实同样也能在希罗多德和修昔底德的著作中找到，这两位历史学家的著作可能更容易被证实一些。

毫无疑问，在对话录中，神灵、女神和提坦都是被用来作为自然、命运和遥远过去的代表来使用的，正如他们在其他的希腊历史中的作用一样。如果是这样，那么这些神灵就更像是一种隐喻，而不仅仅是宗教人物。

如果只看它朴实直接的译文，这个故事看上去可不如事实那么美好。正如威廉•布莱克特（William Blackett）在他的《遗失的世界历史》（*Lost History of the World*）中所说，"柏拉图的写作方式非常独特，他完全摒弃了技巧，只留下简单直白的讲述。没有神秘也没有想象，他对事件的讲述方式是一种历史研究的方式。"

怀疑柏拉图讲述真实性的人提出了各种理由，其中最常见的就是：柏拉图在《蒂迈欧篇》和《柯里西亚斯》中提到亚特兰蒂斯，只不过是把它们作为理想国的虚构再现罢了。但是，我们得明白，尽管他对亚特兰蒂斯高度发达的文化十分羡慕，亚特兰蒂斯也并不是他在《理想国》中描述的社会。这两个社会有着非常重要的、本质的不同。柏拉图的理想国是一个由哲人王统治的专制政权，是一个统一的、颇有种族意识的国家。而亚特兰蒂斯则是一个疆域广阔的联邦，其中生活着各族人民，其体制是旧的君主制，由与君王有同等地位的法律顾问来平衡君权。

如果亚特兰蒂斯真的是在柏拉图写完《理想国》之后依样画图捏造出来的，那么我们不免要奇怪因为里面增加的全是些多余的、缺乏哲理的素材，这些素材说明不了任何观念，更加不能对《理想国》中的理念起到补充作用。并且对亚特兰蒂斯的描写与《理想国》有太多的重复，柏拉图其他的著作中从未出现这种情况。

进一步说，亚特兰蒂斯最后堕落了，原因是受到了天神的惩罚，这和柏拉图的愿望背道而驰。柏拉图一直希望有个社会能像他的理想国一样不朽。柏拉图这样描绘亚特兰蒂斯并不是为了让它在他的哲学著作中独树一帜，这些描写只不过是一本未完成的历史选集的第一部分，其中记录了那些柏拉图之前时代发生的大事。如果我们这样理解这两篇作品，那么我们从中获得的观点会正确得多。它们本质上就是历史记录。

在《蒂迈欧篇》中，柏拉图谈到了世界的创造，人类的本性和第一个文明社会。而《柯里西亚斯》以手稿形式保留下来，柏拉图在里面大谈亚特兰蒂斯和雅典的战争以及战争之后的情况。它最后一节描写了最近历史中的大事，那大约是在公元前4世纪。所以，亚特兰蒂斯的故事只不过是这个恢宏构架中的一部分，它与柏拉图其他的著作没什么本质区别。更重要的是，如果柏拉图虚构了这个故事，那么它不可能与其他人写的历史有共同点，也不能连接起这么多信息断层，合情合理地填补了古典前期历史的众多空白。

但是，直到我们这个年代，柏拉图作为历史学家的身份才得到确证。他曾描写说一口圣泉流过雅典卫城，这被大家认为完全是个神话。但是后来人们发掘出了公元前13世纪的迈锡尼陶瓷碎片，上面描绘的正是一口位于雅典卫城中心的泉水。这让一些研究者开始重新考虑柏拉图讲述的真实性了。后来，在1938年，曾经因为地震被掩埋到地下的雅典卫城泉眼被重新发掘，其地址正是柏拉图所说的地方。1950年，德国和美国的考古学家加入了希腊考古队伍，他们发现这个泉眼的时间应该被推到公元前15世纪左右才对。另外，人们还发现，柏拉图对雅典的描述出人意料的精确。这样，我们没有理由不相信他对亚特兰蒂斯的描述也同样正确。总之，柏拉图对于雅典卫城中泉水的描述和对雅典精确的描绘，都有力地说明他的著作在历史学上也是可信的。

这里还有一些证据，说明柏拉图对古典时代的讲述并不是孤证。雅典每年都要举行泛雅典娜节。在这一天，女人们都要穿装饰短裙，上面绣着一些象征图案来纪念他们的女神雅典娜。有一些短裙图案描述了那场与亚特兰蒂斯的战争，赞颂了雅典的胜利。要知道，泛雅典娜节是在柏拉图出生前125年就有了。

《亚特兰蒂斯航程》（*A Voyage to Atlantis*）是另一个证据，米利都（Miletus）的一个狄俄尼索斯教成员在柏拉图时代之前150年就写下了它。可惜的是，被重新发掘出来之后，它又损毁了。其中有部分碎片在亚历山大图书馆火灾后幸存了下来，这些烤焦的碎片中包括公元200年的罗马作家伊利努斯（Elianus）写作的《博物志》（*Historia Naturalis*），其中写到亚特兰蒂斯统治者的衣着寓意着他拥有波塞冬的血统。另一位哲学家普洛克洛斯（Proklos）对这个故事深信不疑，他谈到柏拉图的早期追随者克然托斯（Krantor）试图证明亚特兰蒂斯的传说。在公元前260年，克然托斯独自去了塞斯（Sais）的埃及神庙，在那里他发现了一些古老的碑文，这些碑文证明柏拉图的讲述确有其事。他们将碑文翻译过来，与柏拉图的描述一个细节接着一个细节地对照。

克然托斯是亚历山大图书馆著名的学者，他供职于图书馆的古典研究中心。那个时代中心里的重要学者大多相信亚特兰蒂斯传说确实是历史中真实的一段，其中包括罗马帝国重要的历史学家斯特雷波（Strabo）[1]。在亚历山大图书馆被毁掉之前，里面保存了大量的资料，这些资料使得研究者们深信柏拉图描绘的亚特兰蒂斯就在遥远的大洋中。

在基督教变革之后，那些包含亚特兰蒂斯之谜的资料和其他异教徒典籍一起，永远消失了。这个故事之所以被认为是异端邪说，只是因为它没能在《圣经》中找到佐证，因为它出现的时代居然在公元前5508年（这个年代由基督教神学家提出），也就是上帝创造世界之前。

正因为如此，这个传说一直被人们忽视。直到在美洲发掘出了大量古迹，学者们对比了新旧大陆之间的谜团，又想起来亚特兰蒂斯来了。16世纪探险家和绘图学家弗朗西斯科·洛佩斯·德·戈马拉（Francisco Lopez de Gomara）发现美洲时目瞪口呆，因为这和《蒂迈欧篇》里描绘的正好相符。说来说去，亚历山大古典研究中心离塞斯只有75英里，任何一个想去求证柏拉图讲述的学者都可以随时去那里阅读尼思神庙（Temple of Neith）里的碑文。

根据罗马历史学家马塞里努斯（Marcelinus，330–395年)记载，亚历山大图书馆的学者写到过某次地质灾难："突然，一阵剧烈的抖动，大地张开了巨口，一口就吞下地球的一部分，就在大西洋，欧洲的海岸线上，一个大岛被吞下去了"。就和著名的罗马博物学家老普林尼（Pliny the Elder）一样，历史学家泰奥彭波斯（Theopompus）也相信柏拉图的故事。在古典文明崩溃之后，他们拥有的原始资料遗失毁坏了，不过留下的残片足以让我们认为柏拉图确实可信。

齐德克·库卡（Zadenk Kukal)是一位现代剧评家，他曾经写道："即使柏拉图没有写亚特兰蒂斯，所有的考古学、人种学和语言学上无法解释的谜团最后也会让学者推断出同样的结果：即曾经有一些原始文明在新旧大陆文明之间的某个地方。"

R.凯茨比·托利弗（R. Catesby Taliaferro）在托马斯·泰勒(Thomas Taylor)翻译的《蒂迈欧篇》和《柯里西亚斯》的前言里写道："对我来说，这很清楚：这两部作品能经受起任何检验，就像其他的古代历史著作一样。事实上，柏拉图曾说过：'无论对神还是人来说，真实是一切善的源泉。'他从未有意要将一个夸大的罗曼史编造成真实事件，并以此来欺骗世人。"普卢塔克（Plutarch），这位古希腊伟大的传记作者，曾经在《梭伦[2]的一生》（Life of

---

1.生活在公元前63年–公元23年间，希腊血统的历史学家和地理学家。他唯一现存的著作是17卷的《地理学》，对奥古斯塔斯统治时期古代世界的自然地理和历史地理作了详细描述。

2.梭伦，古代雅典的政治家，立法者，诗人，古希腊七贤之一。他在前594年出任雅典城邦的第一任执政官，制定法律，进行改革，史称"梭伦改革"。他在诗歌方面也有成就，诗作主要是赞颂雅典城邦及法律的。

Solon）中引用了柏拉图的著作，他写道："（梭伦）开始着手将亚特兰蒂斯的伟大历史编成韵文，那是一个塞斯的智者讲述给他听的。"

塞斯本身就在亚特兰蒂斯历史中扮演了重要的角色。它是埃及最古老的定居地，在公元前3100年左右，埃及王朝时期刚开始的时候，塞斯是尼罗河下游统一后的第一个首都。后来埃及统一后的第一任国王荷尔-阿哈（Hor-aha）法老在塞斯建造了尼思神庙，其中保存了它和亚特兰蒂斯的古碑文。

松契斯(Sonchis)将亚特兰蒂斯的故事告诉了梭伦，他只是一个不起眼的历史人物。但正是这个名字证实了传说的真实性。松契斯是一个希腊人，不过他的名字来源于埃及神塞契克（Suchos）。在尼罗河，这个神的名字是塞巴克（Sebek）。塞巴克是一位水神，他的母亲是尼思（Neith）女神。柏拉图说的碑文就保存在她的神庙中。

尼思是埃及前王朝时期的古老神祇，在神史和人史中，她一直作为守护者出现。克里特的大地母神和希腊的雅典娜都是她的化身。在老王朝时代结束后，尼思被世人遗忘了。但是在第二十六王朝的赛特时期，她再次广为人知。那时修建了她的神庙，那些最古老的记录也在她的庙中保存了下来——这正是梭伦拜访埃及的那个时代。希罗多德曾写到，梭伦到达埃及时，雅赫摩斯（Ahmose）法老刚刚结束了尼思神庙的整修。

难道柏拉图记录了这些神秘的传说，写下这么多历史细节，仅仅只是为了炮制一个寓言？这让人很难相信。那么，如果要说他编造了关于松契斯祭司的一切，编造了赛巴克神和他的母亲尼思女神，还在亚特兰蒂斯的故事里编造了他们的原始关系，这同样让人觉得不可能。

还有一点值得一提：克然托斯说，亚特兰蒂斯的故事被刻在尼思神庙的一根柱子上，而《柯里西亚斯》里提到这个故事还被雕刻在波塞冬神庙的圆柱上。看上去这两本书可以互相印证。

除此之外，还有很多互相印证的证据可以证实这个故事的可靠性。比如，《柯里西亚斯》里说到亚特兰蒂斯的每一个富裕的领导者都必须为国家提供战争装备，其中包括"赠送十二条船，每条船配备四名海员"。而史实是，在伯里克利时代或者之前几百年的时代（柏拉图所说的更"民主"一些的时代），像司令官这种富人每一个都必须提供一艘装备好人员和武器的战舰给国家。

当然，在古典时代还有更多的零散证据依然存世，那时学者相信这个传说就是历史事实。这些学者当中的一个就是罗德岛（Rhodes）的地理学家波塞冬恩斯（Poseidonous，公元前130年-前50年）。波塞冬恩斯主要研究加的斯(Cadiz)的地理。加的斯即《柯里西亚斯》中所说的加德斯（Gades），位于加德罗斯（Gadeiros）的亚特兰蒂斯王国。斯特雷波曾写到过他："他吸收了柏拉图的观点，认为古籍中提到的亚特兰蒂斯可能不仅仅是小说。"不过现代的学界就没这么宽容了。他们力图证明亚特兰蒂斯只不过是一个美好的寓言，主要用来进一步说明《理想国》中提出的理念。因此它毫无真实历史基础，当然，也许写克里特文明的那一段还有点史实。

尽管如此，现代仍有不少学者继承了古人的观点。在1956年，索邦神学院的古典史教授艾伯特·里瓦德（Albert Rivand）宣称，《蒂迈欧篇》和《柯里西亚斯》都表现了古代的历史传统，包含有柏拉图时代最新的研究。就像伊凡·利斯纳（Ivan Lissner）写的："这位杰出的法国学者花费了几十年时间研究柏拉图的著作，他做出的结论非常重要。因为他的结论让这两本书里的比喻典故有了更重的分量。"

单独来说，柏拉图的描绘确实简单。但是这个故事的背景资料极其丰富，因此也能让读者想象出这一幕鲜活的历史。

在古希腊，梭伦要比柏拉图更有盛名，他是希腊七贤[1]之一。他曾说："即使变老，也不停止学习新事物。"之后这句话成了格言，他的名字几乎是立法者的同义词。蒂迈欧出生于意大利南部的罗克里斯（Locris），是一位探险家和毕达哥拉斯学派的天文学家。小柯里西亚斯则身兼多职，他是柏拉图的表舅，既是演讲家、政治家，又是诗人和哲学家，同时还是第三十王朝的统治者之一。小柯里西亚斯平时总是精力充沛，最后他在公元前403年战死在比雷埃夫斯（Piraeus）的伊哥斯波塔米（Aegospotamis）[2]，当时刚刚过90岁生日。

梭伦未完成的手稿传到了他的兄弟德洛皮德斯（Dropides）那里。德洛皮德斯是柯里西亚斯的曾祖父，后来这份手稿就成了这个家族的传家之宝。尽管和亚特兰蒂斯传说相关的这些主角们都是血肉丰满的真实角色，但柏拉图在《蒂迈欧篇》和《柯里西亚斯》中并没有逐字逐句地记下他们的某场谈话。相反，这更像是一场古代学堂的极其雄辩的演讲，他将这些争论以最符合逻辑的形式组织起来呈现给读者，以便最有效地说明他的观点。因此，当柯里西亚斯说，他希望用这种方式来帮助自己记住亚特兰蒂斯的一切时，并不是说这个传说就真的全靠柯里西亚斯的讲述了。在这里，柏拉图只不过是采用了这种修辞手法来展现他的描述。

更有可能的是，他在写这两篇之前就有梭伦的手稿。在《柯里西亚斯》里，他暗示说："我的曾祖父德洛皮德斯有一份原稿，现在稿子在我手里。"甚至有可能柏拉图自己亲眼看到了尼斯神庙里的碑文，不少学者断定他至少亲自去埃及旅行过一次。因为他自己崇高的名望，他的叙述也得到了更多的信任。

《柯里西亚斯》与柏拉图其他的著作都不同。不仅仅是因为它没有写完，更主要还因为苏格拉底没有质疑这个故事。从《理想国》中苏格拉底的表现看，他是赞同这个故事的。当然，也有可能他保留了他的疑问准备以后发难，不过这可不像是苏格拉底的性格。尽管如此，我们还是要继续寻求这个故事的答案。

1.希腊七贤是公元前6世纪的七位希腊贤人，每一位都留有一条教义。按照柏拉图所列的传统名单，这七位贤人是：拜阿斯、开伦、克利奥布拉斯、拍立安得、庇达卡斯、梭伦和泰勒斯。

2.色雷斯南部一小河及古老城镇，位于现在的土耳其西部。公元前405年在此河口爆发了伯罗奔尼撒战争的最后一战，在此战役中来山得以及斯巴达人击败了雅典舰队。

上：火星上的水手峡谷是神灵之战时互掷闪电留下的伤痕吗？

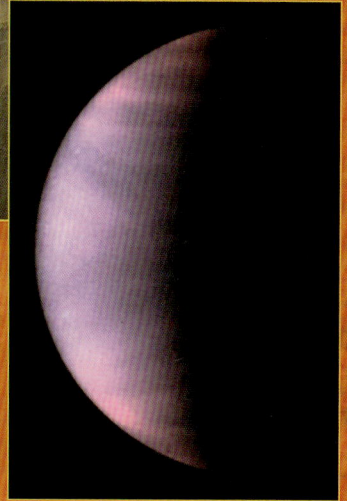

中：从哈勃望远镜中看到的金星。金星一直被认为与地球上的一系列世界性大灾难有关。

下：从哈勃望远镜中看到的蟹状星云。图中方框下部的两颗较大的星星是蟹状星云脉冲星，它在放射出电磁脉冲的同时，也放射光脉冲。

上：两张不同角度的埃及斯芬克斯像。

下：斯芬克斯像周围建筑上的石块很明显被水侵蚀过，只有长时间的降水才能造成这种水蚀。这很清楚地证明，斯芬克斯像的成像年代，要比传统埃及古物学者认为的早至少2500年。（J. 道格拉斯·凯尼恩摄）

上1：吉萨的三座金字塔，分别以三位建造它们的法老为名：孟考拉金字塔、哈法拉金字塔和胡夫金字塔（从左至右）。

上2：这是曾经包裹住胡夫金字塔的外层石壁。所有保存下来的石块都在放在金字塔顶部。

左下：大金字塔的下降通道。尽管专家们对它的功能提出了很多解释，但它真正的功能现在还是个谜。

右下：王后墓室的南边入口，1993年3月，鲁道夫·甘特布瑞克用机器人发现了这一墓室。

上：英国古代一系列地裂轴线。有很多巨石古迹沿着这条轴线排成一行。它们通常长达数英里，而且其中的建筑一直留存到今天。这条直线顺着太阳在夏至那天的轨迹，从英国西部终点延伸到东部的伯里圣埃德蒙。轴线长达数百英里，连接了数十个古代圣坛。

地图中地名：贝里圣埃德蒙兹（Bury St Edmunds）、东亨德里德（East Hendred）、奥格本圣乔治（Ogbourne St George）、埃夫伯里（Avebury）、克里奇圣迈克尔（Creech St Michael）、特鲁尔（Trull）、吉百利（Cadbury）、圣迈克尔山（St Michael's Mount）、布伦特托尔（Brent Tor）、奥瑟里（Othery）、伯罗桥（Burrowbridge）、格拉斯顿伯里（Glastonbury）、巴克兰迪纳姆（Buckland Dinham）

中、下：这幅图是对英国史前巨石柱如何修建起来的想象。构成史前巨石柱的石块极其巨大——很多重达40吨。这幅图描述的是古人用已经失传的漂浮术将石块移动到预定地点。和很多古代神庙一样，专家认为史前巨石柱的功用类似天文台，它和天空中星座的运动轨迹是对应的。

上：汤姆·米勒对柏拉图的解释，以及柏拉图作品中描述的亚特兰蒂斯。

中：瑟拉岛。部分研究者认为这个岛屿就是亚特兰蒂斯岛，尽管它存在的时期和柏拉图说的亚特兰蒂斯根本不一样。

底部地图：这幅地图是一位土耳其舰队司令皮里日画的。学者们相信，这幅地图是亚历山大图书馆某幅已经失传的地图的复制品。它精确地描绘出了南极洲的海岸线，现在这条海岸线已经被埋在了几千英尺厚的冰层下。

下：汤姆·米勒画出了亚特兰蒂斯沉没时的情景。

墨西哥帕伦克墓穴中极其精美复杂的雕刻。有研究者认为雕刻的是古代宇航员，但其他人认为雕刻的是灵魂进入来生的旅程。

下图：墨西哥特奥
瓦坎的死亡大街。有
些人认为在地壳移动之
后，这条大街指向古北

右图：古代伊扎帕
石画，上面预言地球将
在未来几年内进入银河
系中心。（约翰·梅
杰·詹金斯摄）

上：夜晚的路克索神庙。史瓦勒·鲁比兹发现"黄金分割"被完美地使用在路克索神庙的建筑中。

下：路克索神庙的方尖碑。这块巨石重达400多吨。科学家们无法理解古人是怎样采集这么大块的石头，并把它移动到指定位置的。

19 爱琴海的亚特兰蒂斯：柏拉图的故事只是一个希腊英雄传奇吗？

弗兰克·约瑟夫

尽管绝大多数研究者都认为亚特兰蒂斯应该在大西洋，而且确实也有不少证据证明这一点，但有一些边缘理论家们却认为亚特兰蒂斯在别的地方，当然，他们这么说的理由可有点说不出口。不过，最近这些古怪的解释还颇得一些考古学家和历史学家的青睐，这可能是因为这些解释并没有触动学界的底线：他们都不认为古典时代之前人类能够进行远距离海上航行。

这个理论主要源自K.T.弗罗斯特(K.T.Frost)在《希腊研究期刊》(*Journal of Hellenic Studies*)写的论文。弗罗斯特认为亚特兰蒂斯不在大西洋，而是地中海克里特岛上。从那时开始，他的理论被希腊学者们加以发扬，他们认为亚特兰蒂斯的地点有可能在爱琴海的圣托里尼岛（Santorini），就是古代有名的瑟拉（Thera）。不过他们坚持认为亚特兰蒂斯在希腊，这个观点还是有很有民族沙文主义倾向。这主要是有些亚特兰蒂斯研究者倾向于把这个遗失的文明往自己国家安。

这种不科学的动机当然不能让他们的研究取信于人，现在，那些专业学者出于这种隐秘的动机，坚持克里特岛和亚特兰蒂斯是同一个地方，这对亚特兰蒂斯研究发展是十分有害的。因此，了解为什么这些学者要说亚特兰蒂斯在克里特岛，确实十分重要。

瑟拉在是克里特商业帝国的一部分，它和圣托里尼古迹一起展示出了一个曾经高度发展、极其繁华的早期文明。这个小岛曾经是一座火山，就像喀拉喀托火山(Krakatoa)[1]一样，后来它爆发了，大量岩浆冲进大海。这造成了一座高达200英尺高的水墙，水墙冲毁了克里特岛，毁灭了它的沿海港口。与此同时，火山爆发产生的地震又毁灭了它内陆的首都克诺索斯（Knossos）。克里特岛受到如此大的自然灾难打击，因此在迈锡尼入侵时已经无法有效地组织反抗了。就这样，克里特文明消失了，成为这些希腊征服文明的一部分。据希腊学者们说，柏拉图就是利用了这段历史，以克里特或瑟拉为原型炮制了亚特兰蒂斯，为他的理想国做注脚。

想想吧，瑟拉比亚特兰蒂斯小很多，而且是位于爱琴海上而不是大西洋上，并且是在亚特兰蒂斯毁灭了7800年之后才毁灭的。可是尽管有这么多差异，希腊学者们还是认为这是因为柏拉图有意夸大了事实。据说他这么做是为了塑造一个宏大的故事，只不过他的故事被古埃及人误解了。

他们之所以如此确定，主要还是因为亚特兰蒂斯和克里特文明有很多

1.印度尼西亚小火山岛，位于爪哇岛和苏门答腊岛之间。1883年火山大爆发，几乎摧毁该岛。

相似之处：他们都修建了宏伟的宫殿和强大的城市，都有制海权，有石柱崇拜，买卖贵金属，另外，国境内都大象成群。这些细节都是有史实证明的。欧墨罗斯(Eumelos)是亚特兰蒂斯在阿尔塔斯帕(Altas)之后的第一任国王（据柏拉图的《柯里西亚斯》），这和克里特的梅洛斯（Melos）岛正好对应，学者们在瑟拉的古希腊碑文中发现了他的名字。

　　当然，希腊学者们非常反对说大西洋才是亚特兰蒂斯所在地。他们争辩说，只有爱琴海上才有那么多曾经突然消失在水面下的小块陆地，比如科林斯湾（Gulf of Corinth）的赫利斯（Helice）古城。另外，他们同样排除了亚特兰蒂斯在亚述尔群岛[1]（Azores）的可能性。因为在过去的72000年里，那里没有听说过有岛屿沉没。此外，有数不清的早期洪水传说，比如巴比伦史诗《吉尔伽美什》（Gilgamesh），可以证明瑟拉的沉没。甚至连亚特兰蒂斯的首都也可能在圣托里尼湾（Santorini Bay）中找到。

　　这确实是真的，就像亚特兰蒂斯一样，瑟拉是一个火山岛，拥有很高的制海权，最终在火山爆发后沉没在大海中。但是除了这些共同点之外，克里特假说是立不住脚的。瑟拉只是克里特文明一个比较次要的殖民地，一个小小的边疆城市，而不是它的首都。这与亚特兰蒂斯传说对不上号。另外，来自希腊内陆的迈锡尼文明确实取代了克里特文明，但这个过程基本上是平静的，非暴力的。柏拉图说的文明转换过程却是亚特兰蒂斯与雅典之间爆发了战争，范围波及整个地中海，这两个情节没有任何相同点。

　　克里特人从来也没有试图去占领意大利或者利比亚，也不打算入侵埃及，而这正是亚特兰蒂斯人打算做的。纵览相关资料，学者们基本明白克里特人不喜欢战争，比起武力征服，他们对经济贸易更感兴趣。但亚特兰蒂斯人则是非常好斗的。正如肯尼思·卡罗利（Kenneth Caroli）所说，"瑟拉之所以被人们当作亚特兰蒂斯曾经存在的地方，主要是因为它被大灾难毁灭过。但是柏拉图的故事更侧重于描写两个敌对民族的战争，而不是这场之后毁灭了双方的灾难。"

瑟拉并不是亚特兰蒂斯

　　克里特人确实拥有一支很不错的海军，主要用来进行海上掠夺，还有保证他们海上贸易线的通畅。但是他们的城市并没有围着高墙，也没有任何防御措施。和克里特的费斯托斯（Phaistos）和克诺索斯比起来，亚特兰蒂斯的城市却装备着瞭望塔和高高的城墙。更进一步说，克里特的主要城市基本是方形的，亚特兰蒂斯的则都是同心圆形状。当然，有些学者声称他们在瑟拉火山爆发产生的海湾下看到了这种同心圆建筑。

1.大西洋中的火山群岛，位于葡萄牙以西，隶属葡萄牙但享有部分自治，1991年人口241,590，首府德尔加达港。

但是多萝西·B.维塔利埃罗（Dorothy B. Vitaliano）却报告说，从圣托里尼的地下地形来看，"在铜器时代之前这里没有发生过火山爆发，海湾形成的原因应该是卡梅尼岛（Kameni Islands）在海湾中心形成后的后续地质运动。在这次近代（1926年）地质运动中，大片岛屿升上水面。"多萝西·B.维塔利埃罗是美国地质勘探局一位重要的地质学家，专门研究火山地质。

图19.1：圣托里尼火山。

图19.2：现代瑟拉，已经成为著名的旅游胜地。这里被认为曾是亚特兰蒂斯。

很显然，某些学者误把一次近代地质运动的结果当作了古城遗迹。同心圆这种建筑特色在地中海地区并不流行，它主要出现在大西洋地区。比如加那利群岛（Canary Islands）的圆形神庙和英国的史前巨石柱。

卡罗利还指出，"亚特兰蒂斯的首都坐落在一个巨大的岛屿上，占据了一片广阔的平原，周围群山环绕。"瑟拉根本就不符合这个描述。

另外，克里特人并不喜欢用金属把地板、墙壁和柱子都包上，就像亚特兰蒂斯喜欢做的那样。柏拉图描述波塞冬的神庙时，提到那里有被金属覆盖的墙壁，金属装饰的尖塔和至少两根覆盖了金属的圆柱。所有这些听起来都像是铜器时代腓尼基人的神庙。

还有，亚特兰蒂斯坐落在离海很近的地方，城内有互相连接的运河；费斯托斯和克诺索斯却在内陆，而且也没有运河。应该说，克里特的任何城市都没有运河，也没有海港。因为克里特的轻量级船舶可以直接停靠在海滩上，不像亚特兰蒂斯的远洋航船需要深水码头。

梅洛斯是一个克里特岛屿，它曾被学者和亚特兰蒂斯的欧墨罗斯国王的名字联系起来。但是这个岛实在太小，它不可能是一个联合王国的首都。事实上，我们从《柯里西亚斯》中可以看到，欧墨罗斯统治的范围靠近加的斯，那里在西班牙的大西洋沿岸。柏拉图对这点很肯定。我不得不承认，这些学者不顾事实硬把欧墨罗斯搬到爱琴海，这种想象力也真是惊人。在柏拉图给出的资料中，欧墨罗斯这个名字是唯一一个出现在地中海东部的，可惜的是在这里再也找不到任何其他国王的名字了。

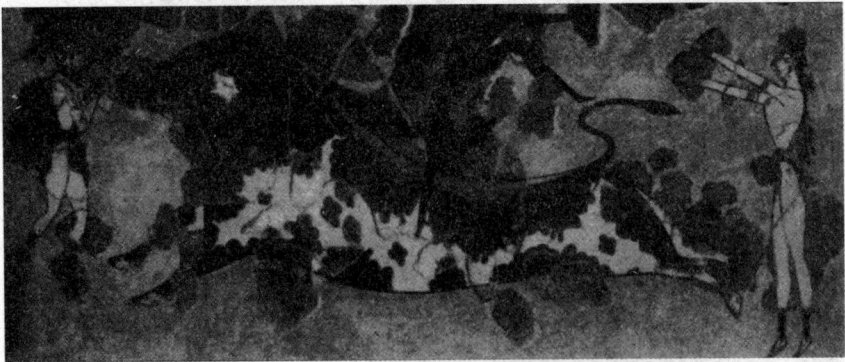

图19.3：克里特斗牛仪式。

当然，还有很多其他的证据说明瑟拉并不是亚特兰蒂斯。比如，亚特兰蒂斯据称盛产贵金属，但克里特和瑟拉几乎没有贵金属；当然，还有克里特并没有沉入大海，像亚特兰蒂斯一样；瑟拉的火山爆发也没有毁灭雅典，这个岛屿一直幸存到今天。在《柯里西亚斯》中，这两个城市都被彻底毁灭了。

亚特兰蒂斯和克里特都很盛行的斗牛仪式也说明不了什么。早在石器时代，这种动物在希腊大陆、埃及、亚述，希泰王国和伊比利亚就十分受尊崇。

曾有岛屿沉没的大洋

这些希腊学者曾坚称没有大型岛屿在大西洋上沉没过。但是就在1931年，英国和葡萄牙争夺的费尔南多诺罗尼亚群岛（Fernando Noronha Islands）在一次地震后沉入水面。显然，亚特兰蒂斯并不是唯一一个沉入大西洋的岛屿。1649年的詹诺努斯（Janonius）地图上标出了乌泽多姆（Usedom），这曾经是一个著名的海上集市，但这个地方后来被大海吞没了。500年前的阿拉伯制图师伊德里塞（Edrisi）画的图上也同样标出了这个地方。事实上，学者们有疑问的是比涅塔（Vineta）镇，这是乌泽多姆岛（Usedom）西北角的一个地方，靠近北边海域的鲁根岛（Rugen Island）。另外，荣恩霍尔特（Rungholt）的弗里斯兰北岛(The North Frisian)上同样有人类居住的痕迹，这个岛屿也在和乌泽多姆同时期沉没。

当然，我们不能说这些岛屿就是亚特兰蒂斯，但它们至少说明大西洋上有很多岛屿沉没过。因此，将大西洋排除在亚特兰蒂斯可能存在的范围之外，确实很没道理。

信息迷宫

至于《吉尔伽美什》、《旧约全书》和很多早期神话提到的大洪水，那不可能是造成瑟拉毁灭的那场洪水。因为这些中东文明里的大洪水神话的源头可以追溯到苏美尔人，他们存在的年代比克里特毁灭的年代要早一千多年。瑟拉的希腊传统，它的神话创始者，都和柏拉图的故事没有丝毫共同点，当然和遥远的亚特兰蒂斯也没什么一样的地方。

克里特假设实在有太多的漏洞了。后来，著名的海洋学家雅克·格斯特（Jacques Cousteau）花费了大量时间和精力，用了克里特政府提供的大约两百万美金做基金，搜寻了圣托里尼附近的深海。格斯特自己深受克里特假说影响，但是他最后却什么证据也没有找到。

混乱的时代鉴定

第一眼看上去，克里特假说还算有点道理，但细细一看，这个理论立即就露马脚了。尤其是如果我们一个观点一个观点的对比下来，就会发现一个爱琴海的亚特兰蒂斯根本和柏拉图的描写对不上号。另外，这种假说和地质学、历史学及比较神话学证据也有很多自相矛盾之处。不过，希腊学者们为证实这个假说做出了最后的努力：他们声称柏拉图只不过是用了瑟拉历史事件的梗概，将之作为一个模糊的历史大纲。在这个大纲上，他编造了亚特兰蒂斯，以此展示他对于理想文明的观念。

但是他们犯的最大的错误就是，柏拉图是将亚特兰蒂斯作为理想国的敌人，而不是理想国本身来塑造的。这些学者再三强调柏拉图是将亚特兰蒂斯作为理想国来塑造的。可惜，柏拉图描写的理想城市墨纪拉，它的城池是方形的，而不是圆形的。

但是要彻底打败克里特假说，真正需要的只是一个证据。这个假说的基础是瑟拉毁灭的时间。因为希腊学者们认为，这次灾难发生的时间是公元前1485年。火山爆发产生的海啸冲毁了克里特的海岸，接下来的地震又毁掉了它的城市。与此同时，希腊军队趁机发动了战争，克里特此时已经无力阻止抵抗，这个文明最终陨落了，之后再也没有出现过。

鉴定这个时代的关键一步是冰核钻孔鉴定。卡罗利解释说："冰核鉴定的原理是，灾难发生的那个年代的冰层会出现'酸性高值'。因为那时火山灰落在了冰冠上，改变了那里的化学成分。通常我们会在格陵兰和南极洲用钻管取样，以此来确定地球过去的气候。"

"通过分析这些冰核的化学成分，我们可以找到酸性高值，"卡罗利说，"很多这种冰核用肉眼就可以分辨出来，因为它们上面黑色条纹，那是由很久以前落下的火山灰造成的。有些从格陵兰取来的冰核上面有年轮分层，像树木的年轮或者湖底的冰川沉积物一样。这些分层形成可以追溯到几千年前。最古老的冰核是1963年在格陵兰北部提取的。事实上，它是至今为止唯一可以鉴定出瑟拉毁灭时间的冰核，因为只有它足够古老。"

鉴定之后，我们都知道瑟拉毁灭的时间是公元前1623年到公元前1628年，大概比希腊学者们以为的要早150年左右。这个差异非常重要，它全盘推翻了克里特假设。因为克里特文明并未在这次自然灾害后毁灭，"所有的证据都显示，"卡罗利指出，"克里特文明不仅从那次灾难中活了下来，而且还在那之后达到了文明的顶峰。"

拥护克里特假设的学者还试图在埃及历史中找到证据来支持这个理论，但是他们的理论和埃及历史仍有矛盾之处。按这些学者的说法，克里特文明在瑟拉毁灭后就陨落了。可惜的是，据埃及历史，阿孟霍特普三世（Amenhotep Ⅲ）曾派遣大使团去克里特的城市。也就是说，在希腊学者们认定克里特已经毁灭之后的100年，它还在和埃及相见颇欢。20世纪70年代发掘者在克诺索斯附近发现了证据，说明克里特文明直到公元前1380年都还存在。埃及的记录也证实了这个发现。即使是按最初错误的瑟拉毁灭日期来看，公元前1380年也在它之后100年左右。显然，认为克里特文明的毁灭就是亚特兰蒂斯故事的原型，这实在有点说不通。

卡罗利的评价看上去还是很中肯的，他说："现在经过研究发现，克里特假设里的战争、航海文明被灾难毁灭之类的情节根本不存在。灾难类型不对，时间是错误的，结果也不符合。那么这个假设到底还有什么是对的？"

20 亚特兰蒂斯学：精神病还是野心家，
到底是哪种人在寻找这个遗失的文明呢？
弗兰克·约瑟夫

　　记者在最近《探索频道》播出的一个特别节目中采访了一位传统考古学家，在谈到亚特兰蒂斯的问题时，该专家表示，如果真有人相信什么遗失的文明之类的，那么这人肯定是傻子或者骗子。这种对亚特兰蒂斯的态度，也是大多数传统科学家的态度。他们认为一个稍微有点理智的人都不会认为遗失的文明真的存在。确实，现在那些受过大学系统训练的研究者都不愿意开罪保守的科学界，否则这可是冒了失业的风险。

　　不过，尽管当局极力中伤那些对亚特兰蒂斯历史感兴趣的学者，还是有不少杰出的人才投身于这一事业。梭伦是希腊七贤之一，他发动了当时的社会改革，制定的法典成为古典文明的政治基石。他还是雅典第一位伟大的诗人。在公元前6世纪晚期，这位杰出的智者拜访了塞斯的尼思神庙。

图20.1：梭伦。

　　在神庙专用的柱子上刻着象形文字，其中保存了亚特兰蒂斯的历史。当时，最高祭司松契斯将这段历史翻译给了梭伦听。在回到希腊之后，梭伦开始着手写《亚特兰蒂斯》（*Atlantikos*）史诗，希望将自己看到的一切记录下来，流传后世。但直到公元前560年他死去之前，梭伦都被他发起的政治改革问题所困扰，因而没能完成这部史诗。150多年之后，这本未完成的手稿流传到柏拉图手里，柏拉图据此写了两篇对话，即《蒂迈欧篇》和《柯里西亚斯》。

　　作为古希腊著名的历史学家，梭伦对亚特兰蒂斯的记录无疑增加了这个故事的可信度。但是，无论是他还是柏拉图，他们都不是唯一相信这个故事真实性的人。老普林尼提到过，斯塔提乌斯·塞波萨斯（Statius Sebosus）曾经十分详细地描述过亚特兰蒂斯。

　　斯塔提乌斯·塞波萨斯是柏拉图同时代的希腊地理学家，他所有的著作都已经在古典时代崩塌时遗失了。米利都的一个狄俄尼索斯教成员，通常人们称作斯坎托布罗契（Skytobrachion）的，曾在公元前550年写了《亚特兰蒂斯航程》，这不仅早于柏拉图，也早于梭伦。历史学家皮埃尔·伯诺伊特（Pierre Benoit）的个人文集中收藏了斯坎托布罗契手稿的复印件。不幸的是，在伯诺伊特死后，这份珍贵的复印件在借用者和修复者之间辗转流传，最后丢失了。

　　米蒂伦娜(Mitylene)的另一位希腊历史学家，他也是狄俄尼索斯教派的（公元前430–367年），在研究了这些前古典时代的资料后说："根据这个传说的可靠来源，亚特兰蒂斯确实曾经被可怕的海神毁灭，它罪恶的人民最后都长眠在波涛之下。"

因此，据说亚特兰蒂斯这座火山岛最后毁灭在海神之手。但不幸的是，所有关于亚特兰蒂斯的一切都存留在《阿尔戈英雄》（*Argonautica*）中，最后这部史诗却在历史的洪流中遗失了。四百多年后，希腊地理学家狄奥多罗斯·西古流斯（Diodorus Siculus）提到了这部分书稿，将其作为自己北非史的重要资料来源。有意思的是，西古流斯与柏拉图正好同处一个时代。

图20.2：波塞冬。

1629年，弗朗西斯·培根（Francis Bacon）写了一部乌托邦小说：《新亚特兰蒂斯》（*The New Atlantis*）。这是自从古典时代消亡之后，第一部谈论亚特兰蒂斯的小说。而且，很有可能就是这部小说激起了亚他那修·基歇尔（Athanasius Kircher）对亚特兰蒂斯的兴趣。在《新亚特兰蒂斯》出版后36年，基歇尔在《地下的世界》（*The Subterranean World*）中发表了他的研究成果。尽管《新亚特兰蒂斯》只是一部小说，但还是在那些去过美洲旅行的学者中引发了激烈的讨论。他们说美洲土著的口头文学中提到过一片大陆，这块大陆与柏拉图说的亚特兰蒂斯有很多共同点。他们甚至叫这片大陆为亚特兰（Aztlan），非常类似于希腊语中的亚特兰蒂斯。《新亚特兰蒂斯》确实也受到了一些美洲亚特兰蒂斯神话的影响，当时培根在英国伦敦听到了这些神话。

亚他那修·基歇尔是一位德国的饱学之士。他出生于17世纪，是一位耶稣会牧师，在数学、物理、化学、语言学和考古学上都造诣很深。基歇尔是第一个研究磷光现象的人，他发明无数，其中包括幻灯机和显微镜的雏形。他还是埃及古物学的奠基者，是第一个认真科学地研究了象形字的学者。同样，他严肃地看待亚特兰蒂斯传说。尽管一开始他对此抱持怀疑的态度，但后来在研究神话典籍时，他发现世界各地的文化中都有关于大洪水的传说，因此他谨慎地重新考虑了这个传说的可信度。

"我得承认，很久以来我都认为所有这一切都只不过是神话传说，"基歇尔在谈到欧洲典籍中各种各样的亚特兰蒂斯传说时说，"直到有一天，我掌握了东方语言。这时我才发现，所有这些传说很有可能都是在同一个真实事件的基础上发展出来的。"在研究过程中，基歇尔在梵蒂冈图书馆收集了大量的原文资料。在这个图书馆，他可以自由使用所有的资源，也正是在这儿，他发现了一个证据，可以证明亚特兰蒂斯确有其事。

在罗马帝国时期幸存下来的少量古籍中，基歇尔发现了一张保存完好的地图。这张地图由精心加工过的皮革制成，上面显示出了亚特兰蒂斯的轮廓和地点。地图并不是罗马的，它在埃及被制作好，然后在公元1世纪时被带到了意大利。在古典时代崩溃的混乱中，它幸存下来，最后流落到了梵蒂冈图书馆。基歇尔精确地复制了它，并在《地下的世界》中将它公之于世。在书中，他解释说，这是亚特兰蒂斯的地图，是在柏拉图谈及亚特兰蒂斯之后制作出来的。它最初的来源是埃及。但它真正被完成是在公元4世纪，由某个希腊制图师创造完成。更有可能的是，这份地图最初保存在亚历山大图书馆，但是在宗教狂热者放火烧图书馆时，大量与亚特兰蒂斯相关的文书资料遗失毁灭了。好在这份地图被人带到了罗马，幸运地逃过一劫。

基歇尔发现地图上显示，亚特兰蒂斯并不是一块大陆，更像是一个巨岛，规模有西班牙和法国加起来那么大，这和现代地质学对大西洋中脊的理解是一致的。在地图中，亚特兰蒂斯的中间有一座险峻的火山，有六条主要河流，这是柏拉图没有提到的。尽管在1680年基歇尔死去之后，这份地图就遗失了，它依然是唯一从古代世界中幸存下来的证据，证明亚特兰蒂斯确实存在过。感谢基歇尔的研究和著作，这份地图复制品才能一直流传到今天。

基歇尔是第一个印刷出版这份地图的人，可能也是最精确鉴定它的年代的人。令人吃惊的是，和我们现在的地图比起来，这份地图描绘出来的地形是颠倒的。这个很明显的异常现象反倒能证明这份地图的可靠性。因为即使到了柏拉图的时代，埃及制图师都会把上尼罗河谷放在地图的上面，因为这条河流的上游源头在苏丹。

奥洛夫·拉贝克（Olof Rudbeck）是一位瑞典的科学奇才：他是医药学的教授，发现了淋巴结，发明了圆顶解剖手术教室；他也是植物学的先驱，设计了第一座大学园林；另外他倡导将拉丁语作为科学界通用语言；除此之外，他还是瑞典历史学家。拉贝克精通拉丁语、希腊语和希伯来语，这使得他能够很好地理解古典文学。再加上他业余爱好考古，因此他对于古代世界有渊博的知识。从1651年到1698年，拉贝克一直努力证明亚特兰蒂斯是真实的，是史前最伟大的文明，而不是仅仅是小说和神话。

他相信，通过挪威神话和瑞典的巨石遗迹来看，很有可能少数幸存的亚特兰蒂斯人到达了瑞典，对瑞典文明进程作出了贡献（特别是船只建造工艺上），为之后出现的维京时代奠定了基础。

批评者们一开始就误读了拉贝克的著作，他们说拉贝克将瑞典和亚特兰蒂斯等同起来，但拉贝克从来也没这么说过。在他们草率的研究中，批评者们还攻击了另一位18世纪的学者——法国天文学家琼·贝利（Jean Bailey）。贝利认为北冰洋的斯皮茨伯根就是亚特兰蒂斯遗留下来的一切。

除此之外，澳大利亚的鲁道夫·斯坦纳(Rudolf Steiner)也被批评者们归为上述两人的同类。斯坦纳出生于1861年2月，他是一位科学家、艺术家，还是一位编辑。斯坦纳是诺斯替教派运动的奠基人。这个教派号召通过净化思想，掌握最高的精神智慧，深化对精神世界的理解。对这个教派来说，这是人智学的指导原则，只有人心中更高的自我——即完全独立于五感存在的精神感知力，才能产生出真知。这种本能的觉悟是一种天赐的能力，它同样在整个宇宙中产生作用。斯坦纳认为，这一点并不新鲜，我们的祖先早就实践过这些原则，只不过那时他们更自由，更充分地参与了生命的精神发展过程。但是随着古代世界里高等文明的发展，庸俗唯物主义逐渐占据了上风，人们天生的感知力渐渐消失、衰落了。

图20.3：鲁道夫·斯坦纳。

斯坦纳相信，要激发这些天生存在于所有人体内的能力，需要训练他们的意识，让他们看到物质之外的东西。斯坦纳的这些想法都记载在《宇宙记忆：史前地球与人类》(*Cosmic Memory: Prehistory of Earth and Man*)中。他还坚持认为，亚特兰蒂斯在公元前7227年沉没之前，它的早期居民已经形成了人类最早的种族。他们通过心灵感应，用图像而不是语言，和神灵建立起了直接的联系。

根据斯坦纳所说，德国神话中与亚特兰蒂斯传说关系匪浅。其中所说的"火焰之地"（Musplheim）正好与亚特兰蒂斯南部的火山地带对应，而酷寒的"死人国"（Niflheim）则和亚特兰蒂斯一样位置在北方。斯坦纳指出，亚特兰蒂斯人创造了善良/邪恶这一组概念，为伦理系统和法律系统的完善打好了基础。他们的领袖通过控制生命能量，发展灵能，能够熟练掌控自然的力量。

"后亚特兰蒂斯时代"被分为7个时期，我们这个时期是欧洲–美洲时期。这个时期将于3573年结束。《宇宙记忆：史前地球与人类》中还描绘了比亚特兰蒂斯稍早一些的利莫里亚文明。这个文明位于太平洋，斯坦纳认为该文明的人民已经掌握了透视能力。对斯坦纳来说，亚特兰蒂斯是历史上一个关键的时期，是人类在互相联系和个人体验之间权衡抉择的转折点。前者越来越重视唯物主义，使得后者对于精神的需要越来越被忽视。最终，这种失衡的状态在亚特兰蒂斯灾难中到达了顶点。

按照这种对过去历史的理解，斯坦纳是反对马克思主义的。对他来说，是精神，而不是经济，推动了社会发展。斯坦纳对于亚特兰蒂斯和利莫里亚的看法非常重要，因为他发起的瓦尔多夫学校运动[1]现在仍在运作，这个运动波及

1.1919年人智学鼻祖斯坦纳在斯图加特创办了世界上第一所瓦尔多夫学校。八十多年来，瓦尔多夫学校遍布五大洲70多个国家，仅在德国就有191所，欧洲639所，其余各地894所，并且正以每年增加20所的速度不断发展壮大。

学校的建校原则是"有规律的循环运动"而不是训导。有一天的、一周的、一年的有规律的循环运动。以七年为一个周期安排课程，学生不分年级，他们结合成组，只要这一个循环存在，始终只有同一位教师。学校努力避免对儿童施加压力，允许他们按自己个人的潜力学习。

上百个学校，欧美有成千上万的学生在接受这种教育。1925年5月，斯坦纳在瑞士多纳克（Dornach）逝世，在他离去前12年，他建立了人智学学校。

　　我们再来看看詹姆士·刘易斯·托马斯·查默斯·斯彭斯（James Lewis Thomas Chalmers Spence）。斯彭斯生于1874年11月25日，他是苏格兰福法尔郡人。作为一个杰出的神话学家，斯彭斯是20世纪早期继伊格内修斯·唐纳利（Ignatius Donnelly）之后亚特兰蒂斯学的领军人物。他毕业于爱丁堡大学，是大不列颠与爱尔兰皇家人类学研究机构的成员，同时还是苏格兰人类学与民俗学社团的副主席。他一生写作了四十多本著作，因为他对文化研究的杰出贡献，最后获得了皇家退休金。在他的各种著作中，有很多至今仍然被再版，并被作为该领域的重要资料来源，例如他与玛丽安·爱德华兹（Marian Edwards）合著的《非经典神话词典》（*Dictionary of Non-Classical Mythology*）。

图20.4：刘易斯·斯彭斯。

　　斯彭斯对于玛雅的《起源书》（*Popol vuh*）解释非常独到，获得了学界的广泛称赞。但是他最好的书还是以下这些：《亚特兰蒂斯疑团》（*The Problem of Atlantis*）（1924），《亚特兰蒂斯在美国》（*Atlantis in America*）（1925），《亚特兰蒂斯的历史》（*The History of Atlantis*）（1926），《欧洲在重蹈亚特兰蒂斯覆辙吗？》（*Will Europe Follow Atlantis*）（1942）以及《亚特兰蒂斯神秘学》（*The Occult Sciences in Atlantis*）（1942）。在20世纪30年代早期，斯彭斯还主编了一本非常著名的刊物：《亚特兰蒂斯季刊》（*The Atlantis Quarterly*）。他在20世纪写的著作《利莫里亚之谜》（*The Problem of Lemuria*），至今仍是这个领域最好的著作。

图20.5：艺术家罗布·拉特（Rob Rath）构想的亚特兰蒂斯毁灭场景。

　　斯彭斯死于1955年5月3日，他的遗志由英国学者埃杰顿·赛克斯（Edgerton Sykes）继承并发扬光大。赛克斯学的是工程，但后来成了英国出版界的海外记者，因为他熟练掌握了四门外语。在他漫长的一生中，他一直从事外交工作，同时也是皇家地理协会的会员。他出版了约300万字的作品，其中包括大量著作和杂志报道。这些作品有很大一部分都显示，赛克斯对亚特兰蒂斯传说抱有非常激进的理解。

在20世纪中期，从赛克斯写的杂志文章和编的比较神话百科全书来看，他对于亚特兰蒂斯越来越感兴趣。赛克斯死于1983年，还没来得及过他的90岁生日。他给后人留下了极其珍贵的遗产：他的私人图书馆里大量的亚特兰蒂斯资料。这个图书馆就在维吉尼亚海滨埃德加凯斯（Edgar Cayce）的研究与启发协会里。

保守派考古学家力图抹杀亚特兰蒂斯的真实性，但考虑到在西方文明历史上，有如此之多伟大的思想家们相信亚特兰蒂斯确实存在过,或许亚特兰蒂斯的真实性确实值得我们相信。

21 南极洲的亚特兰蒂斯：
忘了北亚特兰蒂斯和爱琴海吧，兰德·佛列姆-亚斯如是说
J. 道格拉斯·凯尼恩

在不久的未来，寻找亚特兰蒂斯的考古学家们可能都不得不将他们的阔边防晒帽和水下呼吸器换成防雪盲墨镜和风雪大衣了。亚特兰蒂斯在南极洲——如今这个观点获得了越来越多的支持，如果它是正确的，那么学者们要探索的下一个地方就是冰天雪地的荒原了。先不要急着对这个观点嗤之以鼻。关于亚特兰蒂斯所处的地点有很多猜想，比如大西洋北部啦，爱琴海啦，还有其他的一些冷门地点等等。既然如此，那么这个猜想也应该获得平等的待遇，它确实是一个新的讨论方向。

目前严肃对待这一想法的学者有不少，其中相当杰出的有韦斯特和葛瑞姆·汉卡克。这两位学者奠定了这个观点的基础，而之后的查尔斯·哈普古德发展了这一观点。经过这三位学者的潜心研究，这个观点的根基已经相当坚实，经得起科学教条信徒的百般挑剔了。无论如何，要证明这个观点并不需要冰冠大规模的融化。几张定向的卫星照片，外加合适的地震勘测就能够确定在冰层下是否曾有这个繁荣的文明存在。

加拿大学者兰德·佛列姆-亚斯和露丝·佛列姆-亚斯确信这些证据很快就会出现。他们曾合著《当天空陷落：亚特兰蒂斯研究》一书。在书中，这对夫妇采用了哈普古德的地壳位移说，并公布了他们的一些开创性的发现。其结果就是让很多人改变了原来的看法。

那么，到底在亚特兰蒂斯发生了什么呢？汉卡克认为，在这个问题上，佛列姆-亚斯夫妇给出了第一个真实的回答。因此，他在自己卖得最好的著作——《上帝的指纹：地球遗失文明的证据》中花了一个章节来推荐佛列姆-亚斯夫妇的著作。汉卡克接着还讨论了他们的理论在媒体中的表现。1996年2月，佛列姆-亚斯自己曾在NBC的特别节目《人类起源之谜》（*The Mysterious Origins of Man*）中谈到自己对亚特兰蒂斯的看法。

为了更清楚地弄清这对夫妇的观点，《崛起的亚特兰蒂斯》在英属哥伦比亚的温哥华岛采访了佛列姆-亚斯夫妇。对于自己是如何开始对这个研究主题感兴趣的，兰德·佛列姆-亚斯记得非常清楚。那是在1966年的一个夏天，当时佛列姆-亚斯申请了维多利亚港一个图书管理员的职位，他正在等着面试。与此同时，他还在写一个电影剧本，其中有这样一个情节：被放逐的外星人在地球的冰层里冬眠了一万年。突然，收音机里传来摇滚歌手多诺万（Donovan）唱的《冰雹落在亚特兰蒂斯上》（*Hail Atlantis*）。"嘿，这是个好主意，"佛列姆-亚斯想，"我想要冰，所以我就想，'现在哪里又有冰又有岛呢？'接着我就想到了南极洲。"

接着，为了进一步研究这个问题，佛列姆-亚斯阅读了所有他能找到的亚

特兰蒂斯相关资料，包括柏拉图著名的两篇对话录：《蒂迈欧篇》和《柯里西亚斯》。在这两篇文章中，埃及祭司向梭伦描绘了亚特兰蒂斯的一切——它的外貌，位置，历史和它的沉没。一开始这个故事并没有引起佛列姆-亚斯的注意，但之后他有了一个吃惊的发现——在两张地图之间有着不容忽视的相似性，尽管地图不是很清晰。

一张地图是1665年的，来自耶稣会学者亚他那修·基歇尔。他的这张地图只是复制品，源头非常古老。在这张地图上，亚特兰蒂斯看上去在大西洋北部。但是奇怪的是，制图人将地图的北部放在下面，也就是说，很明显，这张地图是颠倒的。另一张地图是1513年皮里日（Piri Ri's）的地图，同样是从更古老的地方复制而来。据这张地图显示，这个冰河时期的文明拥有高度发达的地理学知识，能够将亚特兰蒂斯的海岸线画得非常精确。现在这个海岸线已经被埋在冰冠下数千年了。对佛列姆-亚斯来说，非常明显，两张地图都指向了同一块大陆。

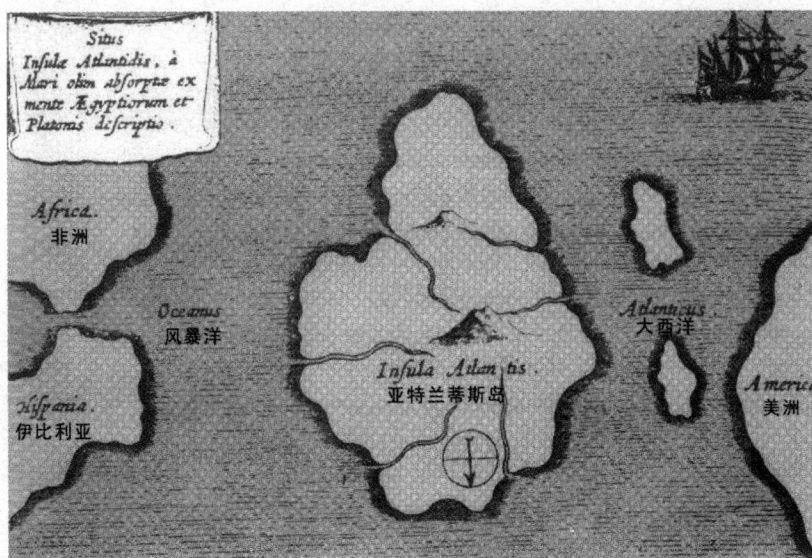

图21.1：亚他那修·基歇尔的亚特兰蒂斯地图。

突然间，"南极洲的亚特兰蒂斯不再是一个科幻了"，佛列姆-亚斯说，这个发现显示"它可能是真的"。在进一步研究柏拉图的作品后，他回忆说："我注意到了对亚特兰蒂斯的描述。"很快，在对照了的美国海军地图之后，他开始从一个新的方向去理解柏拉图的故事，理解基歇尔的地图。从南极点看起来，所有的大洋都像是一个大洋的一部分，或者说像柏拉图所说的"真实的海洋"。而在大洋之外，是"一整块对着的大陆"，位于大洋正中，在世界的肚脐上，这正是南极洲的写照。突然之间，佛列姆-亚斯理解了基歇尔的地图。如果将北方移到上面，那么非洲和马达加斯加就在左边，南美洲的尖端

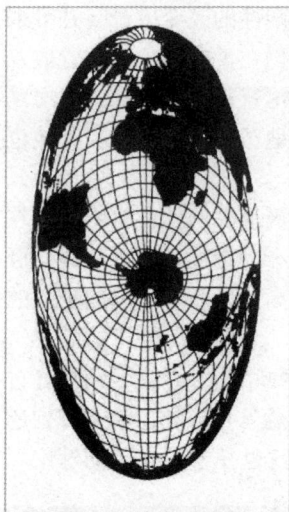

图21.2：以南极为原点
的美国海军地图。

正好在右边。

佛列姆-亚斯很快还意识到，"大西洋"这个概念在柏拉图的时代有不同的意思。对古人来说，它包括了"所有的大洋"。如果你回忆一下希腊神话中这个情节——阿特拉斯用肩膀扛起了整个世界，那么你对此会理解得更清楚一些。

在柏拉图的描述中，这"一整块对着的大陆"围绕着"真实的海洋"。事实上这块大陆是由南美洲、北美洲、非洲、欧洲和亚洲组成的。从亚特兰蒂斯所处的位置看过去，这几个大洲连在了一起，看上去像是一块大陆。事实上，从地理学上来说，这五块大陆确实也曾经连在一起。

佛列姆-亚斯用自己的话复述了柏拉图的说法："很久以前，有海员横渡了直布罗陀海峡外的世界之洋，这些海员来自一个很大的岛，这个岛比北美洲和中东加起来还要大。在离开南极洲后，你会到达南极洲群岛，之后你就可以到达那些环绕着世界之洋的世界大陆。比起世界之洋来，地中海实在太小了，小得像个海湾一样。在地中海之外，是一片世界之洋，它被一整块大陆围绕着。"

佛列姆-亚斯认为，大部分人在解读柏拉图时容易犯一个同样的错误，那就是试图用现代概念来解释这些古代词汇。比如，柏拉图说过，亚特兰蒂斯远处就是赫尔克里斯之柱（the Pillars of Hercules）。尽管这个词汇确实有直布罗陀海峡的意思，但是它也同样可以解释成"已知的世界尽头"。

对佛列姆-亚斯来说，以南极洲为原点看到的世界，与以亚特兰蒂斯为原点看出去的世界非常相似。古代地理学其实比我们现在更先进，如果亚特兰蒂斯确实是柏拉图所说的那样，那么它确实是一个高等文明。

尽管如此，这个推测还有一个最大的疑问没有解决：亚特兰蒂斯是如何成为南极洲的呢？南极洲上覆盖着数千英尺厚的冰层，设想它上面曾经有人类居住已经很难，更何况上面还发展出了一个伟大的文明。佛列姆-亚斯认

图21.3：兰德·佛
列姆-亚斯。

为，这个问题其实已经得到了确切的回答。20世纪50年代中期，曾经出过一本杂志——《耶鲁科学期刊》（*Yale Scientific Journal*），答案就在上面。

在这本杂志上，哈普古德教授提出了地壳位移理论。他引用了大量的气候

学、古生物学和人类学证据，证明整个地球外壳会周期性的改变位置，并带来剧烈的气候变化。地球上的气候带不会变，因为太阳仍在天空同一个位置散发出光和热，但是随着地球外壳的变化，这些气候带的位置却变了。从地球居民的角度看，看上去就像天空陷落了。事实上，这只是地球的外壳移到了其他位置。

在这个过程中，有的地方移到了热带，有的移到极地，当然，有的地带在纬度上没有大变动。这种变动的结果是巨大的灾难——到处都是大型地震，巨浪袭击大陆架。当极地的冰冠融化时，海平面越涨越高。所有人都逃向更高的地方，以防被卷入海底。

佛列姆–亚斯从1977年起就和哈普古德通信，这种联系一直持续到哈普古德去世。尽管他们在亚特兰蒂斯所在何处这个问题上意见有分歧，哈普古德还是赞扬了佛列姆–亚斯的研究工作，并认为他们的研究也充实了自己的理论。1995年夏天，佛列姆–亚斯看到了哈普古德和爱因斯坦的通信，在这些信件中，他发现这两位伟人比他先前以为的联系更紧密。

在第一次听到哈普古德的研究时（哈普古德给爱因斯坦的回信中提到），爱因斯坦回信说："非常有意思，……你的假设是对的。"之后，爱因斯坦就这个理论提出了无数问题，哈普古德完满地回答了。因此,爱因斯坦被说服了，并为哈普古德的著作《地壳位移：理解地球科学基础问题的关键》

图21.4：查尔斯•哈普古德。

(*Earth's Shifting Crust: A Key to Some Basic Problems of Earth Science.*)写了热情洋溢的序言。地壳位移与现在流行的大陆漂移说（板块结构论）有些类似，但并不相同。根据佛列姆–亚斯所说，"这两个理论分享了一个假设，那就是地球外壳和内层之间是可以移动的。但在板块构造论中，这种移动非常缓慢。"地壳位移理论认为，要经过很长一段时间，具体来说是41000年，各种压力因素才会突破临界点，造成剧烈的位移。这些因素包括：首先是要累积大量的极地冰层，它们的重量会让地壳变性扭曲；然后是地轴的倾斜，它大概每41000年倾斜3°；最后是地球与太阳之间距离的缩短，这个每隔数千年就会产生明显的变化。

"这个理论犯的最常见的错误就是，"佛列姆–亚斯说，"它认为大陆和海洋是分离的，但事实上板块上的大洋是一体的。板块构造论认为这一系列的板块彼此之间缓慢移动。但大陆位移说认为这些板块都是一个整体，是地球外壳的一部分，它们是相对于地球内层整体移动位置。"

佛列姆–亚斯认为，这个理论简洁有效地解释很多不可思议的现象，如西伯利亚猛犸的快速灭绝，世界各地的原始人类中都有的大灾难神话，还有许多地理学和地质学上的反常现象。这些都是其他理论解释不了的。那些用来证明冰河世纪确实存在的证据，如果拿来说明大陆位移说，可能更合适一些。大陆位移说认为，地球的某些部分总是处于冰河期，而另一部分则不是。当大陆在纬度上位移时，它们有的会移动到冰河期地带，有的就移出冰河期地带。这种位移将南极洲西部移进了冰寒地带，使西伯利亚冰雪连天，但同样让北美洲移到了温暖气候带。

柏拉图认为南极洲冰冠的历史是11600年，但很多传统地质学家坚持认为冰冠存在的时间要久远得多。尽管如此，佛列姆-亚斯还是指出，鉴定年代用的冰核取样来自东南极洲（又名大南极洲），那块地方即使在亚特兰蒂斯时代也是冰天雪地的。要知道，在这里不久前曾有过30°的位移，地面位置移动了2000英里。

图21.5：艺术家汤姆·米勒为南极洲亚特兰蒂斯画的幻想图。

在这次位移发生之前，小南极洲[1]的帕默半岛（Palmer Peninsula）是一个和西欧差不多大的岛屿，位于南极圈之外，气候类似于地中海气候，非常温和。而此时大南极洲则位于南极圈内，到处冰雪覆盖。

"柏拉图所描述的地带，"佛列姆-亚斯说，"应该和宾夕法尼亚州差不多大，其中还有像今天的伦敦一样繁华的城市。"这样的地方，用卫星应该很容易找到。同心圆和其他大型几何标志都很容易穿过冰层被识别出来。

佛列姆-亚斯还认为，柏拉图的故事应该用他的方式来重述一遍。尽管他也怀疑这个故事中有些地方是虚构的。比如说，他认为希腊和亚特兰蒂斯的战争可能只是编出来取悦本地听众的。但是，考虑到亚特兰蒂斯发展的规模，他对于柏拉图的讲述还是非常看重。"亚特兰蒂斯在工程学上的成就需要非常先进的技术，甚至比我们今天拥有的还要先进。"佛列姆-亚斯说。

另外，柏拉图提出数字理论，认为亚特兰蒂斯是以数字10为基础修建起来的，这个错误最后导致了亚特兰蒂斯的毁灭。这个理论通常被用来支持这种说

1.南极洲靠近南美洲的那部分，现在智利、阿根廷和英国都在争夺这块地方的统治权。

法：亚特兰蒂斯就是爱琴海的克里特文明。佛列姆-亚斯并不这么认为。"这个错误如果是发生在阿拉伯数字中，很容易被理解。100和1000之间如果小数点打错了，那就有可能弄错。但是在埃及计数中，这两个数字是不可能弄错的。"那些认为亚特兰蒂斯在北大西洋的观点也一样，都是把现代观念硬加到古代概念上。

到现在为止，主流科学界对佛列姆-亚斯的理论不屑一顾。不过他相信，至少哈普古德的理论开始被慢慢接受了。"通常一个新观点总要经过大概50年时间才能被接受，"他说，"现在我们已经快要到50年了。"

那么，如果卫星图像和地震观测数据证实了佛列姆-亚斯的观点，下一步该做什么呢？"这个地段的冰层并不厚，"佛列姆-亚斯说，"大概不到500米。一旦我们找到这个地区，那么设置一个升降机下到冰层里应该很容易，到时我们肯定会发现些什么。"

我们可能会发现那些极其精美的器物，它们被快速冻结，安安稳稳地在冰层里待了12000年。这种期望是否足以打消那些主流科学家的疑虑呢？我们拭目以待。

22 亚特兰蒂斯蓝图：
这些古遗址能否告诉我们地壳变化的秘密？
兰德•佛列姆-亚斯

1993年11月，韦斯特给我发了一份传真，从此我就开始了长达4年的探索。韦斯特发给我的那篇文章是罗伯特•博瓦尔写的，他出生于埃及，是一位建筑工程师。博瓦尔认为埃及金字塔对应着猎户星座。我毫不怀疑，这种极富开创性的理论会让他很快闻名于世。不过现在博瓦尔的理论更为激进，他认为不仅仅是金字塔，而是绝大多数雕塑，包括斯芬克斯像，都是10500年前的猎户星座的镜像。博瓦尔在另一本他和汉卡克合著的书中阐释了这个观点，书名是《斯芬克斯像传递的信息：对人类遗产的探寻》。

韦斯特在发来传真之后，又给我打了一个电话。这是我们之间最早的联系之一。他已经读完了我的著作《当天空陷落：亚特兰蒂斯研究》的原稿，并且自愿为这本书写编后记。我们认为南极洲可能是亚特兰蒂斯曾经存在的地点，这个理论的框架来自地壳位移学说，为此我花费了好几年时间与哈普古德通信联系。

在充分地研究农业起源和更新世[1]晚期（公元前9600年）的物种大灭绝之后，我提出这很有可能就是地球的最近一次位移。韦斯特在仔细研究了我的著作之后，以他一贯的直爽性子问我："博瓦尔鉴定斯芬克斯像的年代是在公元前10500年，这个和你的公元前9600年地壳位移有矛盾。如果博瓦尔的判断是对的，你要怎么解释这个矛盾？"

韦斯特一语中的。如果斯芬克斯像是在地壳位移之前就建造好了，就像博瓦尔鉴定出的那样，那么当地壳位移时，这座雕像的位置应该也随之改变，不可能再对齐。但是事实就是，斯芬克斯像和整个大吉萨地区都和地球基点呈直线对齐。"要么就是博瓦尔在考古天文学上的测量上出了错，要么就是你说的公元前9600年有问题，"韦斯特说，"你对这个年代有把握吗？有没有可能你弄错了900年？"

"韦斯特，"我回答说，"所有考古学和地质学的放射性碳鉴定都指出，最后一次大灾难出现在公元前9600年。我对此很确定。或许，埃及人雕刻斯芬克斯像是在纪念他们历史上的重要时刻，因此斯芬克斯像有可能是在之后的纪念活动中被制造出来。"

1996年10月，我和博瓦尔在美国科罗拉多州的博尔德（Boulder）会面。我们进行了一场友好的辩论。我相信斯芬克斯像是在公元前9600年之后雕刻

1.地质年代名称，又称洪积世。更新世是冰川作用活跃的时期，开始于1806000年前，结束于11550年前，是构成地球历史的第四纪冰川的两个世中较长的第一个世。在此期间发生了一系列冰川期和间冰川期。更新世中期是全球气候和环境变化的一个重要时期，当时气候周期转型，全球冰量增加，海平面下降，哺乳动物迁徙或灭绝。

的，并向他解释了为什么会这样。想想吧，我说，如果今天有一颗小行星或者大的彗星撞击了美国，毁掉了整块大陆，使得我们的文明倒退到最原始的状态。再想象一下，有一队科学家藏在潜艇里活了下来。他们决定建造一个纪念物，纪念他们的国家，给后人留下关于这场灾难的信息。那么，他们会让标志物纪念美国历史上的哪一天呢？会是1996年，世界末日这一年？我不这么想。我相信他们会将纪念碑指向1776年，美国建立那一年。同样，我想尽管斯芬克斯像在公元前9600年建成，但它对应的却是公元前10500年的天空，因为这个日期是他们文明史上的重要时刻。

如今，这些科学上的矛盾和谜团就像是我的兴奋剂。我的科学态度归结到一句话，就是：反常就是新发现的大门。我以一种条理清晰、谨慎勤恳的方式进行我的研究。尽管我已经在亚特兰蒂斯这个问题上研究了二十多年，但我还是能不断发现新的关键点。

我的妻子露丝在写小说期间，还在社区大学图书馆做兼职。她那种突发奇想式的研究方式与我一丝不苟的研究方式正好互补。我记不起多少次她带回来的书正好就是我需要的那本。所以当她给我看《哥伦布发现新大陆之前的美国考古天文学》（*Archaeoastronomy in Pre-Columbian America*）时，我迫不及待地打开了这本书。

这本书的作者是安东尼•F.阿维尼（Anthony F. Aveni），写于1975年，是世界上重要的考古天文学著作之一。这本书解决了一个关键问题，这对我当时正试图解决的谜题非常有帮助。书里指出，在中美洲，几乎所有的巨石建筑都指向真北[1]偏东。阿维尼还写到，中美洲人倾向于让他们的城市指向真北偏东。阿维尼检查了56个遗址，发现其中有50个都是这样。

对于这种现象，阿维尼给出了自己的解释。他相信死亡大街——特奥蒂瓦坎(Teotihuacan)的一个著名景点——就是解决谜题的关键。它将会告诉我们，为什么所有的建筑都有如此奇怪的偏向。这条笔直指向月亮金字塔的大道，向真北的东边偏了15.5°，指向了昴宿星团。阿维尼认为这条大道就是一个模板，所有中美洲的其他建筑物都向它看齐。不过这条规则似乎只适用于特奥蒂瓦坎的这条大街，阿维尼在书中列出的其他遗址建筑没有这种现象。对此，他的解释是，其他49座遗址没能完全精确的复制死亡大街，这解释听起来可不怎么样。

我的想法不一样，这个想法的产生基于测地学[2]和天文观测。如果这些中美洲遗址也是世界性地理考察的一部分呢？我对古代地图颇有研究，我确信亚特兰蒂斯人曾经画过整个世界的地图。如果墨西哥古迹的指向其实是某种已

1.真北是与磁北（磁场的北极）和方格北（地图投影上座标线指示的北方）比较之后得到的。在天空中，真北由天球的北极来标示。在多数实用目的的场合中，北极星就是真北的位置。可是，由于地球自转轴的进动，真北以大约25800年的周期在天球上划出一个完整的圆弧。
2.测地学是涉及测量、求取地球形状或当地精确位置的应用数学分支。

经失传的科学（某种地理学）的残迹呢？如果这些古迹的排列其实是某种精确的石质模板，而这个模板又是以洪积前的地球为蓝图的呢？

特奥蒂瓦坎位于西经95°53'，如果我们减掉它偏了的那15°28'，那么最后位置是83°25'。这个位置也正是公元前9600年之前北极的位置（根据哈普古德的数据）。换句话说，死亡大街比哈普古德测出的古北极位置要向西偏了约15.5°。

当我得出这个结论时，我非常激动。墨西哥的这些遗址指向的是否就是地壳位移之前的北极？这个发现意义深远。这意味着曾有一个非常伟大的文明存在，他们已经拥有了先进的地理学知识。他们还拥有尖端观测方式，在地球位移前，他们曾经在美洲使用了这种观测方式。

我很快就发了几个重要的中美洲遗址：图拉（Tula），特纳育坎（Tenayucan），科潘（Copan）和霍奇卡尔科(Xochicalco)，它们可以证明我的测地学理论。把它们现在的经度减去偏差的度数，就正好是地球位移之前北极的经度（西经83°）。我忍不住想，是否还有其他的遗迹指向旧北极呢？

我开始研究伊拉克的遗址，那里是许多古代文明的发源地。和中美洲遗址不同，还没人把这些遗址和地球基点联系起来研究。我只能一个一个检查这些遗址，查找资料，将证据拼接起来。但是当乏味的工作出了成果时，一切就都是值得的了。我很快发现，很多中东的古老遗址确实指向北极以西。就像中美洲其他遗址一样，他们都指向了老北极。

乌尔（Ur）古城中的金字形神塔[1]以及它祭拜月神的圣地都指向北极以西，即位于哈得孙湾（Hudson Bay）的老北极。

如果一个统治者不能控制圣城尼普尔（Nippur），那么他就不能被称作苏美尔（Sumeria）的国王。这个城市的重要性可见一斑。它的遗迹现在在巴格达（Baghdad）南部，在那里，世纪之初出土了很多著名的碑文。这些碑文显示，苏美尔人相信他们曾有一个岛国天堂，名叫提尔蒙（Dilmun）。这个天堂遗失已久。很显然，提尔蒙神话（我在《当天空陷落》中提到过）和英属哥伦比亚的海达人（Haida）神话非常相似。它们都提到一个岛国天堂被神灵恩利尔（Enlil）用大洪水毁灭。恩利尔的天威是尼普尔的无上荣耀，为他而造的神庙和金字形神塔都指向了真北偏西。也就是说，金字形神塔和白色神庙都在乌鲁克（Uruk）的苏美尔城，它们都指向哈得孙湾而不是真正的北极。

我观察得越多，就发现更多的中东古遗址指向老北极。其中耶路撒冷的哭墙给我留下的印象最深，它是希律王神庙的遗迹，建造在所罗门王神庙遗址上。

现在我知道，我发现的是一种十分独特的测地学现象，这需要大量实地

1.古代美索不达米亚的一种矩形的塔式建筑，有台阶可登，部分塔顶筑有神殿。最初证实为公元前3000年晚期建筑，据推测《圣经》中《创世纪》第11章第1至9节关于巴别通天塔的故事可能受神塔启示而产生。

探测。下一步，我准备测算世界各地重要的巨石遗迹和宗教遗址在远古时的位置。如果它们所处的纬度仍是老北极那个纬度，那么我想我可能确实发现了点什么。

图22.1：苏美尔金字形神塔。

　　我测算的第一个遗址是吉萨的大金字塔。我以北纬60°，西经83°（哈得孙湾老北极的坐标）为原点计算它的坐标。吉萨离哈得孙湾有4524海里，这意味着它在公元前9600年之前的纬度是北纬15°。我觉得这很奇怪，吉萨今天在北纬30°，这正好是从赤道到极点的三分之一，而在地球最后一次位移之前，吉萨在北纬15°，正好是赤道到极点的六分之一。这确实挺巧合的。所以我决定研究西藏的宗教中心——拉萨，因为我知道这个城市和吉萨一样，当今也在北纬30°的位置。

　　拉萨的坐标是南纬29°41'，东经91°10'，它离哈得孙湾有5427海里。从赤道到极点是5400海里，所以在亚特兰蒂斯的时代，拉萨的位置在赤道以南27海里。当地壳位移时，吉萨从北纬15°移到了30°，拉萨则从0°移到了30°。这是巧合吗？

　　当我将吉萨和拉萨在地球三次位移中的位置进行对比时，巧合更多了。我吃惊地发现，以下纬度：0°，12°，15°，30°和45°再三出现。这看上去不像是偶然，因此我将这些纬度命名为神圣纬度。如果你对考古学或者世界主要宗教圣地感兴趣的话，那么大多数遗址的地点你都会很熟悉。所有这些遗址都在神圣纬度周边30海里以内，这些遗址在地面上排成的直线可比阿维尼说的天文指向要精确得多。

　　有一些认真的读者可能已经发现，这些遗址中有一些比较特殊，它们曾经坐落的位置囊括了两个（甚至三个）神圣纬度。比如，吉萨就在曾在北纬15°

和北纬45°，今天在北纬30°。拉萨今天在北纬30°，之前却曾在赤道，有一个时期还在离北纬30°32海里的地方。

所以，这到底是怎么回事呢？

我相信，这是因为在地球位移之前，亚特兰蒂斯的科学家们就意识到了，频发的地震和高涨的海平面都预示着地质灾难即将到来。他们试图在这场不可避免的灾难面前保护自己的文明，因此他们执着研究，想要弄明白，过去到底是什么灾难袭击了地球。

地质学家们在地球上四处行走，测量地壳以前的位置。一旦他们能够精确测算出地壳在过去什么时候位移过，他们就会明白地壳将来会什么时候位移。在观测的过程中，他们在一些地方留下了测地学标记，因为他们觉得这些地方对于他们的测算比较重要。

在地壳位移毁灭了亚特兰蒂斯之后，这些陈旧的标记被幸存者发现了。但是他们对那场地质学调查已经一无所知。这些幸存者自然而然地认为，这些非凡的测地学标记是那些已经离去的神灵留下的信息。于是这些地方建起了圣城，它们的实用功能则被遗忘了。

幸存者的后代继续崇拜这些巨大的圣地。但最后风沙侵蚀了这些原始建筑，因此新的圣地又建在了这些亚特兰蒂斯测量员留下的遗迹上。但每一次重建，过去的影子仍在新建筑中徘徊。因此新建筑仍然保留了圣地最初的指向——就如亚特兰蒂斯兴盛之时，这些建筑都指向了旧北极。

这些秘密隐藏在斑驳的古迹之下已经数千年了。最后，终于有一些勇敢的人开始发掘这些古迹，他们来自埃及、美索不达米亚、印度、中国和美国。这些惊人的发现最终被公之于世，这多亏他们敢于挖掘圣地的勇气。耶路撒冷圣殿武士的秘密使命，和摩西从埃及带来的尖端设备只不过是这些惊人报道中的一部分而已。

我相信，一旦我们能够解释古代巨石建筑为什么在这些神秘的位置上，那么从某种程度上来说，我们就能理解它们奇特的指向意味着什么。这些圣地仍然吸引着旅游者们，他们对于这些地方宏伟的结构非常吃惊，同时也对那些无名祖先的智慧和想象力叹服。但是我的研究只不过是冰山一角。世界上还有非常多的遗迹，如果我们简单地算一下它们在地球位移之后的纬度，也能得出同样的结果。这些遗迹之中最大的就是亚特兰蒂斯曾经存在的地方——南极洲。我已经在亚特兰蒂斯这个问题上研究了18年，我想没什么能比这个课题更吸引我了。但是这些圣地的独特位置是个谜，它吸引了我。在这个谜题上，我投入了同等的热情。

23 日本的水下遗址：古利莫里亚遗址被发现了？
弗兰克•约瑟夫

1995年3月，一位潜水员无意间游出了冲绳南海岸附近的安全地带。冲绳曾是第二次世界大战最后一场战役的发生地，之后这个小岛成了一个景点。这个潜水员当时潜到了大概40英尺深的水下，之前从未有人游到这个深度。突然，他透过太平洋清澈碧蓝的海水，看到一座巨大的石质建筑，这座建筑已经被大量珊瑚埋起来了。

游近之后，他发现这个宏伟的建筑是黑色的，由整块巨石建成，看上去年代久远。建筑物的外表已经在漫长的时间中被有机物侵蚀得模糊不清了。他绕着这个不知名的建筑转了几圈，拍了几张照片之后，就调整方向游向海岸。第二天，他拍摄的照片就出现在了日本最大的报纸上。

这个建筑立即就引发了一场论战，吸引了大量的人来这里：其中包括考古学家、媒体工作者和好奇的业余人士。但没人能够鉴定出这座建筑的来源。先不说这是古代还是现代的建筑，专家们连这到底是不是人造建筑都不能肯定。这有可能是某场战争后被遗忘了的军事设施吗？或者它有可能是某个古老文明的遗址？

有传言说这座建筑来自遗失的文明“穆”（Mu）。在文明发源地的传说中有这个文明的存在，不过在很久之前，这个文明就已经消亡在大海中。但冲绳的水下建筑之谜被封在了厚厚的外壳中。这个建筑看上去像是古代的人造物，但是，大自然的产物有时候看上去也像是人工的。那么，如果是人工的，这个水下建筑到底源自何处呢？大众和科学界为这个问题辩论了无数次。

次年夏末，又有另一位潜水员在冲绳的水中吃惊地发现了一座巨大的拱门，拱门由巨石构成，极其精美。其建造方式与印加古城的建造方式如出一辙。只不过印加古城在太平洋的另一头，位于南美洲的安第斯山脉中。

这一次毫无疑问了。感谢这个地带的急速洋流，珊瑚并没有掩盖这个建筑，透过水晶一样澄澈的水面，我们可以清楚地看到100英尺下拱门的清晰轮廓。它显然是人造的，而且年代久远，看上去美得像奇迹，矗立在没有损毁过的海床上。

但这只不过是那个夏天收获的第一个发现。专家小组意识到这里可能会有更多的水下建筑，他们派了潜水员对冲绳南海岸进行了地毯式搜寻。他们的专业努力很快收到了回报。秋天刚刚开始的时候，他们在近海的小岛下发现了五座遗址。

这些遗址所处的深度从20英尺到100英尺不等。尽管它们之间的建筑细节有一些变化，但整体风格是相近的。它们都有平整的街道和十字路口，壮丽的类似祭坛的建筑物；有宏伟的、通向广场的阶梯和缓缓升起，通向一对塔状建筑物（有点像电缆塔）的游行道路。

这组水下遗址已经非常有名，其中有的是在冲绳西南部的与那国岛水下发现的，有的位于与那国岛附近的庆良间(Kerama)、粟国(Aguni)的水下。这两个岛屿和与那国岛大概只有311英里。总之，如果能够继续找到其他的水下遗址，将与那国岛和冲绳联系起来，那么这些遗址就可能是太平洋一个巨大古城的各个部分。

迄今为止，这些遗址中最大的建筑在与那国岛东部海岸附近，位于100英尺的水下。准确地说，这个建筑有240英尺长，90英尺宽，45英尺高。所有的遗址看上去都是用花岗砂岩建成的，另外，在建筑内部没有发现通道和房间。事实上，这些水下建筑的风格非常像冲绳岛本土的建筑风格，比如岛上的中城城堡（Nakagusuku Castle）。

与其说中城城堡是一座军事设施，不如说它是一座仪式性的建筑。根据专家鉴定，中城城堡可以追溯到公元前900年左右，尽管它作为一个圣地可能更古老一些。虽然冲绳本地人对这里仍保持有一种迷信般的敬畏，但事实上，建造这个城堡的人以及它所属的文明都已经湮灭不可闻了。

另外，在野吕（Noro）也发现了其他类似中城城堡的古建筑。那里的穹形墓穴和中城城堡一样，都是直线条式建筑。本地人对这些墓穴十分尊重，因为它们被认为是岛民先辈们的宝库。非常有意思的是，在冲绳话中，这些墓穴被称作"莫埃（moai）"，复活节岛（Easter Island）的波利尼西亚人用这同一个词称呼他们那些大头长耳的雕像，据说那是他们的祖先。要知道两地相距有6000英里之远！

或许，太平洋两岸的联系不仅仅只是语言学上的。水下遗址有些特征更类似于夏威夷群岛上的古神殿。这些长条形的神殿周围有长石砌成的围墙保护，宏伟的阶梯缓缓上升，最后通向宽阔的广场。在广场上安放着木质的祭坛和神灵的雕像。有很多古神殿保存下来

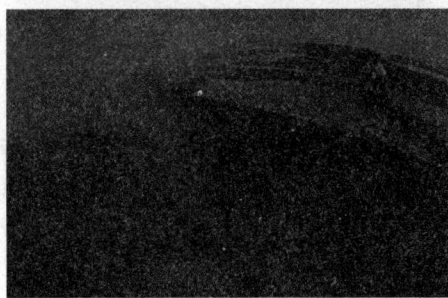

图23.1：与那国岛水下建筑。

了，它们至今还受到夏威夷本地人的敬畏。不过，如果仅仅就建筑而言，那么冲绳水下遗址用的是巨石，而夏威夷古神殿用的是小得多的石块。

根据夏威夷的典籍，这些神殿最初是由梅纳恩人（Menehune）修建的。梅纳恩人是一个红发种族，他们精通石匠工艺，在波西米亚人到夏威夷之前一直占据着这里。后来，因为不愿意和新到的波西米亚人通婚，这些原始居民离开了。

除此之外，在太平洋东线的秘鲁海岸，我们也找到了可能与冲绳水下遗址相关的古城。其中与水下遗址最相似的是古帕查卡马克(Pachacamac)，这个城市位于利马南部几英里开外。帕查卡马克坐落在南美洲最重要的圣地，在印加时代（大约16世纪时）就是祭祀用地，但根据专家的测定，它存在的时间要比那个时代早至少1500年。在印加时代，帝国各地的信徒都会聚集到帕查卡马克参与仪式，直到后来弗朗西斯科·皮萨罗（Francisco Pizarro）的兄弟赫尔南（Hernando）带着22个全副武装的西班牙人洗劫了这里。这个用泥砖砌成的遗址有宏伟的阶梯，宽阔的广场，这和冲绳水下遗址非常相似。

在北边，特鲁希略（Trujillo）之外，还有两座印加时代之前的遗址。它们和冲绳水下遗址风格近似。这些遗址被称作太阳神庙，它们是一种有露台的金字塔，由莫什人（Moche）建造于2000年前。太阳神庙大约100多英尺高，684英尺长，有着不规则的露台，露台是用未经火烤的风干砖坯建造的。这个城市曾经拥有30000居民，而太阳神庙则是它的标志物。和前面的遗址一样，太阳神庙的建筑和在与那国岛发现的极其相似。

现在我们来看看太平洋的另一头。日本的第一任皇帝是武天皇（Jimmu），他是喀木（Kamu）的直系后代，也是传说中创造了日本社会的人。另一位古代天皇则是天武天皇（Temmu），在《日本纪》（*Nihongi*）和《古事记》（*Kojiki*）中都记载了他的名字。这三个著名的人物，名字里都有"Mu"。除此之外，在日本北部，有一条圣河也叫"Mu"，这条河流为日本带来了第一个半人半神的英雄。在日本，"Mu"这个词的意思是不存在或者不再存在，就像它在韩语中的意思一样。那么，这是否可以理解为一个不再存在的大陆？

在古罗马，利莫里亚是一种仪式，这个仪式由每个家庭的主事人举行，用来平息那些逝者的灵魂，这些死人每年都会回来一次。利莫里亚同时也是一个巨大岛国的名字，罗马人相信这个岛国曾经出现在远东海洋上，有的人认为就是印度洋上。这个岛国后来消失了，成为无数痛苦灵魂的居所。利莫里亚仪式是罗穆卢斯（Romulus）[1]创立的，是为了赎回他杀害瑞摩斯（Remus）[2]的罪孽。在这里，我们再一次发现了"mu"这个词。因为这对兄弟被认为是罗马的祖先，那么也就是说，"mu"这个词渗入了这个文明的根基里。在拉丁语

1.古罗马的建国者，传说时战神玛尔斯的儿子，古罗马人的守护神。
2.战神玛尔斯的另一个儿子。

里，这对兄弟的名字第二个音节是要重读的：分别是Romulus和Remus。

在19世纪早期，当时英国博物学家正在给哺乳动物分类，在描述马达加斯加发现的一种原始灵长类时，他们使用了一个古老的词：Lemur(狐猴)。因为这种生物拥有一双巨大的、明亮的眼睛，就像罗马神话里的夜游神勒穆瑞斯（Lemures）一样。当科学家们在非洲之外也发现了狐猴时，他们非常惊奇。因为非洲是一块独立的大陆，就像南印度和马来半岛一样。为此科学家们创立了一种理论，认为印度洋中间以前可能有一块大陆连接了其他大陆，最后这块大陆沉没了。但是海洋学家们已经证实这块大陆并不存在。

但是那些研究太平洋岛国口传文化的学者很迷惑，因为这些口传文化中总是出现一个共同的主题：曾经有一个已经消失的祖国，岛民的祖先——文化传播者们从这个祖国来到移居的岛上，洒下了文明的种子。

在库瓦伊（Kaua'i），夏威夷人说，穆（Mu）在很久以前从一个漂浮的岛屿来到这里。夏威夷自古流传下来的最重要的颂歌是库木里坡（Kumulipo）[1]，里面详细讲述了很久以前，一场可怕的大洪水是如何毁灭了世界。颂歌包括对于远古大灾难的模仿："人们听到了自然在怒吼，看见波浪起伏，大地发出轰隆隆的声音，地震来临。大海在发怒，海浪高过了沙滩，高过了人类居住的地方，渐渐高过了整个大陆。第一任族长留在了寒冷的高地。但死亡依然降临了，从地球肚脐来的水流冲了进来。那就是考验勇士的波浪。在这一晚，很多人消失了。"这一次大浪中活下来的勇士就是库阿穆（Kuamu）。

尽管太平洋两岸都有大量的民间传说描述了一个沉没的家乡，精确的海底声呐地图依然显示根本没有什么沉没的大陆。但是考古学上的谜题还是没能解决。这些关于遗失大陆的神话照旧在一些遥远的地方——比如莫尔登岛（Malden Island）存在。要知道，在这个岛上有一条石头铺的路直接修进了大海。另外，有的无人岛上还有四十座带露台的金字塔。

总之，从南美到日本，再到波利尼西亚，这些地方的遗址都有类似的建筑特征。它们暗示着这些文化的连接点可能就是圣门。典雅的蒂亚瓦纳科（Tiahuanaco）是一座圣城，位于玻利维亚安第斯山脉上，靠近的的喀喀湖（Lake Titicaca）。这座城市的主要景观就是两座圣门。这两座门，一个在已经沉没的庭院上，入口处有几座雕像。雕像可能是某位神灵或者英雄，高达12英尺，非常引人注目；另一座门在这个城市的尾部，就是著名的太阳之门，能够根据太阳的变化来调整方向。

我们再来看看太平洋的另一边。汤加岛上的毛依三石塔（Haamonga-a-Maui）是一座高达15英尺的石门，重109吨，而且与夏至日的太阳排成直线。日本有数以千计的圣门，它们大多数是木制的，但是所有的圣门都用来界定圣地的范围。这些圣门被称作Torii（鸟居），这个词也出现在古代印欧语系中，

1.库木里坡是夏威夷人传述的创世颂歌，由卡里玛毛于18世纪中叶左右创作，主要讲述祖先历史及其与生命起源相关的传说。

后来在德语里留存了下来：Tor，意思就是门。而冲绳附近的水下建筑有一个很明显的特征，那就是独立的、用巨石建成的门。至于罗马，那里本地人每年五月都要过利莫里亚节，他们的帝国到处都是独立的圣门。

我们可以把这种有趣的巧合和大量考古学证据、土著的各种传说结合起来看。这样，我们就可以得到一个结论：确实曾有某个强大的文明在太平洋发展，这个文明对周边地区都影响深远。最近在琉球群岛（Ryukyu Islands）的考古发现进一步证实了这个结论。琉球群岛上的古建筑与秘鲁前印加建筑风格非常相似，当然，它与冲绳的穹形墓穴也有异曲同工之妙。

尽管如此，冲绳的水下建筑或许解决了考古学的一些老问题，但同时它带来了更多的新问题。这些古迹存在多久了？为什么它们会在水下？谁建造了他们？为什么建造呢？

到目前为止，从我们收集的证据看，这个古迹并不是由于突发的大灾难而沉没的。除了有一两座建筑有点倾斜之外，其他的看不出有任何解构破坏：没有裂缝，也没有落石。相反，它们保存完好。这些古迹有可能是毁于海水上涨，或者是大陆的缓慢移动，也许同时还有什么其他的原因。绝大部分研究者认为就是海水上涨这个原因。海洋学家告诉我们，海平面在过去170万年前上升了100英尺。我们知道，这些日本遗址肯定非常古老。不过它们一直被强水流冲刷，所以放射性碳年代测定法可能对它们无效。

相比而言，要弄清这些遗址以前是用来做什么的就容易多了。看看它们宏伟的阶梯，还有简洁的平台；平台上除了木制的圣坛和神灵塑像之外什么也没有——这些都和夏威夷的古神殿非常相似，显然这些遗址本来是用来举行宗教仪式的。

不过，如果要问到底是谁建造了这些建筑，那么即使是最专业的美国考古学家也只好保持沉默。当然，在我看来，考虑到周围上百个太平洋文明中的大洪水故事，如果这些遗址不是利莫里亚的，那还能是什么呢？

24 韦斯特、肖赫与汉卡克·戴维的日本水下古迹之旅
J.道格拉斯·凯尼恩

关于冲绳水下遗址的各种问题，即使是在非传统的学术界也没有一个统一的论断。《崛起的亚特兰蒂斯》并不想在这个问题上站在任何一方说话，我们希望能采取一种中立的、公平的态度。举个例子，在前一章弗兰克·约瑟夫撰文认为水下遗址显然是人造的；不过如果你不同意他的观点也没什么。因为你马上就会发现，在后一章，罗伯特·肖赫博士反驳了这一观点。

——编者语

1997年9月，特立独行的埃及古物学家韦斯特、作家汉卡克和肖赫博士造访了日本的与那国岛。在这里80英尺深的水下，人们发现了一座神秘的平台，这座平台高达160英尺，呈金字塔形。经过几次潜水观察，这三位研究人员认为这很有可能是本世纪最重要的考古发现。结束旅程之后，韦斯特在《崛起的亚特兰蒂斯》上发表文章，讨论了这个古迹在考古学上的真实性。

图24.1：约翰·安东尼·韦斯特。

韦斯特和肖赫在造访实地之前，就认为这个古迹很有可能就是他们一直等待的突破性证据，能够证明远古文明确实存在。因为这个古迹经过鉴定，已经在水下待了11500年了，而且他们看到的照片是那么清晰。早些年他们发现埃及的斯芬克斯像是被水蚀的，而不是被风蚀的，这意味着斯芬克斯像的年代要往前推数千年，这个结论震惊了学界。

不过，在仔细检查了与那国岛的遗址之后，韦斯特和肖赫都认为这个古迹可能只不过是自然形成的，也许在某种程度上被人类加工过，比如顺势造了个土台子之类。他们还认为，无论如何，即使这个遗址完全是自然形成的，那也不能就此定论。在这一点上，三个人意见一致，他们都认为这个水下遗址需要更多的研究，更全面的检测，因此，对于这个古遗址，现在就给出任何结论都太早了。

对于韦斯特的说法，弗兰克·约瑟夫表示不赞同。他认为韦斯特、肖赫和汉卡克都只研究了一座遗迹，可这片311英里宽的海域里，总共有八个这样的

遗址。那么肖赫博士最好能解释一下，地质力量是怎么创造出这么多类似的地方的。如果按他的说法，这个水下遗址是自然偶尔形成的，那么应该在全世界都独一无二。

图24.2：罗伯特·肖赫博士在与那国岛。

之后，《探索杂志》（*Quest Magazine*）在英国举行了一次先锋派会议。约瑟夫在会上发言，认为在水下遗址的问题上，还有很多矛盾和复杂的地方。但是与会的研究者至少能达成一个共识，那就是这一系列古迹是人造的。约瑟夫还列举了日本研究者对部分石块的实验室数据分析，他们也认为这些石块是人类加工过的。

25 公元前30000年的印度：
印度文化之源被淹没在印度洋之下？

大卫·路易斯

　　这个世界充满了谜题，其中印度可能是拥有谜题最多的地方了。这个国家据说发源于太初之时，它的文明神秘难解。相比较而言，西方文明在世界舞台上出现得迟一些，他们一直试图弄明白印度之谜。很多西方学者锲而不舍地根据西方时间线来鉴定印度文明出现的时间，他们充满了文化优越感，试图抹杀掉印度数千年的智慧结晶，其中包括人类的起源，遗失的大陆和先进的史前文明等。

　　但是西方学界也并不总是这样。在19世纪中晚期，当时科学界认为人类只可能发源于欧洲，很多早期地质学家和考古学家接受了《圣经》洪水灭世神话，认为确实有遗失的大陆存在，为此他们找了很多有力证据。甚至伟大的英国南大陆博物学家艾尔弗雷德·罗素·华莱士（Alfred Russell Wallace）认为这块大陆可能就在印度洋。直到今天，主流学界依然认为有这样的大陆存在，如他们提出的冈瓦纳大陆（Gondwanaland）和泛古陆（Pangea）[1]。尽管他们认为这些大陆存在的时代非常古老，大概在1.8亿年和2亿年之前。

所有文明发源地的源头

　　利莫里亚，这是一个遗失大

图25.1：斯里兰卡，神庙中的女神像。

陆的名字。在19世纪60年代，地理学家发现印度、南非、澳大利亚和南美洲的化石和层积岩惊人的相似。因此，他们推断在印度洋可能曾经有一块大

1.地质学研究证明，在恐龙生存的年代地球的大陆只有唯一一块，即"泛古陆"。泛古陆分成北边的劳拉西亚和南边的冈瓦纳。这两块大陆块原先由一条狭窄的陆地相连，在侏罗纪中期分成了两半，北面的叫欧劳西娅大陆，南面的叫贡德瓦娜大陆。欧劳西娅大陆和贡德瓦娜大陆进一步分裂，逐渐构成了今天五大洲。

陆，或者至少有一个大陆桥或群岛。英国博物学家菲利普·L.斯卡特(Philip
L. Scalter)根据马达加斯加的狐猴（lemurs），将这块大陆命名为利莫里亚
（Lemuria）。

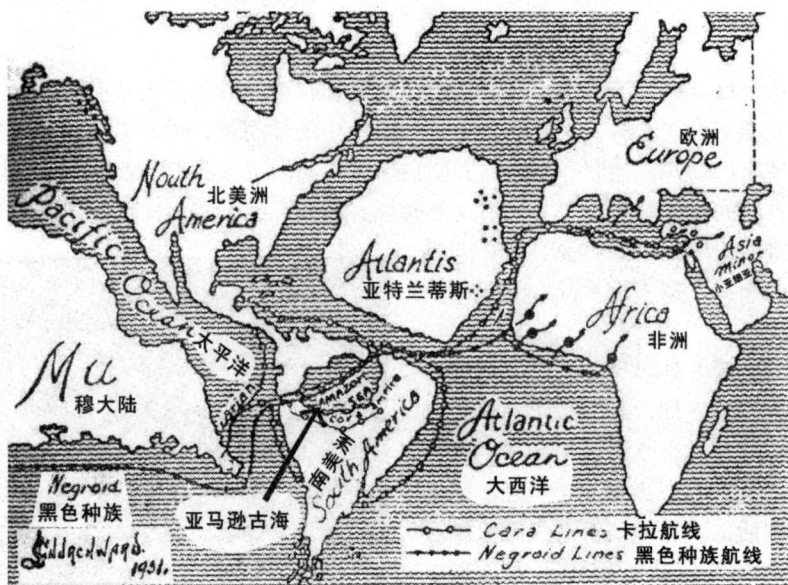

图25.2：詹姆斯·丘奇沃德关于"穆"文明的地图。

之后，在19世纪晚期，海伦·布拉瓦茨基夫人（Helene Blavatsky）[1]写了大
量关于利莫里亚的著作。20世纪初期，上校詹姆斯·丘奇沃德（Colonel James
Churchward）花费了一生的精力，写了一系列的书来研究利莫里亚。1920年，
丘奇沃德声称，他在印度找到了古碑文，其中描述了利莫里亚——这个曾经在
太平洋的先进文明。

但到了现代，情况开始改变。大陆漂移说[2]和板块构造论将利莫里亚直接
从地图上抹去了。在物种起源问题上，人们相信均变论是现代科学的精华。这
种理论认为地球上的自然进化是极其缓慢的，过程也是相同的。大洪水、全球
性灾难和史前沉没的大陆听起来挺像《圣经》之类的玩意儿，所以在过去，反
《圣经》的达尔文主义者利用均变论来打击早期地理学家和考古学家，他们认
为大灾难什么的和史前历史一点关系都没。一直以来，这种想法——认为小行
星撞击了尤卡坦半岛才导致恐龙灭绝——一直被科学界当作异端，直到最近才
逐渐被主流科学界接受。

1.海伦·布拉瓦茨基夫人（1831—1891），俄国女唯灵论学者，生于乌克兰，原名海
伦娜·彼得罗夫娜·哈恩，世称布拉瓦茨基夫人；1875年在纽约与他人共同创立神智
学会。
2.大陆漂移说认为大陆会极其缓慢地漂移。

但是，想想吧，南非文化传说和早期地理学家的发现是吻合的，他们认为在印度洋曾经有一块有人居住的大陆。直到今天，印度南部、斯里兰卡和安达曼海(the Andaman Sea)上的岛民都对这个故事深信不疑。

古斯里兰卡典籍中提到过，在今天印度洋所在的地方，古时候有一个遗失的大陆，它连接了印度次大陆和斯里兰卡岛。但是知识界将这种说法作为传说，并不考虑它的现实意义。

"……在很久很久之前，"一本斯里兰卡古籍写着，"瑞瓦拉（Rawana，斯里兰卡的神灵）的城堡有25座宫殿，40万条街道。有一天，大海吞没了城堡……"根据古籍所说，这块沉没的大陆在印度西南海岸的杜蒂戈林（Tuticorin）和斯里兰卡的曼奈尔（Manaar）之间。它的规模并没有早期地理学家想象的那么大，这块大陆只是印度次大陆的一部分。

另外，D.S.阿伦和J.B.德莱尔合著的《大灾难！公元前9500年宇宙大灾难的铁证》中曾经提到，缅甸南部丹老群岛上的瑟朗文化同样提到过沉没的大陆："……以前有一个占据整块大陆的国家，但是恶魔的女儿将很多石块扔进了海里……海水上涨淹没了陆地……除了逃到岛上的生物之外，所有活着的生命都死了。"

《瑟拉帕黑克若姆》是南印度泰米尔史诗中的一部，其中频繁地提到有一块名为库马拉德邦的大陆，这块大陆也被称为古默里坎达。它的位置远远超过了当今印度的海岸线。古代南印度的记录者写下了史前泰米尔灵魂社的很多细节，这个研究灵魂的协会曾经在古大陆上活跃。他们还写到了这片大陆中间有两条河流，一条叫古默里，一条叫帕罗里，大陆上有星星点点的山脉，有丰富的动物、植物。《瑟拉帕黑克若姆》还告诉我们，这个国家分为49个省，山脉中出产丰富的宝石矿产（斯里兰卡和印度其他地方现在还是宝石的产地）。根据古籍所说，帕德亚王国存在于公元前30000年到公元前16500年间。目前南印度至少有一支神秘主义者声称自己继承了这些古代的秘法。据说他们精神上的祖先通过练习瑜伽获得很长的寿命。这一门派传承至今，他们主要居住在喜马拉雅山脉的偏僻地区。

另外，据印度学者鉴定，印度史诗《罗摩衍那》出现的时间要比基督早5000年。其中说到英雄罗摩凝望着从印度西海岸到阿拉伯海的一大片陆地，虽然现在那里是一片汪洋大海。这些史诗甚至提到了先进的技术，如用来运送精英和战争物资的航空器。这些著作对航空器的描述非常详尽，这让历史学家和其他学者迷惑不解。宏伟的印度史诗还进一步生动地描写了军国主义的覆灭，那场战争足以和现代核战争媲美。

J.罗伯特·奥本海默(J. Robert Oppenheimer)是一位梵语专家，同时也是著名的物理学家，氢弹之父。他在解释这些古代史诗时，认为上面描写的就是一场核战争。在新墨西哥州的阿拉莫戈尔多（Alamagordo），奥本海默做了第一次原子弹实验，当时他引用了《摩柯婆罗多》中的话说："我将要死去，作为世界的毁灭者。"在之后的采访中，记者问奥本海默，这是否是世界上第一次原子弹爆炸，奥本海默回答说，这是"现代世界的第一次原子弹爆炸"。

奥本海默的暗示，史诗上记载的飞行器，遗失的大陆，以及史前核战争——它们仅仅只是神话传说，还是原本就是历史记录，只是太久远了才被人们遗忘，然后又被西方科学作为神话幻想从历史上抹去了呢？

<h2 style="text-align:center">知识过滤器</h2>

要回答这个问题，我们首先得看看关于印度的学术历史。

从19世纪开始，西方学者就认为古代人（包括南亚）的文化典籍毫无历史意义。这显然是一种民族歧视，是知识界的西方殖民主义。这些专家重写了东方历史，将整个东方古代哲学和科学体系扔进了垃圾桶。这个垃圾桶存放着一切和欧洲模式格格不入的事物，那些不符合《圣经》教义和科学唯物主义的东西。在这里我们看到了最初的"知识过滤"现象，现在大家对这种现象已经非常了解，尤其是在那些非主流的考古学、地质学和其他涉及人类起源的学科中。

西方如此对待印度文化，而印度也默许了这种对待。这是西方理性主义征服世界的典型方式。或者我们叫它"西方最好"模式：这是一种对于欧洲陈规的死忠，它拒绝承认其他文明的传统。除此之外，它还奉科学唯物主义为圣旨，因此否定其他所有非唯物主义的理论，这些理论在解释人类、生命和真理的起源上往往独辟蹊径。

图25.3：这张地图精确地指出了沉没的泰米尔纳德邦大陆。

举个例子，当这些西方专家们发现印度古梵语的词根几乎可以在世界所有主要语言中找到时，他们设计了一个充满民族优越感的说法来解释这种现象——而现代印度知识分子已经接受了这种说法，其中包括印度第一任总理贾瓦哈拉尔·尼赫鲁（Jawaharlal Nehru）。

这些学者是这样想象的：以前一定存在一个欧洲民族——一个印欧民族（雅利安人），包括了印度。他们描绘出了它的词源和基因谱系。学者们还征用了古印度语言来充实这个推想。他们告诉我们，这个印欧民族是从欧洲来的，然后这个民族入侵了印度北部的印度河谷，他们创造了梵语和吠陀文明。这个文明与其说是西方文明的先驱，不如说是它的产物。

但这种"雅利安人入侵论"正在越来越不得人心，尤其是当它开始变味，变成"雅利安人移居论"时。来自凯西西部大学的詹姆士·谢弗是一位著名的考古学家，专攻古印度考古。他提出："考古学发掘的证据与南亚古代的口头传统和文学传统是相符的。"换句话说，印度神话被证明是有历史学意义的。谢弗这样写道："有一些学者提出，在文献里根本没找到南亚之外的印欧民族。现在考古学证据证实了这一点……我们强烈拒绝过分简单化的历史阐释，这种倾向可以追溯到18世纪……这些理论现在仍然颇为盛行，但它们的学术意义被欧洲种族优越主义、殖民主义和种族歧视大大削弱了……"

事实上，如果没有这些偏见，西方学术界提出的这个理论看上去还挺有说服力的。

南部印度的文化发源要比北部更久远，更深奥。但它也遭到了同样的对待。西方学者坚信，一些说着普罗多-德拉威语言（南部通用语系的前身）的民族从西北部进入了印度。这些入侵理论正是西方信仰所需要的，这些理论首先是关于人类起源的伊甸园理论，然后是达尔文进化论，当然，还有被广泛接受的"非洲起源说"。非洲起源说认为，大约在12000年之前，人类起源于南非，然后慢慢穿过亚洲，最后到达了美洲。

但是雅利安人入侵理论现在已经破产了。首先是没有可靠的证据能够显示这些假想的入侵者和印度土著有任何区别。然后卫星图像显示，印度河谷的哈拉帕文明和摩亨佐·达罗文明可能是因为气候的变化而消亡的，神话中的萨茹阿斯瓦蒂河的干涸也源于此，而不是因为那些想象中的入侵者。雅利安人入侵理论的破产为主流学者打开了潘多拉之盒，使得他们重新考虑过去的历史——不仅仅是印度历史，而是整个人类的历史。如果梵语早于世界其他语言存在，如果在现在是海洋的地方，确实有古代文明存在，那么传统西方理论要如何解释史前历史呢？

不过，大卫·哈彻尔·德里斯(David Hatcher Childress)认为哈拉帕文明和摩亨佐·达罗文明灭亡的根源是战争，而不是气候变化：一场史前核战争，其中包括了飞行器交战和导弹互射（罗摩的"燃烧的箭"）。这听起来挺奇怪，但是这种描述确实出现在了古代典籍中（就像奥本海默观察到的那样），同时也确实有一些地理学证据支持这种说法（就像德里斯找到的那些）。

与此同时，甚至连传统学界也认为印第安村落文化是哈拉帕文明和摩亨佐·达罗文明的先驱。研究者在梅干（Mehgarh）地区（现在的巴基斯坦）发

图25.4：古泰米尔
纳德邦雕像。

掘了古迹，以此将印度历史推到了公元前6000年，远远在中东文明出现之前。有些传统学者认为印度不仅仅是语言之源，而且世界文明之源，它产生了美索不达米亚文明、苏美尔文明和埃及文明。在这方面，语言学也提供了更多的证据：堪察加半岛（Kamchatka）和新西兰彼此相距甚远，但他们的语言都和印度南部的泰米尔语非常相似。泰米尔语还出现在了世界各个古老的语言中：梵语，希伯来语和希腊语。

但是，我们不知道，这种"知识过滤器"到底掩盖了多少真相？到底有多少印度的真实历史仍然在种族优越主义、殖民主义和科学唯物主义下被掩盖？

西方对于古印度的年代、文化，对她的人民和成就误解之深，已经破产了的雅利安人入侵理论可能只是其中的冰山一角。很久以来一直有这样的说法，在所有神话开始之前，印度所有的一切就已经从古代迷雾中诞生出来了，那时拥有大智慧的哲人行走在大地上。

在印度文化中，古印度被认为是神的造物，它存在的时间比史诗《罗摩衍那》和《摩诃婆罗多》更久远，也比南方泰米尔纳德邦的古代典籍更古老。泰米尔纳德邦的文明发展要比北方早得多，它曾经作为古默里坎达的一部分存在。古默里坎达是远古的一个巨大的南方大陆，曾经延伸到今天的马达加斯加和澳大利亚，根据鉴定，它存在时间是公元前30000年。

泰米尔纳德邦的古历数书上记载过，曾经有一场大洪水淹没了古默里坎达。上校詹姆斯·丘奇沃德和W.S.克里夫(W.S.Creve)都回应了这个说法，他们指出，印度和西藏的典籍里都说到过东方有一块遗失的大陆。

猛犸最后到底去向何方？

尽管大陆漂移说认为大陆板块在极其漫长的时间中缓慢而有规律地移动，但有大量证据表明史前时代地球表面的变化是快速而暴力的。在冰河期晚期，大概11500年前，地球上的猛犸和大量植物突然灭绝。当时成千上万的猛犸和各种植物从地球表面上消失了，洪水把它们的尸体冲到了洞穴深处，烧焦的尸体遍布世界各地。现在科学无法解释这个事件，他们也不想正视这些证据背后的事实。

相反，传统学界试图用冰河期理论来解释这一切，并否认地球上发生过任何灾难。他们告诉大众，缓慢前进的冰川导致了物种的灭绝。但是世界上到处都是大灾难留下的证据，这种论断根本不能解释这些证据。事实上，科学家们甚至都不能解释为什么巨大的冰川会滑落。

D.S.阿伦和J.B.德莱尔在合著的《大灾难！公元前9500年宇宙大灾难的铁证》中收集了数量惊人的证据，以证实世界各地神话故事中的大洪水或者大火灾确有其事。如果我们能暂时把教科书上讲的一切摆在一边，阿伦和德莱尔会以一种令人信服的方式把渐进论的陈词滥调从我们头脑中驱逐出去，我们将发现确实发生过世界性的大灾难。并且南亚也有很多证据说明确实曾有一块大陆消失在海中。

1947年，瑞士测量船信天翁号收集了很多信息，这些信息显示出在斯里兰卡的东南面海面下，有一片至少数百英里的高原，这片高原由冷却的熔岩构成。这里的地壳显然出现过可怕的裂缝，熔岩从裂缝中喷出，填满了当时的山谷，之后这些山谷又沉没到了水中。这次巨大的爆发正好印证了华莱士提到的南大陆沉没。据阿伦和德莱尔所说，动物学和植物学的证据都说明这块大陆存在于比较近的时期，而不是主流科学界认为的18000万年前。

另外，早期地质学家收集的珍贵证据就包括了亚洲骨穴，其中塞满了来自世界各地的史前动物尸骨。这些尸体只有可能是被世界范围的大洪水冲到这些安息地。阿伦和德莱尔重新利用了这些证据。

根据他们的著作，还有其他很多证据能够证明某场大灾难撕裂了地球表面，使得古默里坎达沉没，并导致了大量的物种灭绝。如印度的德干玄武岩平原，这个由岩浆构成的巨大的三角平原有数千英尺厚，覆盖了25万平方英里的地面；又如印度恒河槽，这条地表的巨大裂缝从苏门答腊穿过印度，一直延伸到波斯湾。德干玄武岩和印度恒河平原、喜马拉雅山北面的地质情况完全不同。德干的石块是世界上最古老的，检测显示，这些石块没有在水下待过，反而是经常被玄武岩融成的岩浆覆盖。

远古遗迹？

另外还有一些激动人心的证据，有学者根据这些证据认为，如果并没有一个有先进航海技术甚至是航天技术的古印度存在的话，那么还有另一种可能。比如说，印度河谷的文字与在太平洋另一端的伊斯特岛的文字非常相似。早期的报告指出，坎贝湾附近发现的文字与印度河谷文字是同一类型的。根据一些南印度研究者的看法，这些难以辨认的字迹是原泰米尔语，这种文字将遥远的伊斯特岛和它著名的巨石雕像与古代南印度联系起来——这印证了伊斯特岛人的一种说法，即他们来自一块沉没的西方大陆。

除此之外，学者们还用新的年代鉴定法研究了北美东边的灵洞（the Spirit Cave）干尸，发现它是公元前17000年的产物。这具干尸是一名40岁左右的男子，是1940年在内华达州卡森城（Carson City）东边的洞穴里发现的。而且，尽管现代美国印第安族声称这具遗体是他们的祖先，但从体貌特征来看，他显然是东南亚人。学界为这具干尸的年代吵得不可开交，另外，与干尸同时出土的古物和化石的年代也没有统一的结论。事实上，我认为，这具遗体很可能属于库马拉德邦的居民，或者是他们的祖先。

无论灵洞干尸是不是真的是库马拉德邦的居民，这次考古发现都意义深远。它为人类起源研究带来了一种新的视野，颠覆了西方旧的科学模式，让学界慎重考虑史前先进文明存在的可能性。这样，"西方更好论"和彻底的唯物主义面临的大麻烦就是：世界绝大多数文明的典籍和神话传统，都和西方科学对史前历史和人类起源的假设有冲突。而且现在各个学科中，从考古学到新物理学，都有越来越多的证据支持这些典籍和神话。

尽管目前"西方更好论"仍然在教科书和大学里很有市场，但各种文明古籍（包括印度古籍）中记载的事实确实不可忽视。这些事实就像是来自遥远古代的鬼魂，一再出现在现代科学背景中。

第五部分
古代高科技

26 与彼得·汤普金斯的谈话：遗失世界之谜
J.道格拉斯·凯尼恩

有很多人都是在20世纪60年代和70年代初期开始接触了解到原始文明的智慧和我们所不知道的神秘力量的，当时有两本书的影响可以说举世无匹：《植物的秘密生活》（*The Secret Life of Plants*）和《大金字塔的秘密》（*Secrets of the Great Pyramid*）。这两本书都是当时最畅销的书。即使它们没有别的特别突出的成就，光这一点也可以让权威科学机构们无地自容。

也许在今天看来，植物喜欢听音乐、大金字塔具有超自然的神秘性都是些过时了的话题，但是在二十五年前，它们却引起了轰动。在这段时间，这两本著作的作者汤普金斯（Peter Tompkins）迅速成名。对于一个敢于去挑战权威科学机构的作家来说，汤普金斯获得的不仅仅是声名，而且，短时间内，还获得了前所未有的公信力。

但是到了今天，虽然这两本书仍然在销售当中，汤普金斯却逐渐被社会大众忽视了。虽然他的研究都是一丝不苟的，但是人们却倾向于把他的观点都看作是某种奇谈怪论。他的另外两本著作：《神秘的墨西哥金字塔》（*Mysteries of the Mexican Pyramids*）、《土地的秘密》（*Secrets of the Soil*），也没有能改变公众对他的这一不该有的看法。幸好，这一切没能影响汤普金斯，他仍然毫无怨言地继续辛苦工作。他毫无疑问是一个有影响力的、有魅力的人，《崛起的亚特兰蒂斯》有幸采访了他，我们与他一起讨论了他的许多观点，他也和我们分享了许多有意思的事。

虽然祖籍是在佐治亚州，汤普金斯却是在欧洲长大的，他直到上大学才回到美国，回到哈佛大学学习。但是，他的大学生活被第二次世界大战给打断了。战争开始的时候，他首先被《纽约先驱报》雇佣，成为一名记者。不久之后，他成了美国国家广播公司（NBC）的广播员。战争结束时，他开始和爱德华.R.默罗（Edward R. Murrow）一起为哥伦比亚广播公司（CBS）工作。1941年，他中断了他的记者生涯，加入了TOI（OSS和CIA的前身）。

他深入敌后长达五个月的时间。他回忆道："在安齐奥登陆[1]一役中，多诺万将军和帕克将军将我先一步派到罗马，但是他们却没能成功地赶来，如果他们继续前进的话，我们也许会有一场大的胜利。但当时就是这样，我们被打败了。所以我必须每天用无线电报道四至五次德军的动向——他们将要攻击什么地方，以什么样的兵力，等等。"

在这次任务当中，汤普金斯招募了很多特工，然后把他们派到了北方，

1.安齐奥登陆：1944年，盟军登陆意大利海岸安齐奥，德军在该地区全无兵力防守。但是盟军指挥官却没有选择继续深入，而是选择了在滩头固守。结果等盟军发起进攻时，德军已完全准备就绪，因此盟军遭到了顽强抵抗，伤亡严重。

去帮助盟军进一步的进攻。最终，他去了柏林。等到战争结束的时候，他退出了OSS，他发现自己并不想加入新组建的CIA。所以，他决定做自己喜欢做的事。接下来的一年，他在意大利学习制作电影和写作剧本，但他发现自己很讨厌电影审查制度："我意识到如果我想要畅所欲言，唯一的方式就是写本书，它们不会接受审查。"

即使是这样，他还是发现他的观点让很多人都讨厌他。他继续说道："因为谈论玄学，或者其他一些那时被认为是疯了的话题，我被越来越多的宴会拒之门外，所以我学会了闭嘴。"

图26.1：彼得•汤普金斯。

但是停止写作不是他的风格，况且书籍已经比电影审查要松得多。这并不是说审查制度这类玩意儿已经彻底消失了。汤普金斯将他最近的著作《土地的秘密》描述为"试图将我们的星球从那些化学杀手那里拯救出来的一次呐喊"。但这本书实际上"被出版商扼杀了"，因为他们害怕会吓到读者。这本书是《植物的秘密生活》的续作，它阐明了我们应该停止使用化学肥料的道理。汤普金斯认为化学肥料是"完全无用的，它只会杀死土壤和微生物，毒害庄稼，最终，就是毒害动物和我们人类"。汤普金斯认为，这些化学肥料实际上就是如今癌症泛滥的最大原因。

汤普金斯还发现，并不仅仅只是那些出版商会阻碍他。他曾经想过使用一种高科技的手段来给大金字塔做一个X光照片，但是扎希•哈瓦斯（Zahi Hawass）[1]和埃及文物委员会都阻止了他的计划。他说道："这个计划大概需要50万的资金，通过它我们可以知道金字塔里到底有些什么。我觉得这个计划可以成为一个很有趣的电视直播节目，但是没有人感兴趣，他们都觉得这太奇怪了。"

比利时天文学家罗伯特•鲍瓦尔（Robert Bauval）所提出的金字塔的位置排列和猎户座星系一致的观点，近来被大肆宣扬。汤普金斯听到后，对此只是耸了耸肩："这只是个假设。而且它还没被证实。我只对金字塔的固体结构这类事情感兴趣，因为它们是不容置疑的。"汤普金斯不喜欢那些没完没了的理论，他认为现在到处都充斥着这样的理论。不过，他还是说道："如果你再想一想多贡人的石头建筑和天狼星的联系，这是很明显的，在这个星球上，人们所知道的天文学不止是这么一点点，他们当然很有可能和星星以这样的或那样的方式联系起来。但是只有当某人提出了完全确切的证据时，我才会对这样的理论感兴趣。"

汤普金斯认为，古代的建筑拥有大量的证据，可以证明那时就拥有了非

1.著名考古学家，埃及文物委员会秘书长。

常先进的天文学知识。他说道："很明显，所有的埃及神殿都是根据天文学知识来进行测量和建设的。"他个人最感兴趣的是泰勒-阿马尔奈（Tel el-Amarna），他觉得它就像是来自未来的一本书一样。汤普金斯还认为，在阿肯那顿城（Akhenaton），天文学知识和它的建筑的融合方式简直就是"令人无法想象"。对于他的计划来说，最不幸的消息是意大利著名学者利维奥·卡都诺·斯蒂契尼（Livio Catullo Stecchini）的去世。斯蒂契尼是古代建筑测量方面的权威，汤普金斯在写作《大金字塔的秘密》时就受到了他的很多帮助。

有意思的是，汤普金斯这本《大金字塔的秘密》从来没有在意大利出版过，因为出版商要求汤普金斯删除斯蒂契尼所写的附录。这种不公平的做法至今让汤普金斯非常生气："他是一个从来没有被承认过的意大利天才。但是意大利人告诉你，如果你要出版他的附录，你就不能出版这本书。"

在接下来的一本关于墨西哥金字塔的著作中，汤普金斯进一步强调了他的观点——原始人类拥有着非常先进的天文学知识。虽然他并不确信有的人所提出的理论：埃及文化和墨西哥文化之间非常相似，他们都 来自同一个文化母亲：亚特兰蒂斯。不过，他的确认为："很明显，当时的人们已经在大西洋上来来往往了。"而且他也认为墨西哥金字塔所使用的测量系统和埃及的是一样的。他说道："我会再另外写一本书，专门讨论在大西洋两岸所发生的这些事。"

他在墨西哥考察的时候，花了很大的力气，终于成功地拍摄了春分时奇琴伊察（Chichen Itza）[1]的神殿上日出的情景。他说道："绝对令人难以置信。就在那一天，冬眠的蛇们醒了过来，它们随着神殿的阶梯爬上爬下。我们把这个情景拍了下来，真是太美了！不知道从前的人们是怎样来建筑金字塔的，让这一切只发生在春分这一天。"

为了回答这个问题，他去了新西兰，认识了杰弗里·霍奇森（Geoffrey Hodgeson）。霍奇森在20年代时因为使用千里眼技术准确地描述了给定星球的位置而举世闻名。受到霍奇森的启发，汤普金斯得出结论——他知道了为什么原始人能够在没有使用任何现代科技手段的情况下确定行星的位置。他说道："他们根本不需要任何仪器。因为他们自身的体内就有一个特殊的仪器。他们能够看穿宇宙，所以能够准确地说出行星的位置，以及它们的运行方式。"这种能力对于我们的原始祖先来说，是很容易理解的，但是对于西方的高科技社会来说，却是早就被遗忘了的。因此汤普金斯说道："我们把我们自己封闭起来了。我们自己屏蔽了我们超人的视力。"

汤普金斯从此开始着迷于千里眼的理论。他试图让这种能力成为他接下来的科学研究的得力助手。为了能够找出亚特兰蒂斯的确存在过的确切证据，汤普金斯去了巴哈马群岛，在那里，他使用了他能够自由支配的所有工具。当他发现了一个地点有着古老的大理石圆柱和三角墙时，他的通灵能力告诉他，这

1.位于墨西哥的一个著名的玛雅文化古城遗址。

个地方其实只不过是19世纪时将大理石棺材运往新奥尔良的船只休息的地方而已。好吧，我们来看一个更科学的说法：他对著名的比米尼之路[1]的矿石进行了采样研究，然后他发现：这条路根本不是人工修建的，而是海滩岩。

图26.2：彼得·汤普金斯在奇琴伊察。

最后，是迈阿密大学的一位地质学家给了他答案。西泽尔·伊米利安尼博士（Dr. Cesare Emiliani）向汤普金斯展示了他在墨西哥海湾工作多年所收集到的矿石样本。它充分证实了在公元前9000多年，确实发生了一次滔天的洪水。汤普金斯回忆道："伊米利安尼说：'他们说在亚述尔群岛发现了亚特兰蒂斯遗址，在西班牙的海岸也发现了遗址，在美国的东海岸同样发现了遗址。所有的这些地方，也许都是当时的亚特兰蒂斯帝国的一个部分。正如柏拉图所记载的一样，它们都在那个时间沉入了海底。'"

几年前，汤普金斯曾经为奥托·慕克（Otto Muck）的著作《亚特兰蒂斯的秘密》的英译本作序。慕克假设亚特兰蒂斯是因为一颗小行星而沉没的。汤普金斯直到今天都很赞同他的这一假设，虽然它还是有待被证实。不过，在伊米利安尼的工作中，汤普金斯认为他发现了这个假设的地质学证据。

当然，不管有没有被证实，亚特兰蒂斯和其他许多有争议的话题一样，目前还很难被权威机构认可。汤普金斯认为原因很简单："如果这些理论中的一个被证实了的话，那么他们就得把所有的考古学教材全部重新写过。如果约翰·韦斯特关于斯芬克斯的理论是正确的话（他认为斯芬克斯至少已经有一万年以上的历史了），它会改变很多很多的事情。"他举了个类似的例子，他认

1.比迷尼之路是巴哈马群岛的著名景点，这块埋藏在深海中的神奇矩形石板看上去像是标记了一条沿着海底前进的小道一样。有人推测它是失落的亚特兰帝斯的一部分。

识的一个加拿大人发现了一种治愈癌症的方法，但是这样的发现对现今一年就有数十亿美元收益的癌症产业来说，是个巨大的威胁。

汤普金斯的一生都在研究那些隐蔽的知识，这让他把生死都看得很开。当意识他已经很"老"了时，他说道："面对死亡，我的内心很平静。就像时间一样，死亡不过是一种幻觉。我的意思是，死亡会让你失去你的身体，可是那又怎样呢？你之前已经获得了很多，你也许在之后还能获得更多。也许没有身体，你还能感觉更好！"

不管如何，他的创造力没有停止过。最近安妮·贝赞特（Annie Besant）和C·W·利德比特（C. W. Leadbeater）对亚原子结构的描绘得到了科学界的认可，汤普金斯深受这个理论的影响，因此他的下一本书的主题就是证明生物元素的存在。20世纪之交的时候，这两位神智学领域的先驱决定用他们的瑜伽能力来分解元素。利德比特看，贝赞特画。他们的作品出版后，没有任何人感兴趣。毕竟，他们所做的这件事对其他人来说是"不可能"的，而且他们的结论也与传统科学不相符合。

到了20世纪70年代，一个英国物理学家发现了他们的工作，而且发现他们实际上是在描绘夸克和原子的其他组成部分，而这些部分直到近些年来才被科学发现。有了这样的确切证据后，汤普金斯所要做的就是进一步地详细证实这两位先驱是怎样运用他们的精神能力的，正如现在非常著名的千里眼鲁道夫·斯坦纳（Rudolf Steiner）所做的一样。

汤普金斯说道："如果你把这一切联系在一起来看，你就会明白这些人可以在发现原子和同位素之前就能精确地描述它们，以及把它们描画出来。你再看看他们是怎样描述自然的灵魂的，以及这些灵魂在这个星球上的作用，它们和人类的联系，以及为什么我们应该重新修复我们与它们之间的联系。你必须听一听这个，我的意思是，这就跟不是白就是黑一样，你逃避不了。"

27 原始农业，寻找缺失的那一环：
正在我们土地上生长的铁证——关于遗失的文明根源
威尔·哈特

　　神秘的历史最让人好奇的是什么？那就是，只要你认真地去思考，其实没有什么是神秘的。我们的历史为什么要有这么多异常的、神秘的部分呢？我们已经习惯于去接受这类现象了，但是我们要是换个角度思考，就会发现这一切全没道理。我们了解美国的历史、欧洲的历史、罗马和希腊的历史，即使是几千年前的历史我们都知道得很清楚，就像我们知道我们每个人自己的历史一样。这难道不奇怪吗？我们应该再好好想想。

　　但是，如果我们回到更久远的史前史，比如说比巴比伦、苏美尔和古埃及都还要早的时候，确实有很多未解之谜。也许有以下一些可能的解释：1、我们所理解的和所相信的历史其实与真实的历史不是一回事。2、我们有不明原因的集体失忆症。3、以上两个原因的综合。

　　想象一下，假如你某天早上醒来，发现你完全失忆了，你想不起来你是怎么到这个星球上来的，完全记不起来你的过去是什么样子。我们对久远文明历史的记忆，就与这个类似，这的确让人很烦恼。或者，再想象一下，你住在一个摆满了各种奇怪的、远古的手工艺品的维多利亚风格的房子里。实际上，这也是我们今天面临的困境——当我们游荡在远古遗址中、游荡在博物馆中时，我们总是会感到惊奇：到底是什么人制造了这些东西？怎么制造的？为什么？

　　就在150年前，我们还认为《旧约》里的大多数历史都是虚构的，这包括闪族人的存在（希纳尔，《圣经》中的名字，指苏美尔或巴比伦尼亚地区），以及古巴比伦阿卡德地区和亚述的存在等。但是19世纪末、20世纪初，我们发现了以上这些历史留下来的遗迹，我们发现了尼尼微（古代亚述的首都）和吾珥城（古代美索不达米亚南部苏美尔的城市）的遗址。在这些地方出土的人工制品完全改变了我们过去的历史观。

　　就在不久之前，我们还根本不了解我们的文明是建立在什么基石之上的。我们不知道是谁发明了车轮、农业、文字、城市，以及其他的东西。而且，不知道出于什么样无法解释的原因，大多数人还根本不想去了解。有的历史学家甚至宁愿让这些人类文明的遗迹继续掩埋在沙漠荒土里。这样的态度就如神秘的历史一样，令人迷惑不解。

　　假如你得了失忆症，你是会简单地接受现实？还是会尽你一切的努力，想尽办法要重建你的过去和你的身份？

　　看起来，似乎有一些事情被我们自己掩盖起来了。有的人可能会说这是远古外星宇航员的一次访问；有的人则会争论曾经有一个远古的人类文明被灾难毁掉了。不管是站在什么立场上，很显然我们已经埋葬了我们的记忆，那些记忆的片段是那么的痛苦，以至于我们宁愿忘记它。就我个人来说，对于以上的观点，我都不赞同。但是，我相信，如果我们对它们进行仔细的调查研究的话，传统的考古学、历史学和人类学所提出的那些正统的观点是站不住脚的。

这是很奇怪的。我们现在已经在太空探索中取得了巨大的成就：我们探索了火星；我们也发现了人类基因的秘密，我们甚至克隆了我们自己，但我们仍然还是试图相当笨拙地去了解金字塔文化的秘密，或者史前史的秘密，去了解我们是怎样实现从新石器时代到文明时代的量子跃迁的！这完全没有道理！为什么我们没能保持现在与过去的直接的、具体的联系呢？

我斗胆想了想，我觉得在调查这个长时间没有解决的悬案时，我们应该成为记者和侦探。我们忽略了某些重要的部分，我们没有找准正确的调查方向，也许因为我们习惯了一种传统的思维模式后，我们忽视了那些本来意义重大的线索。而且，我们也许没有问对所有的问题。反正，重新回到最初去审视你以为你已经知道了的所有事情，发现"真相"到底是什么，这是永远不会错的。

我们总是可以选择要不要搞清楚这个世界到底是什么样的。当涉及知识的获取时，生活总是给了我们充分的自由。在石器时代那令人难以置信的漫长时间里，我们的祖先已经掌握了生存游戏的基本规则。他们不需要知道地球围绕着太阳公转，或者物质的原子结构，就可以获得成功。但是在最近的一次冰河时代之后，发生了一些神秘的事情，一次突如其来的变革把人类送到了一个未知的领域。

我们直到今天还在消化着这些突然的事件带来的后果。

让我们先还是回到人类进化的早期阶段，看看科学界是怎么描述它们的。我们的祖先发现他们生活在一个充满了自然奇迹的世界里，他们必须面对自然赋予他们的挑战，而这一切都与基本的生存有关。首先，他们赤手空拳，就和其他动物们一样，只能迎头去接受挑战。我们必须在脑海里重现这一现实的背景。我们非常清楚石器时代的人们是怎么生活的，因为在过去的五百年时间里，世界各地有很多部落仍然生活在石器时代，而我们已经对他们进行了方方面面的研究。

我们知道在石器时代，人类的生活方式几乎都是一样的。即使是在一万年以前，不管是在非洲、亚洲、欧洲、大洋洲还是美洲，人们生活得都一样。他们的生活与大自然非常贴近，他们打猎、采集，使用石头制成的工具，以及用石头、木头和骨头做成的武器。他们学会了怎么使用火，以及怎么做饭。他们对动物的生活习性、耕种的土地、一年四季有着非常准确的和详细的了解，他们知道要怎么区别可以吃的植物和有毒的植物。

我们经过几百万年的辛苦经验积累，才能理解他们的生活方式和那个时代的知识，但是石器时代的人类实际上是被错误的描绘了，也被我们错误地理解了。他们并不是愚蠢的粗人，没有他们所经历的漫长的进化，我们的现代思想和现代文明都不会存在。我们现存的一切都是建立在这一基础之上的。他们敏感，充满了好奇心，他们与自然和谐共存，而且他们毫无疑问是非常强壮的，比起我们今天的人来说，更加强壮，肌肉发达。

实际上，我们从石器时代的人类那里继承来的大自然是完好无缺的。在人类进化的这漫长的几百万年的时间当中，大自然的一切都和它最初的时候一模一样。大自然无私地给予了早期人类丰富的物产，而早期的人类也学会了怎么样与大自然和谐相处。从统计学的角度来看，人类生存的现状是一种狩猎–采集文化，我们作为一种物种来说，99.9%的生活方式都属于这种文化。至少现代科学是这么告诉我们的。

我们应该很容易就能理解遥远的祖先是怎么生活的，因为我们的生活改变得非常缓慢，并没有改变多少。早期的人类适应并保持了最初的生活方式。这种简单的、但是必须的生活方式通过言传身教一代又一代地流传了下来。

图27.1：原始的埃及农民。

图27.2：古埃及打谷图。

　　所有的这一切看起来真的没有什么神秘的地方。但是在最近的一次冰河时代之后，一切都开始了彻底的改变。突然间，一些部落开始了另外一种不同的生活。他们放弃了最初的游牧生活，开始定居下来，种植固定的作物，饲养几种固定的动物。这是我们走向文明的第一步，我们反复地描述这一步，但是我们从来都没有从深层次上仔细地考量它。是什么迫使他们突然改变？我们都知道这是个问题，但是它比我们所能想象到的都要更加难以解释。

　　首先是最基本的和最直接的：石器时代的人们并不吃谷物。但是谷物是农业的基础，是文明社会最主要的食物。石器时代的人们吃野生动物的肉和新鲜的野菜、果实。

　　通过比较一万年前的"农业革命"之后人类的食物和两百万年前狩猎-采集时代人类祖先的食物，这两者的差距可以让我们在一个总的立场上来思考一下进化的不一致。在人类驯化之前，可以吃的植物种子是很难获得的，因为这些种子具有地理分布的局限性。因此，在农业出现之前，我们的祖先主要吃最容易获得的食物，这改变着我们的基因。

　　这对我们来说是一个谜，我们很难去解释它，就像我们很难去解释金字塔的修建一样。我们的祖先为什么以及是怎么样完成这个跳跃性发展的？他们对野生的谷物几乎没有任何经验，他们是怎么知道要怎样种植它的呢？或者，他们是怎么知道这种东西是能够吃的呢？

　　而且，在苏美尔人和古埃及的文明突然出现之时，谷物就已经实现杂交了。这需要对这种植物的高度了解和长期的探索研究，这需要时间。如果你曾经有过吃野生植物和野生果实的经验，或者你有过耕作的经验，你就会知道野生的品种和杂交栽培的品种之间，区别是非常巨大的。我们很清楚地知道狩猎-采集文化时代的人类根本就不了解什么是植物育种，什么是动物驯养。从这样的一个起点到一个先进的状态，应该需要很长的时间，至少比那些历史学家们所坚持认为的要长得多。

　　我们必须要问，他们的这些知识是从哪里产生的？石器时代的人类是怎样突然就获得培育动物和植物的技巧，而且这么熟练，达到了这样高的一个程度？我们在埃及人和苏美尔人的艺术作品中发现了纯种的萨路基犬和灵缇犬：它们为什么能这么迅速地从狼饲养成这样的物种的？

　　接下来的几个疑点会让传统的解释很难自圆其说：1、人类在石器时代时进化非常缓慢。2、人类突然发明和使用新的工具、食用新的食物，突然出现了之前没有出现过的社会形态。如果早期的人类食用野生的谷物，并且在很长的一段时间里已经有了杂交的经验，有着明显的发展阶段，那么也许我们还容易理解。

　　但是，我们要怎么接受从石器时代到吉萨金字塔群的历史描述呢？

　　植物杂交是一种非常精确的科学技术，我们知道在苏美尔、在埃及和在早期的以色列都使用了这一技术。如果你怀疑这种说法，认为我们与我们祖先发展的只是一种原始的谷物，那么你需要再好好思考思考，这是很奇怪的。还有其他几百种可能的野生植物可以被培育。在过去的三千多年时间当中，我们为什么没能从其他的野生物种中再发展出新的谷物来？过去的人类在石器时代所具有的关于谷物的知识是非常单薄的，他们是怎样从这么贫乏的知识中来选择最好的谷物的？

他们不仅弄明白了所有的这些复杂的组织，而且很快的就从谷物当中发展出来了第二种基本的产品。五千年前，苏美尔人就已经开始用谷子来制作面包和啤酒，而离他们最近的祖先——至少人类学家是这么说的——根本就不知道这些东西，他们靠采集和猎杀野生动物为生。这看起来就好像他们得到了其他人的指导，得到了那些已经发展出这些东西的人的指导。但从他们的祖先那里不太可能得到这种指导，因为他们的祖先是猎人和采集者。

我们现在很难去重建这一急速的转变过程，因为与这一转变相伴的还有人类生活其他各个方面的根本变化。之前的人类除了游牧生活和原始共产主义社会之外什么都不知道，他们是怎样这么迅速地、这么彻底地改变一切的呢？如果他们根本就不知道阶级社会这种组织形式的话，那又是什么驱使他们建造城市，并创造了有明确阶级划分的文明的呢？

旧石器时代的晚期和中石器时代的早期，大约公元前8000年至公元前5500年，在尼罗河流域生活着一些部落，他们住在半地面式的椭圆形房子里，房子地面都是泥巴和树枝。他们制作简单的陶器，使用石头制成的斧子，用燧石来制作弓箭的箭头。他们过着半游牧式的生活，季节性地从一个聚居点迁徙到另一个聚居点去。全世界大多数的主要部落都过着这种类似的生活。我们是怎样从这样的生活进化到可以修建金字塔的程度呢？而且还是在这么短的时间里？要知道，用来修建金字塔的石块重达一吨到六十吨，这个工程巨大无比。

我们根本不可能解释清楚这样快速的转变。所有的发明和文明的发展都需要时间，需要一系列明确的、可以识别的发展阶段。最早的发明者在哪里？我们很容易就能追踪到旧石器时代那些原始的工具：有裂口的斧头和弓箭箭头等。我们也应该能够找到文明发展的证据。

但是哪里有小一些的金字塔呢？——或者非常小的？哪里又有这些复杂的石碑出现之前的相对粗糙的石头雕刻呢？所有的人都知道，进化就是从简单到复杂，而不是从由泥巴和稻草做的茅屋一下子就变成了需要大量的人工、用巨大的石头和复杂的手工艺来修建的巨型建筑。

我们显然还没有发现中间的发展过程。苏美尔用楔形文字在石碑上写下了他们非常复杂的灌溉系统、种植系统，以及烘烤的方式和制作啤酒的方式。《圣经》也告诉我们，很久之前，犹太人就开始种植葡萄，并用它们来酿酒，他们不仅制作没有发酵的面包，而且同时也制作发了酵的面包。我们把这些都视作理所当然的，而没有注意到它们实际上隐藏着另外一个问题。在那么短的时间跨度里，他们是在哪里学会的杂交小麦？从哪里学会把小麦变成面粉？又从哪里学会把面粉变成面包的？还有葡萄栽培呢？这些都并非简单的或一看就会的制作过程。

我们只能假设他们的原始祖先花了很长的时间才发展出这样的种植技巧，这是唯一合乎逻辑的解释。但是实际情况却根本不是这样。考古学家记录下来的最早的、最原始的农业试验发生在雅莫（Jarmo）和耶利哥（Jericho）[1]。这里有些非常小的、简陋的村庄，他们种植一些最简单的农作物，但是他们仍然继续打猎和采集食物，因此，他们也并非严格意义上的农业社会。

问题在于这些村庄和苏美尔、埃及之间并没有一个中间的连接过程。就像我们没有发现小型的金字形神殿、小型的金字塔，或者其他任何能够证明石器时代的工匠们就能雕刻复杂的雕塑和石柱的证据一样。

现在普遍公认的理论开始越来越依赖于某些专家的"官方"说法，而不是那些经过非常扎实的讨论过后的事实。因为传统的理论已经不能解决目前越来越多的异常现象，因此我们的考古学、历史学和人类学都走到了一个危机的关头。传统的理论都是非常单薄和呆板的，甚至不能支撑他们自己的假设。他们分散的、片面的看法也不能形成一个独立的、完整的理论体系。

在这本书的开始，我们引用了著名的古人类学家路易斯·里基（Louis Leakey）的一句名言。许多年前，当他在一所大学开讲座时，其中某位学生问了他一个关于进化中的"遗失的一环"的问题，他是这样回答的："我们不是有遗失的一环，而是有遗失的上百环。" 比起这句话在生物学上的意义，我觉得它对于我们的文明来说更加意义重大。除非我们找到这些失落的环节，不然我们就会一直像患了失忆症的人一样，挣扎在我们的现代生活和历史当中。

---

1. 雅莫：现位于伊拉克境内的古代城市遗址。耶利哥：现位于巴勒斯坦境内的古代城市遗址。

28 亚特兰蒂斯科技：它们如何发展？
证据能告诉我们什么？
弗兰克•约瑟夫

埃德加•凯西（Edgar Cayce）曾说过，亚特兰蒂斯的居民能操作飞行器与潜水艇，他们掌握的先进技术远远超越了20世纪所企及的水准。他描述了亚特兰蒂斯超越当今认知范围的成就，分析了先进的古代科技。当然，对于大多数研究人员来讲，这是一个很难接受的论题。在这个论题下，凯西具体提到了，亚特兰蒂斯人善于"远距离成像"，善于"隔墙视物——即使相距甚远"。

他还详细描绘了亚特兰蒂斯的电气刀："这种刀可以运用于今天我们所说的无血外科手术，刀的形态是一种非常稳定的能量，它能在身体中凝结，这样就能进入或切开大动脉及血管。"

凯西猜测，是亚特兰蒂斯的难民将"电子音乐"带到了埃及："音乐中包含的色彩、节奏、活力与人类的情绪是协调一致的，音乐能够改变他们的情绪。疾病能在人体内造成精神性的影响，因此有的人受外界影响而发疯，而有的人饱受病痛折磨。这种情况下，可以用和这些人的个体气质协调一致的音乐来进行治疗。"

凯西还谈到"从地球深处带出来的死亡射线，它被当作供给来源，但这东西也能毁掉许多土地"。这种"死亡射线"也许就是今天的激光，因为凯西在1933年说，它"在将近25年间被发现"。他提到了"电气的应用——那些人用电力建造的建筑外表精美，内里却是邪恶的殿堂"。亚特兰蒂斯人长于"掌控电力，特别是将之作用于金属。他们不仅能用电力发现金属矿产，而且能用电力来提炼金属。他们会在实验中运用各种各样的电力，观察它们的传输或变形"。

但是，亚特兰蒂斯人用电流制作金属品的时候，还没有任何证据表明古代人了解电，更不用说用电来冶金了。到了1938年，德国考古学家威廉•科尼希（Wilhelm Koenig）博士在巴格达的伊拉克国立博物馆为手工艺品编书目，当时他注意到，一组有两千年历史的土罐竟与干蓄电池惊人地相似。他观察到它们有很特殊的内部细节——每个罐子里都有一根铜柱，底部盖着圆盘（亦为铜制），并封之以柏油——这极大地激发了他的好奇心。

数年之后，科尼希博士的猜测得到了证实。威拉德•格雷（Willard Gray）是马萨诸塞州匹兹菲尔德的通用电气高压试验室的技术员，他发现，将一支铁条插在铜管中，里面充满柠檬酸，就能产生1.5～2.75伏的电，足以给物体镀金。格雷的实验证明，古代的工匠可能已经用电力加工金属了。

那些罐子如今被统称为"巴格达电池"（Baghdad battery），毫无疑问，它绝非同类物品中的首创，这个设备表明，在它之前还存在一种不为人知的科技，也许比它的出现要早数千年之久，而且可能包含更为惊人的电气工程技术。

按照凯西的说法，亚特兰蒂斯人没有把他们的电力应用局限在冶金术上。他们的科技已经非常先进：他们"使用声波，用光来做通信工具"；建筑物里运转着"由压缩空气和蒸汽控制的升降机和联运管道"。

亚特兰蒂斯的科技还延伸到了航空学领域。橡皮制的飞行器"做成容器的样子，里面的气体可以起到上升和推进的作用。飞行器能够到达大洲的各个角落，甚至能到异国他乡。……它们不仅能穿越所谓的大气或更重的物质，而且能潜入水下。"

人工操纵的飞行器几乎是我们时代的象征，这些有关古代航空术的奇谈怪论令人难以置信。然而，严肃的研究者们相信，两千年前甚至更早的时候，秘鲁的气球驾驶者就从空中对著名的纳斯卡线条[1]（Nazca Lines）做了测绘。就算我们不愿接受凯西的设想，但这些证据却是切切实实存在的，它至少说明古代世界可能真的存在人工操纵的飞行器。

已经获得证实的最早的空中旅行发生在公元前5世纪，在柏拉图出生之前。当时希腊科学家阿契塔（Archytas）发明了皮制的风筝，它大得足以负载一个小男孩。希腊军队用它进行空中巡逻，这是已知的最早实例。

更令人惊异的是19世纪末在上尼罗河谷的发现。著名作家兼探险家大卫·哈彻·柴尔德雷斯（David Hatcher Childress）的描述最为详尽："1898年，撒哈拉附近的埃及人墓穴中出土了一个模型，它被存放在开罗的埃及博物馆，归类为'鸟'，编号是6347号文物。1969年，卡里尔·马西哈（Khalil Massiha）博士惊讶地发现，这只'鸟'不仅有笔直的双翼，而且有垂直的尾翼。马西哈博士觉得这件物品看起来像飞机模型。它由木头制成，重39.12克，保存完好。

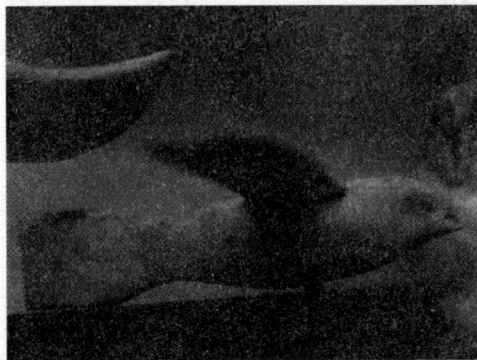

图28.1：塞加拉机械鸟。

"它的翼展长18厘米，鼻子长3.2厘米，全长18厘米，骨端和翼尖的形状都符合空气动力学。除了一只象征性的眼睛和翅膀下的两条短线之外，它没有其他装饰，也没有用来着陆的腿。专家测试了这个模型，发现其飞行性能良好。"

埃及发掘出类似的飞行模型

1.纳斯卡线条位于秘鲁南部的纳斯卡地区，它是一片绵延几公里的线条，构成各种生动的图案，镶刻在大地之上，至今仍然没有人能合理地解释，究竟是谁创造了纳斯卡线条、它们又是怎样创造出来的、神秘线条背后意味着什么，因此纳斯卡线条被列入世界十大谜团。

共计14个。有趣的是，出土撒哈拉模型的考古区属于最古老的王朝，这片区域处于法老时期文明的源头。这说明飞行器不是后世的发明，而是属于尼罗河谷的早期文明。

埃及人不合常规的工艺品也许确实是"模型"，他们是在模仿亚特兰蒂斯祖先的飞行器。开罗博物馆的木制滑翔机模型表明，埃及人至少了解重航空器的基本原理。这种知识可能是更早的时代留下来的唯一遗产，而那些原理被用于更严肃的目的。

柴尔德雷斯的以上文字摘自他的著作《古印度和亚特兰蒂斯的维曼拿飞行器》（*Vimana Aircraft of Ancient India and Atlantis*，与伊万·桑德森[Ivan Sanderson]合著)，此书对古飞行器进行了最全面的调查。在书里，柴尔德雷斯从早期印度典籍中收集了很多有关飞行器的证据。这些飞行器被称为维曼拿（vimanas），著名的《罗摩衍那》、《摩诃婆罗多》，以及不那么著名却是最为古老的印度史诗《德罗纳篇》（*Drona Parva*）当中，都有它们的身影。

除此之外，其他很多古印度文献也提到了飞行器，其技术性的细节描述令人惊异。《飞行术》（*Vimaanika Shastra*）、《摩奴沙》（*Manusa*）和《战地指挥》（*Samarangana Sutradhara*）等经典文献还描写了"飞天马车"，据说在史前时期就有人操纵它们了。

以上的每一部史诗都提到了一个更古老的时代，那是亚特兰蒂斯那战火蔓延、洪水滔天的最后年月。那些令人印象深刻的原始材料追溯到了印度文学的源头，柴尔德雷斯将它们汇总，并引向凯西对亚特兰蒂斯飞行设备的描述。然而，我们必须知道，维曼拿其实和现代航空学没有任何共同之处，因为它们的驱动力与燃料发动机或喷气式发动机截然不同，它们与航空学也关系不大。

很显然，亚特兰蒂斯人操纵两类飞行器：一类是加气的飞船式飞行器，一类是重航空器维曼拿，维曼拿的能量由地面的中心动力源直接供给，它意味着一种超越已知飞行器的航空技术。

凯西描述气球时说，有一个细节表明它们是可信的。他说它们的表面由大象皮制成。显然，象皮外壳对于轻航空器有限的载重来说太重了。但是我们进一步来想，更轻巧而且无渗漏的大象膀胱倒是足以胜任。不管怎样，凯西说过，亚特兰蒂斯人将他们国家所产的动物用于多种用途。

柏拉图在《柯里西亚斯》中也提到，亚特兰蒂斯岛屿上有很多大象。怀疑论者一直在指责，柏拉图的作品里居然有这种格格不入的厚皮动物。直到1960年，海洋学家挖掘大西洋海底，在葡萄牙海岸线以西200余公里处，出人意料地挖出了上百块散落的象骨。科学家推断出，动物们曾于古代跨越大陆桥来到亚特兰蒂斯。大陆桥从北非的大西洋海岸一直延伸到后来沉入海中的干燥陆地，不过现在早已淹没在波涛中。他们的发现不仅让人证实柏拉图可信，而且证明凯西并没有在信口胡说。

更令人吃惊的是，公元前5世纪早期的希腊历史学家希罗多德和公元1世纪的罗马博物学家老普林尼都知道潜水艇。就连亚里士多德都描写过潜水艇，据说他最有名的学生亚历山大大帝曾在公元前320年左右，乘坐罩着玻璃的潜水船在东地中海下巡游。

这些潜水器可能出现在23个世纪之前，当时亚特兰蒂斯已经在一千年前消亡了。即便如此，假如这样的发明物产生于古典时期，也可能是在青铜时代，从技术角度来说两者差异不大。

古代飞行术已经让我们非常吃惊，但与更伟大的科技成就相比，它就黯然失色了。埃德加·凯西说，亚特兰蒂斯科学家成功地"裂变原子能，制造强大的能量用于交通运输、旅行，用来举起重物或改变大自然的面貌"。他还说亚特兰蒂斯人发明了炸药。七年之前，他提到过"最早的炸药在亚特兰蒂斯时代被制造出来"。更早的时候，现代亚特兰蒂斯学的鼻祖伊格内休斯·唐纳利（Ignatius Donnelly）也写过亚特兰蒂斯有炸药。

凯西解释说，亚特兰蒂斯人之所以能创造如此先进的社会，是因为最终的大灾难来临之前，它们的文明发展一直延绵不绝。在许多个世纪内，他们的科学技术不断发展与完善，为其文化的演进增光添彩。这种古代科技的基础是对晶体能源的了解和应用。通过使用晶体能源，自然驱动力能以某种方式直接为人类的需求服务，空中运输和海底运输就可以实现，远距离通讯将亚特兰蒂斯世界联系在一起。

我们发觉，史前时代存在水平如此之高的文明，这实在让人难以置信。然而，许多更知名文明的科技也有过突破性发展，他们的社会消亡时，这些成就被遗忘，数千年后才被再次发现。譬如，在20世纪之前，美洲中部玛雅人的天体力学成就一直无人望其项背；与今天秘鲁所使用的耕作方法相比，印加人的农业技术的产出量要高出两倍。

柏拉图描写亚特兰蒂斯的时候，他同时代的希腊人在驾驶亚力山卓号。它是一艘巨大的船，其长度超过400英尺，接下来的两千年中，再也没有出现过与之相匹敌的船。埃及第八王朝期间所使用的妊娠检测法，直到20世纪20年代才被发现。就拿埃及金字塔来说，我们现代世界顶尖的工程师无法分毫不差地复制胡夫金字塔。随着古代文明的衰败而失落的东西，无疑比已发现的东西更多。

此外，我们得明白，并不是只有我们这个的时代才出天才人物。因此我们不用怀疑，在远古时期，这些文明就可以创造出如此复杂的技术。关于失落的文明，我们能从西方文明史上最有影响力的哲学家那里找到可靠的根据。只不过，他们在解释失落文明时可能会对其不以为然。

不论是超自然性质的传说，还是遍及全世界的神话，它们都几乎同样表示，亚特兰蒂斯的尖端科技最终导致了它的毁灭。凯西说，石英晶体技术制造的物质奇观让亚特兰蒂斯人欣喜若狂，生产出来的财富与奢侈品让他们产生了无尽的欲望。

为了挖掘更多的矿物资源，他们让能量晶体的光束进入地球的深处开采。

矿石从地下喷涌而出，巨量的高级铜矿刺激了前古典时代的青铜武器制造业，而黄金多得能够覆盖亚特兰蒂斯的城墙。

现在密歇根的采铜业依旧残留着史前亚特兰蒂斯技术的痕迹。比如说，某种未知的设备让古代矿工能够在坚固岩石中开出60英尺深的矿坑，另一种仪器能引导他们找到罗亚尔岛和基瓦尼山下最丰饶的铜矿脉。

公元前4000年晚期，史前矿工开采了至少价值5亿镑的赤铜矿。这绝非虚言，早在一个世纪以前，它们就为考古学家所知。也许亚特兰蒂斯人在采矿业上过于雄心勃勃，挖掘得太深，进入了处于活跃期的中部大西洋海脊，这是他们的财富之基。他们将我们充满生机的星球看作取之不尽的矿石源泉，他们的贪婪破坏了生态环境，引发了地质灾害，但他们对此视而不见。他们与我们的时代就像两条平行线，二者像得令人难以忍受。

就这样，亚特兰蒂斯人沉醉于毫无自制的物质至上的狂欢。但在某个不可思议的节点，长期遭受磨难的大自然进行反抗了。它的忍耐超过了限度，便用可怕的处罚严惩了它罪恶的子孙。在剧烈的火山喷发中，它的地狱之火吞没了富饶的亚特兰蒂斯，毁灭了整个岛屿。崩塌、燃烧的城市及其尖叫的居民沉入海底，最后成为神话。"伟大的，可怕的晶体"——使亚特兰蒂斯空前繁荣的源泉——成了导致他们厄运的重要因素。

29 考古学和万有引力定律：
传统理论认定的古代生产水平不能成立，
因为金字塔所用的石块奇重无比
威尔·哈特

　　和巨大的重型推土机性比，那些日常清扫街道的机器看起来就像是儿童玩具。这种机器重约350吨，只能用于采矿操作，因为联邦高速公路的限重是40吨，而这个机器即使不负载也要比那重得多。在亚利桑那州的比斯比，我在当地的一个露天铜矿场见过它来来回回地运行。看到它的时候，突然间我如醍醐灌顶，一个我思考了很久的问题似乎有了眉目。

　　重型推土机是现代社会最重的搬运车，只有它能够推动我们在埃及、玻利维亚、秘鲁的景点里发现的那些最重的石头。当我从前还在学习文学的时候，曾经在一个偏僻的小镇上的一个水泥制造厂里工作过一段时间。在那里我学会了要怎样处理那些很重的东西，知道了一个前段装载机能举起多重的事物，而一个双层的平板货车又能够拉动多重的事物。

　　我对这些神秘、古老文化研究三十年。但是，每当我说起要把那些沉重的石砖从很远的地方搬运回来有多么不容易，说起把它们吊到空中多困难时，我总是会对人们的反应感到吃惊。他们要么给我一个一无所知的表情，要么就是耸耸肩，不以为然地说道："这有什么了不起的？"他们的反应让我很受挫折，让我觉得我是不是没有把这种行为的困难之处解释清楚。不过，这也让我意识到了大多数人其实都没有抓住问题的关键之处——这就是我们的地球到底有什么神秘的地方——虽然这只需要简单的、直接的经验。

　　一百五十年前，大多数人都生活在偏远的农村，他们在日常生活中都要面对怎么搬运干草、木材，以及其他的东西。所以他们知道捆绑一吨重的干草、举起三百磅重的木材和一大块石头到底需要多大的力气。但是到了现在，所有的这些重活都被机器全部承担了，所以我们反而不知道它们所要花费的努力了。最近，我在和一个朋友的谈话中，我说到为什么埃及人不可能只靠原始的工具和技术就修建了金字塔时，向他提起了这个问题。

　　他最开始表示怀疑，但是他回忆起某件事后迅速地改变了态度。当时我正在跟他说，如果他能处理国王寝宫里那个70吨重的巨石，那我就愿意承认金字塔的修建者能够处理那几百万块2.5吨重的砖块。然后他突然想起了一件往事。他告诉我有次他和一群朋友想要一起移动一个非常重的撞球台。他们各就各位，肩并肩的准备抬起撞球台。他们甚至喊起了古老的号子。

　　但是很快他们就吃惊地发现，撞球台一动都没有动，他们甚至无法把它抬高一英寸。他终于接受了我的观点。你不能依靠人力来将一块70吨重的花岗岩从采石场里举起来，然后放到一个雪橇上去。如果我们再想一想，将一块100吨重的巨石举起来，然后放到斯芬克斯神殿里那个离地面20多英尺高的平台上去，这又该是一个多么困难的任务！这是一个工程学和物理学上的难题，至今没有被解答，很多埃及学家都致力于解答这个难题。花岗岩的密度非常大，一块20英尺长的花岗岩可以重达70吨。大约需要多少人才能一起搬动这样的一块巨石？五十个人？实际上，五十个人连10吨重的东西都举不起来。

图29.1：埃及哈夫拉金字塔，组成它的巨石每一个都重达70吨。在地上还存放着许多零散的巨石。

这是一个难以解释的问题。只要埃及学家们坚持认为当时的人都凭赤手空拳，以及绳子等简陋的工具就举起了巨石，那么这个问题就有待继续被审问。只有解决了这个最基本的障碍，我们才能真正接受埃及学家们给予的其他所有的设想。如果他们不能或者不愿证明当时的人们就是按他们今天所宣称的样子来搬运石头，那么，现在是时候去挑战这些埃及学家了。要知道，他们的其他理论都是建立在这个理论基础之上的。显然，我们需要抛弃所有的那些公认的思想，离开所谓的争论，去寻找事实的真相。

让我们再回到那块重达350吨的巨石上去，它已经接近了我们现有的商业起重机承载能力的极限。如果有人认为单靠人力、绳子、雪橇就能运送和举起我们现在最重的设备都几乎没办法举起的重量，那么我只能说这样的人对技术完全无知。最近，我看了一个纪录片，片中记录了这样一件事故：当一辆火车驶过的时候，一座桥发生了坍塌。我在之前的矿场工作时，经历过一个类似的事件。

火车车头，不管是蒸汽机、还是柴油机，大约重两百吨。他们都是专干脏活、累活的辛勤劳作的机器。在埃及和秘鲁有许多巨石都像火车车头一样重。纪录片中，一个大得出奇的起重机开了过来，想要将火车车头从河里打捞上来。试想一下，一个火车头放在一个空旷的平地上或者沙地上，会发生什么？它会立即就往土里沉了下去。这就是为什么火车的轨道总是要在铁轨下面架上交叉的砾石石床的原因。

几千个人能不能在沙地上拉动一个火车车头？这显然不太可能。必须修建某种特殊的硬邦邦的路，才能承受火车车头的重量和减少拉动时的阻力。正如我们之前说到的那样，我们现在的高速公路只能承载四十吨以内的车辆。

普通的牵引式拖车可以拖拉大约20吨重的货物，这就是说，如果超出20吨就是非常重了。超过20吨重的运输却发生在埃及各地。但是，在哪里可以看到那些运输这些重量的货物所必需的道路呢？这些道路应该是用石头和砖块来修建的，它们不可能就这么凭空消失了。

图29.2：50年代的蒸汽火车头，重达两百吨。J.道格拉斯·凯尼恩提供图片。

如果我们能够发现一些古代的人所修建的用来运输石头的道路，那么我们也许可以很好地检验传统的雪橇运输理论是否正确。在我看来，古代的人运输那些最重的货物所采用的方式完全足以打破传统观点所认为的金字塔的修建理论和时间理论。目前学术界还没有提出过任何使用机械的假设，他们似乎也并没有真正进行过这一方面实地的挖掘。拿一支笔，往纸上写着将100吨重的石头从采石场运到了寺庙里，这真是太容易了。可是要真正做起来呢？如果不使用现代的设备，根本不可能在现实生活当中仅靠人力来完成这样的任务。

实际上，一年以前，埃及古物学家马克·莱纳（Mark Lehner）已经组建了一个专门的小组，进行了一次试验。他们试图用原始的工具和技术举起一块35吨重的方尖碑石塔。整个过程都被NOVA节目组摄制了下来。他们请来了一个非常了不起的石匠，让他将一块花岗岩石块从基岩上凿下来，不幸的是，他在使用了各种他知道的手段后，还是决定放弃了。最后，他们叫来了一辆推土机，这台推土机将这个石块切了下来，然后放到了一辆等待着的货车上。实际上，这就是这次试验的结局了。它再次证明了要用人力来搬运一块石头——即使它只有现在仍然矗立在埃及的那块最大的方尖碑石塔的十分之一大小——是完全不可能的事。

还需要些什么证据呢？

莱纳之后再也没有试过用原始工具来证明金字塔是如何修造的。不过，他之后做了一个实验来证明一个20英尺高的金字塔模型是可以修建成功的。他使用了现代的凿子、锤子等工具，还有一辆有一个钢辘轳的货车，可以将石头从采石场里吊起来。

只有采用这种折中的方式才最终完成了这次试验，但实际上这看上去很愚蠢，因为这个试验所使用的这些砖块只有建造金字塔所使用的普通砖块的一半大小。这又怎么能证明70吨重的巨石是怎么被垂直举到150英尺高的国王寝宫中去的？他使用的这个20英尺的模型，就和我们前面打的那个比喻——塑料玩具和真正的推土机之间的区别——一样。这个失败的实验只证明了一件事：莱纳被金字塔建造过程中的这个巨大的问题难住了。

如果我们要重新修建金字塔，我们就必须面对这种类似的、难以解决的问题。在20世纪70年代时，我们有另外一个例子可以证明，要实现这么一个重大的项目到底需要多么周密的、费劲的计划。那个时候，日本是全球经济的一个奇迹，他们的发展速度非常惊人。尼桑公司捐资成立了一个小组，他们想要证明他们有能力建造一个60英尺大小的金字塔模型，而且这个小组决定全部使用传统的工具和建造手段。

埃及政府也同意了这个建造计划。但是很快他们就遇到了第一个难题：他们发现他们无法将石头从采石场里切割下来。他们于是开始使用手提电钻。但是当他们试图用一艘古老的木船将石头运到河对岸时，他们又遇到了第二个尴尬的问题。他们没办法完成，最后只能叫来了一艘现代的船只。

困难越来越多。他们发现雪橇会沉到沙地里去，他们根本没有办法拉动它。他们又只能叫来一辆推土机和一辆货车。最终运输过程总算完成了。但是他们在组装这些石头时又发现，他们根本不能确定这些石头的准确的安放位置，因此他们叫来了一架直升飞机帮助他们。

国际地位和荣誉对日本来说是非常重要的，但这却是一次耻辱的经历。当他们最后发现他们不能将四面墙聚合到一个顶点上时，这简直变成了一次彻底的羞辱，整个小型金字塔的修建计划无疑完全是一次灾难。他们失望地离开了吉萨，这次他们变得聪明一些了。想象一下，当初在修建吉萨大金字塔时，把这四面高达481英尺的墙聚合到一个顶点上到底经历了一个怎样不可思议的过程？

古埃及人到底花了多长的时间修建金字塔？这实际上是一个错误的问题。正确的应该是：古埃及人真的有能力修建这样的金字塔吗？答案则是：绝对不会是埃及学家们所宣称的那种方式——用那些古老的工具和古老的技术。

实际上这样的问题已经被讨论了很多年了。我们应该停止争论，向前看。一些另类历史学家们确实提出了一些神秘的解释，虽然正统的学者们都嗤之以鼻。坦白的来说，传统学者们的阻止完全是一种徒劳，他们不愿意用科学的准则和方法论来解决问题。

克里斯·邓恩（Chris Dunn）在说到这个问题时，指出当不可靠的证据和严酷的现实之间有矛盾时，埃及学家们总是在使用两套不同的标准。他们给自己的标准是地面以上一英尺，而给另类历史学家的是地面以上八英尺的标准。

20世纪90年代中期，扎希·哈瓦斯和马克·莱纳进行过多次的电视现场直播或者录像摄影，用以支持他们的观点。2002年9月，福克斯电视台的一个特别节目现场直播了在吉萨高原进行的试验。我在电视机前目睹了机器人对金字塔通风通道的探测。大多数人都把注意力集中在了探测的结果上，实际上，我们错过了这整个计划的最重要的一个部分。这个计划帮助我们发现了可以对传统历史视角进行补充和增添的新观点。整个计划是严格地一步一步地进行的，这正是该节目的"方案"的一部分。

实际上，根本不存在什么正统历史学家和另类历史学家这两个阵营的"辩论"，因为前一个阵营拒绝开展任何公平的、公开的交流，他们也拒绝提供任何坚实的、足以支持他们的理论的证据。他们的每一个基本的建设原则都可以通过科学的试验进行检测。我们一直以来都对另类历史学家们存在着偏见，因为我们以为另外的那个阵营能够以引人注目的事实为论证的依据，或者能够提供无可辩驳的证据。但是很显然，这只是一种错误的假设。

长期以来，历史的神秘疑团已经成为一场政治足球赛。

在我看来，现在是抛弃僵化的思维模式，停止另一个阵营那些拙劣的规则的时候了。如果真的存在过争论，现在也应该停止了，我们为什么要浪费精力试图去打开那些僵化的头脑呢？这是徒劳无益的。还有一些更加严峻的问题需要我们集中全部的注意力：到底是哪种高度发达的文明使用那些巨石建造了金字塔？他们到底是怎样建造的？他们所使用的科技留下的证据又去哪里了呢？我们是受到了某种外星人的帮助吗？我们人类是否应该解决这一基因上的难题，尤其是在它影响到我们的未来之前？或者是一种"失落"的文明给我们遗留下了这些遗迹？

30 一个工程师在埃及：
古埃及人制造工具的技术是否可以和太空时代相媲美？
克里斯多夫·邓恩

在过去的三年时间里，作为古埃及研究标志的史前古器物理论已经进入了一个新的时代。新的理论公开表示要颠覆传统学术界眼中的史前社会。为此，学术界目前正展开着激烈的论争，甚至还出现了打压和阴谋论。正如本文的写作目的一样，一个新的思想运动正在蓬勃兴起，目的是还给世界一个被误解了的史前遗产。参与这项运动的有各个领域的专家，他们直面埃及古物学者的猛烈攻击，共同合作，希望能改变我们对史前社会的认识。

埃及古物学家们的反对有点类似垂死挣扎。为了努力维护他们舒适的现状，他们在面对专业的分析时，往往喜欢去争论那些工程学上的细节问题，而这些问题通常什么都不能证实。在最近的一次采访中，一个埃及古物学家嘲讽了那些提出不一样的金字塔观点的理论家。他认为这些理论家的观点是饮酒过度，受刺激产生出来的不正常的想象。

图30.1：加蜡可以显示出在吉萨出土的石头那像机械雕刻一般完美的曲线。由克里斯多夫·邓恩提供图片。

为了挑战传统的观点，几十年以前就已经有了另外一种潜在的思潮，这种思潮认为金字塔的建造者拥有非常先进的技术水平。有一些人试图按照传统观点所说的，用古埃及人建造金字塔的方式来重建金字塔，但是很不幸的是，这些人都失败了。大金字塔高483英尺，由每块都重达70吨的巨石组成，这些巨石都被抬到了175英尺高的地方。有的传统学者将两吨的石头举到了几英尺的高度。有人怀疑，这样的尝试到底是证明了用原始的方式可以修建金字塔呢？还是刚好证明了相反的事实？用传统理论所认为的方式来进行试验，并不一定就能证明这样的理论是正确的。我们需要重新审视一下这样的理论吗？或者我们还是继续用错误的数据来教育我们的下一代？

1984年8月，本文作者在《同源》（*Analog*）杂志上发表了一篇名为《古埃及的高科技？》的文章。这篇文章以威廉·弗林德斯·皮特利爵士（Sir William Flinders Petrie）对金字塔和吉萨的研究为基础，他的著作发表于1883年。自从我的这篇文章发表后，我有幸去了埃及两次。每去一次，我对修建金字塔的古埃及人的敬佩就会增加一分。金字塔是一个奇迹，而这个奇迹是现今这个世界所有奇迹中唯一一个如此恢宏的。

1986年，我去了一趟开罗博物馆，向博物馆的馆长提交了我这篇论文的复印件，以及我本人的名片。他非常有礼貌地感谢了我，然后将我的文章扔到了抽屉里，和其他杂物放在一起，之后就转身走掉了。另一位埃及古物学家则把我带到了一间"工具室"里，他向我展示了陈列在这间屋子里的一些原始的铜制工具，同时向我说明了古埃及的石匠们是怎么样使用这些工具的。

我就切割花岗岩的问题询问了这位埃及古物学家，这同时也是我的文章所关注的中心。他解释道：古埃及人首先是在花岗岩上凿出一个狭长的裂口，然后插入一个浸满了水的木楔。这个木楔会膨胀，然后制造压力，最终使花岗岩裂开。当然，这还是没有解释清楚为什么铜制的工具能够切开花岗岩。但他解释得是这么的热心，我没能忍心打断他。

我想起了埃及古物学家I. E. S. 爱德华兹博士（Dr. I. E. S. Edwards）的一句话。这句话出现在他的文章《古埃及》（国家地理协会，华盛顿，1978年）里，爱德华兹说要切割花岗岩："用铜制成的斧子和凿子在锤击时会变硬。"

这就好像是在说："在他们切割那个铝制的平底锅时，他们用黄油来让刀变得锋利。"

那位向我讲解的埃及古物学者热心的地把我带到了附近的一家旅行社，他鼓励我买飞机票去一趟阿斯旺。他说道："在阿斯旺，证据很明显。你一定要看一看那里的采石场遗址，以及没有完工的方尖石碑。"我听了他的话，买了飞机票，第二天就到了阿斯旺。

阿斯旺的采石场非常具有教育意义。那块没有完工的方尖石碑大约重3000吨。然后，我所看见的采石场遗址也并没有说服我，让我相信木楔加水就是古埃及人修建金字塔时所采用的唯一一种采集石头的方式。在放置方尖碑的那条长长的通道里，古埃及人在倾斜的基石上凿了一个很大的洞，测量显示，这个洞大约深3英尺，直径12英尺。这个洞的顶端刚好位于通道的上面。（请看图片：阿斯旺的洞）古埃及人肯定使用了某种类似钻子式的工具，将方尖石碑周围的东西都凿掉了，这包括石碑和洞之间的空隙，他们去掉了所有的角。

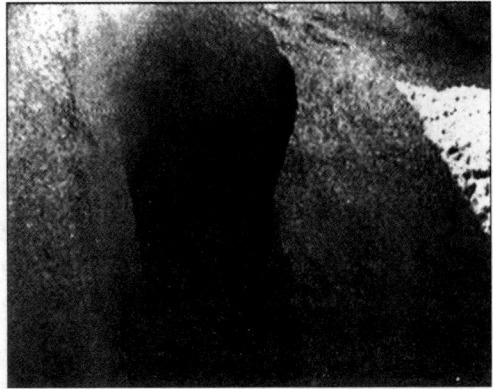

图30.2：可以证实金字塔建造者真实的采石方法的证据：在阿斯旺采石场，靠近一个没有完成的方尖石碑的岩床上，有一个巨大的钻开的洞。由克里斯多夫·邓恩提供图片。

后来当我到了吉萨高原后，我更加怀疑阿斯旺的采石场遗址了（我同时怀疑，为什么埃及古物学者这么相信它值得一看，一定要我买飞机票去看一看）。在我去吉萨高原第二座金字塔的南面时，我发现了一个有着同样特点的采石场遗址。很多用来组成第二座金字塔的花岗岩巨石都散乱地到处堆放着，而且有不同程度的损坏。这些花岗岩石头都和我一个星期前在阿斯旺的采石场看到的石头一样。

这个发现加深了我的怀疑，我怀疑埃及古物学者们关于金字塔修建者如何采石的理论是不正确的。如果这些采石场的痕迹真的是那些修建金字塔的人留下来的，那么这些人为什么要在完成了他们的工作之后，还要付出这么大的努力，去做这么困难的工作，目的只是破坏他们的工作呢？在看我来，这些采石场留下的遗址应该属于一个更晚近的时代，而那个时代的人，他们只关心如何获得花岗岩，而根本不在乎是从哪里获得这些花岗岩。

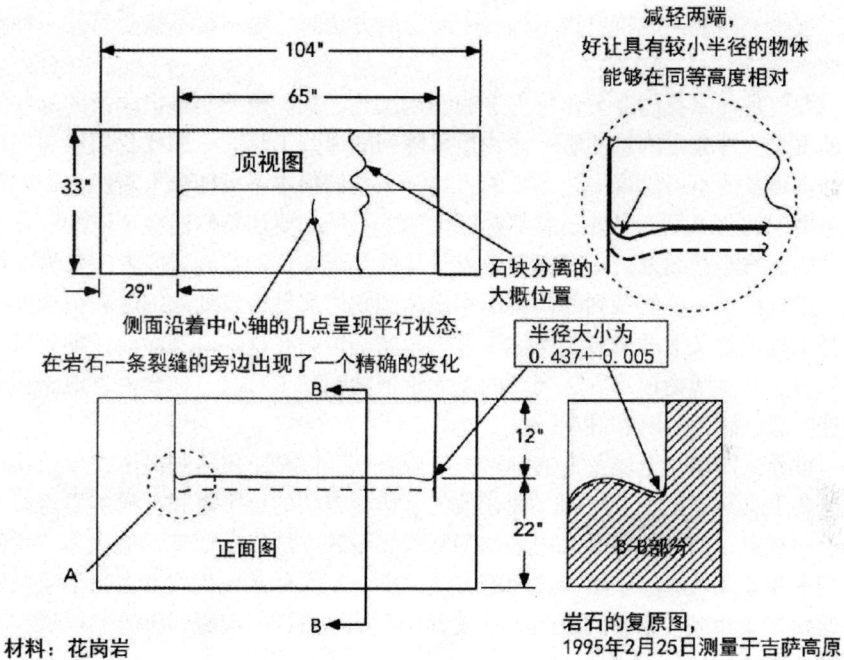

图30.3：测量吉萨石刻的曲率。由克里斯多夫·邓恩提供图片。

如果你去过塞加拉（埃及北部村庄），你可以亲眼看到工人们表演怎样用原始的方式来切割石头。这些工人们对在场的游客相当警惕，因此他们往往表演的是切割石灰岩。他们选择石灰岩，我一点都不惊奇，因为这是一种非常柔软的水成岩，它们能够很轻易地被切割开。但是，你在那里不会看到有人表演切割花岗岩，因为花岗岩是一种非常坚硬的、由长石和石英组成的火成岩。如果想要使用原始方法，用花岗岩、闪长岩、玄武岩制作一个仿古艺术品，通常都会彻底失败。

有一些埃及古物学者也不认为经过磨制的铜器能够切割花岗岩，因此他们想出了另外的一种方法。他们假设古埃及人使用了一种圆球形的闪长岩石头（另外一种非常坚硬的火成岩），然后用这种石头来"猛击"花岗岩。

如果你曾经到过埃及，看见过那些雕刻在花岗岩和闪长岩塑像上的精美的、复杂的象形文字，这些文字的雕刻的地方通常比一个正常的人还要高十五英尺，你根本就不可能会想到这样的工作是用一个圆球击打花岗岩来完成的。这些象形文字雕刻得非常精细，它们的凹槽平滑统一，深度和宽度都差不多。它们都有精美的轮廓，有的凹槽与凹槽之间的平行距离只有0.03英寸的宽度。威廉·弗林德斯·皮特利爵士认为这些凹槽只有可能是被一种特殊的工具凿出来的，因为只有特殊的工具才能在既凿出凹槽来的同时，又不会让花岗岩裂开。用小圆球来砸的念头从来就没有出现在皮特利的脑海中过。皮特利的父亲是一个工程师。因此当皮特里找不到一个满意的方法时，他不得不接受另外一种可能性。

即使是使用我们今天比较先进的制造工艺，我们想要制造出埃及的那些工艺品也是一件非常困难的事。博物馆里陈列的那些工具——那些我们认为用来制造古埃及的不可思议的艺术品的工具——我们根本不可能再重新用它们来制造出类似的艺术品。另外还有那些巨大的采石场，要切割修建金字塔的巨石、让这些巨石竖立起来，还有运送数以千计的几十吨重的花岗岩或者闪长岩，用这些工具都是不可能做到的。更不用说达到它们那种极致的熟练度和精确度。这是工程学意义上的奇迹，当你带着崇敬的心情站在这些奇迹面前仔细打量，然后再去开罗博物馆看看陈列着的毫无价值的铜制工具时，你会由衷地感到一种挫败感，感到不解和好奇。

世界上的第一个埃及古物学家——威廉·弗林德斯·皮特利爵士，早就认识到这些工具是完全不够格的。他在他的著作《吉萨的金字塔和神殿》里坦诚了自己的观点，他对古埃及人用来切割坚硬岩石的方法表示惊奇，他认为"我们直到现在才开始能够了解"这样的方法。那么，为什么现代埃及古物学家们要将这种方法和那些原始的铜制工具或者小石球联系在一起呢？不管怎样说，这都毫无道理啊！

在浏览开罗博物馆时，我发现了一个规模比较大的车床车削的痕迹。其中一个石棺的盖子有着非常明显的不同之处。它的半径在两端的割面肩处都有一个混合半径。在这些角半径的地方我所看到的刀痕，就和我在其他地方所看到的间断切削痕迹一模一样。

皮特利同时还研究了这些金字塔建造者的锯切技术。他认为金字塔建造者的锯子应该至少有9英尺长。再一次的，在皮特利研究的古代器物上有着现代锯切技术才会留下的细微痕迹。我在大金字塔国王寝宫里的石棺南端所看到的锯切痕迹，和我在现代花岗岩工艺品身上所看到的锯切痕迹是一模一样的。

根据皮特利的研究，在埃及的某些古代器物上还有管钻的痕迹，这是最为明显有力的证据，证明在史前时期就已经存在着这样的技术和知识了。古埃及使用了一种特殊的技术来打洞，这种技术就是我们今天所熟知的"打眼"技术。这种技术可以制造一个中空的洞，是一种非常有效的打洞方式。这种打洞方式不会完全穿过被打洞的材料，当工人打到一个理想的深度时，他可以将打掉的核心取出洞口。皮特利研究的不仅仅是洞而已，他对工人打好洞以后，取出来的核心也很感兴趣。他们在花岗岩上取出来的这些核心都留有螺旋槽状的痕迹。他写道："这些螺旋槽大约有0.1英寸深，周围边缘有6英寸宽；或者说一个有60英寸大小。能在石英和长石上取得这样的精确程度，这是让人非常惊奇的。"

要能够钻出这样的洞，只有一种方法可以做到。如果你不去考虑这些艺术品被建造出来的历史时间，所有的分析都清楚地指向了超声波加工工具。我在发表于1984年的那一篇论文里就提到了这种技术，至今也没有人有证据可以否定它。

1994年，我把我的论文复印了一份寄给罗伯特·鲍瓦尔（他写了《猎户星座之谜》），他把这篇论文又发给了葛瑞姆·汉卡克（他写了《上帝的指纹》）。在和汉卡克进行了一系列的对话之后，他邀请我和他一起前往埃及，拍摄一个纪录片。同时参与这个纪录片的还有罗伯特和约翰·安东尼·韦斯特。1995年2月22日上午9点，我有生以来第一次"出现在了电视上"。

这一次，为了能够进一步考察我在1986年的那次旅行中所发现的问题，我带上了一些工具：一个平的钢片（在工具店里一般叫作"平行尺"，它大概有6英寸长、四分之一英寸厚，它的边缘研磨的平面在0.0002英寸以内）；一个测量表；一个线规；一个能够组装成各种形状的设备；和一块用于粘合的硬蜡。

到了那里之后，我开始测量古埃及人建造的一些工艺品，最终，我得到的证据都毫无疑问的证明，那时古埃及人已经在使用非常先进和复杂的工具了。我进行精确测量的第一个目标是吉萨高原的第二座金字塔——卡夫拉金字塔——里的石棺。我爬到了石棺里面，手里拿着一个手电筒和一个平行尺，我惊讶地发现石棺的内部表面全部都光滑得不可思议。我把平行尺的边缘对准了石棺内部的表面，然后再用手电筒凑近仔细观察，在它们连接的地方，没有一丝光能够漏进来。不管我怎么移动平行尺——垂直地移动、水平地移动，或者滑动它，就像有些人测量一个平面的精确度时一样——我都不能发现这个完美的平面有任何一点不平整的地方。一群西班牙游客也像我一样为此感到惊讶，他们环绕着我，我感到无以言表的兴奋，因此我冲着摄像机喊道："太空时代的精确度！"

那群游客的导游这时候也变得非常活跃起来。我感觉到他们大概认为像我这样的一个外国人钻到一个埃及石棺里的做法是很不合适的，因此我又恭敬地爬了出来，开始测量石棺的外部。对于这个石棺，我还有很多地方都想要去测量，但是我并不拥有这种自由的权力。

当我压低身子，从狭窄的出口爬到外面时，我的脑子在拼命地运转。毫无疑问，这个石棺的内部非常精细，与外部的连接也非常精确。他们到底是怎办到的？单纯是使用手的话是不可能完成这样的工作的。

这个石棺让我印象十分深刻。但是另外一个地点——阶梯金字塔和索萨墓穴，在塞加拉的萨拉匹斯神殿的岩石隧道里的另一些史前古器物则让我更加惊奇。在这些黑暗的、灰尘弥漫的通道里，存放着21个巨大的玄武岩石棺。它们每一个都重达65吨，而且在制作上都和第二金字塔里所发现的石棺有着同样的精确度。

那一天晚些时候，我在吉萨高原到处乱转时偶然发现了一块花岗岩——那是我所检测的最后一个对象。我在初步检查了这块花岗岩后得出结论：古埃及的金字塔修建者们必须使用一种机器，一种拥有三个轴的精确度测试仪，才能引导其他工具来修建金字塔。

也许那些不可思议的精确度、平滑光整的表面、简单的几何构造等等都可以用简单的建造方式来解释。但是这块花岗岩却值得我们深入的思考……到底古埃及人用了什么工具来切割它呢？另一个更深的问题是：他们用什么来引导这个切割工具？在理解金字塔建造者的技术问题上，这些发现比之前我们所有的发现都更有价值！

我们需要依靠工程师和技术专家来理解这些史前古器物。当我把这块材料带到一个当地的工程师俱乐部时，他们的反应让我非常满意。他们发现了它的重要性，同意我的结论。我的注意力主要集中在古埃及人是通过什么方式来建造了这些东西，而其中的一些工程师，完全忽略了埃及古物学家们所提出的这些材料的用途，他们问道："它们是做什么用的呢？"他们完全被他们所看到的震惊了。

我们理解和阐释一种文明的技术水平，不能也不应该以书面记录下来的发展水平为准。我们社会的许多具体细节问题也许并不会被全部记录报道，一副石头壁画更有可能是绘制来传达某种意识形态性的观念，而不是为了用来记录它是用什么样的技术来绘制的。我们现代文明，也将我们技术的发展水平记录在媒体里，而这些媒体都是非常脆弱的，在发生重大的世界性灾难时，它们不可能幸存下来，比如说在发生核战争，或者另外一次冰河世纪时，这些记录都将消失。因此，在几千年之后，我们去理解一个工匠的技术也许远比理解一种语言要更加准确。毕竟，科学和技术的语言并不像我们日常说话那样拥有着相同的自由。所以，尽管几千年之后，我们曾经使用过的这些工具和机器都已经不复存在了，我们还是应该通过客观的分析它们遗留下来的证据，承认它们确实曾经存在过。

31 吉萨发电站，古埃及的高科技——一本新书想要推翻传统观点所认为的金字塔的建造目的
克里斯多夫•邓恩

1997年的夏天，一个与政府合作开发非致命性听觉武器的科学家联系了《崛起的亚特兰蒂斯》杂志社。他说，他的小组用最先进的工具对大金字塔进行了全面的分析，他们认为它的建造者使用了非常复杂的几何学知识，而这些知识是我们最近才得知的——"远远超过了欧几里得的几何学"或者其他任何已知的古几何学体系。而且，他们还告诉我们，他们的分析显示，如果要正确地理解大金字塔里房间的构造，唯一的方式只能是通过声学系统：换句话说，通过操作复杂的声音系统。在这些武器设计者看来，这意味着大金字塔非常可能是一种武器——在那个时代非常强大的一种武器。不幸的是，至今我们仍然不知道是出于什么样的原因，我们和这个科学家失去了联系。因此，我们只留下了这个我们无法证实的、但是让人充满了好奇的消息。然而，幸亏命运的垂青，我们的一个老朋友——克里斯多夫•邓恩，帮助我们对金字塔进行了声学潜能方面的最重要的探测。

克里斯曾经写过一本书，名为《吉萨发电站：古埃及的高科技》（ *The Giza Power Plant: Technologies of Ancient Egypt* ），在这本书里他为很多至今仍然没有得到解答的异常现象提供了大量的证据。他告诉我们吉萨的金字塔实际上是一种机器，它利用地球的声音能源制造出强大的能量。在这篇文章里，克里斯为他的这本书所引发的争论进行了简单的摘录和总结。

——编者

雕刻在埃及古代花岗岩器物上的证据清楚地证明，那时的制作工艺已经在使用以下的一些机器了：车床、铣床、超声波钻孔机，以及高速的锯子。同时，如果他们没有一套可以和我们今天的技术媲美的测量系统，那么他们根本不能制造出这些工艺品。这些工艺品的精确度并不是因为一时的运气，而是可以一再重复的。

在仔细分析了能够证实古埃及人的精确度的数据，分析了他们可能的或者在某种程度上来是极有可能的加工方式后，我认为要与金字塔建造者看上去所拥有的技术水平相匹配，他们一定还拥有着某种同样复杂的能量系统，从而支持这种技术水平。如果我们要讨论古代的超声波钻孔技术，有一个问题我们不得不问："他们用的是什么能源？"

图31.1：克里斯多夫•邓恩在自己的家中使用电脑。汤姆•米勒摄。

　　如果古埃及人用超声波钻孔机或者其他重型机器设备来切割花岗岩，那么他们一定需要使用电力，所以另一个更加需要解答的问题是："他们的发电站在什么地方？"很显然，在这个古老的世界中，没有任何一个建筑看上去像是核反应堆或者涡轮大厦。而且，为什么它们应该看上去像是这样的东西？为什么古老的发电站应该看起来和我们今天所拥有的相像？如果我们必须这么假设是否有误导的倾向？

　　然而，也许在古代的和现代的供电设备上真的存在着基本的一致性。我们今天的发电站通常都非常大、它们需要水流进行冷却和制造蒸汽。如果在史前社会真的存在着一个非常先进的社会，而且它确实有着这么一个能源系统，那么我们可以合理地进行假设：这样的发电站很有可能是当时最大的建筑。而且，我们还可以继续推论：正因为它是当时最大的建筑，那么这样的发电站很有可能能够在世界性的大灾难中幸存下来，不过它的部件在接下来的许多个世纪里已经被腐蚀了。

　　金字塔很显然符合这个条件。这些远古时代的几何学遗迹，已经被广泛地讨论和研究过，引起了各种各样的争论。它们所处的位置刚好在一个供水系统附近——尼罗河，而且，它们的确是远古时代留下来的最大的建筑项目。因为所有的证据都显示出在史前社会曾经存在着一个高度发达的社会，它们有着高级的电力系统，因此我开始认真地思考金字塔就是古埃及的发电站的可能性。

　　正如其他所有研究埃及金字塔的人一样，我的注意力主要集中在大金字塔上，因为这是所有的人都关注的焦点，它已经有了众多的研究成果，可以被我借用。每一个成功探索过大金字塔内部的研究者都提供了非常详细的报告。不过看起来，所有的研究者都被他们报告的数据吸引了注意力，不管这些数据看起来有多么的无足轻重。大多数他们提供的数据都集中在大金字塔和地球之间的几何和尺寸的关系。

　　我们来复习一下约翰•泰勒（John Taylor）的发现：金字塔的一寸要比英寸大0.001英寸。一腕尺有二十五金字塔寸，大金字塔的建筑面积是365.24腕尺。而我们的日历一年有365.24天。一金字塔寸的长度相当于地球旋转轴的五亿分之一。这种对应关系表明大金字塔的建造者不仅知道地球的大小，而且他们还依据地球的尺寸建立他们的测量系统。

　　大金字塔还有什么独特之处呢？虽然它的外形看上去是金字塔形，但是它的几何形状令人震惊地接近于一个独一无二的圆形，或者说球形。金字塔的高度和整个金字塔占地面积的关系，就好像一个圆形的半径和它周围的圆周的关系一样。一个建造完美的金字塔刚好拥有51° 51′ 14.3″ 的角度，正好是它的形状的圆周率值。

对这种关系的进一步了解需要的不仅是对大金字塔的所有细节的研究，而且也需要对地球的所有细节进行研究。地球是一个动态的、充满活力的天体，它从古至今一直为我们的文明提供我们所需要的能量。到目前为止，我们所需要的能量的主要形式是化石燃料。近些年来，科学的发展让我们可以开始利用原子能，这一领域的研究表明，不远的未来我们还能实现更大的进步。

然而，实际上，我们的地球有着另外一种形式的充足能源，但是这种能源的基本形式，在很大程度上来说，都被我们忽视了。它通常情况下只有在产生了破坏作用时才会得到我们的注意。这种能量就是地震。地震是因为地球内部的熔融岩浆不断的搅动而导致的一种地球板块的活动。不仅仅是地球上的海洋拥有着潮汐的活动，我们的大陆同样如此，它也处于持续的运动当中，就像月球围绕地球旋转的轨迹一样，它也不停地升起或落下。

地球的能量包括力学的、热能的、电力的、磁力的、核能的和化学的，每一种都是声音的来源。因此，地球的这些能源在工作时都能产生声波，这些声波因为产生它们的能源的不同和它们所穿过的介质的不同而具有特定的震动频率。一辆电动摩托发出的嗡嗡声——每分钟3600转的时候——如果它每隔二十四小时就减慢一转，那么它最终会远远低于人类的听力水平。地球的情况与此相似。我们每天在日常生活当中可能根本就不会注意到地球所发出来的听不见的基本脉动，或者说旋律。

从另一个方面来说，对地球上的压电物质的任何电刺激——比如说对石英——都会产生超过人类听力范围

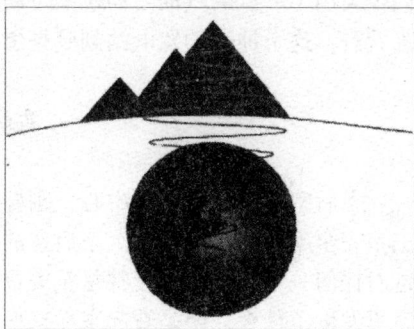

图31.2：大金字塔和地球的共振。

的声波。地球内部的物质在经受压力时会释放出大量的超声波。物质在经历塑性形变[1]时会释放出一个比产生裂缝的形变更低振幅的信号。很多人推测球状闪电[2]是某种含石英的矿岩的电力所电离的气体，这种矿岩包括花岗岩。

因为地球一直在产生着一个大范围的振动光谱，如果我们有合适的技术的话，我们其实是可以将这种振动当作能源来利用的。如果某种设备能够吸收到

1.外力对物质的作用效果包括变形和断裂。变形分为弹性变形（elastic deformation）和塑性变形（plastic deformation），前者指应力较小时，外力去除后变形消失。或者指应力大到一定程度后，外力去除后形变也不能完全消失，而是还有一部分残余变形，即发生了塑性形变。

2.通常是在强雷暴时出现的外观呈球状的一种奇异闪电。并不常见，至今没有科学解释。

比它通常接收到的地球辐射更多的能量，这能大大提升它的运行效率。因为能源遵循的是阻力最小的路线，当能源通过某种中介物质时，任何能够提供更小阻力的设备都能通过它获得一个更加宽敞的能源渠道。

如果我们考虑到这些的话，又知道金字塔和地球是一个整体，那么提出这样的说法——金字塔能够随着地球的基本频率和谐的振动，就不会显得很奇怪了。

在《吉萨发电站：古埃及的高科技》这本书里，我对金字塔的设计意图以及围绕着它的周边建筑的设计意图进行了严肃的思考，并据此提出了大量的事实依据和推理。所有的这些推理都支持了我的一个假设，那就是：大金字塔是一个发电站，而国王室是发电中心。古埃及人利用让太阳燃烧的元素（氢），以及宇宙的能量和地球的能量，将振动能量转化为了微波能量。为了让发电站真正地起作用，设计者和建设者们必须要让金字塔的振动频率和地球的振动频率一致。

一旦金字塔的振动和地球的脉搏一致之后，金字塔就成了一个耦合振荡器，从而能够在很少或没有任何反馈的情况下，持续地转化地球的能量。大金字塔东边的三座小一点的金字塔也许是用来协助大金字塔实现共振的，就像我们今天用小一点的汽油发动机来发动柴油发动机一样。那么现在就让我们一起去看看，这个神奇的发电站到底是怎么运转的。

吉萨发电站

王后室位于金字塔的中心，刚好在国王室的下方，我们在这里发现了和国王室完全不同的一些特点。王后室的独特性显示出它是专门用来生产燃料的，这对任何一个发电站来说都是至关重要的。虽然现在我们很难断言到底在王后室里发生了什么，但是看起来在这里曾经经常发生着化学反应。

远古时期发电的过程留下了一些遗迹（比如说墙上的盐），以及其他的可以推测的人工痕迹（抓钩和雪松类的木头等）和结构上的细节（比如说甘特布瑞克之门[1]），而这些都被严重忽视了。它们显示了在王后室里所发生的制造氢气的过程，而正是这个过程让国王室能够实现能量的生产。

提供原始动力的设备看起来最有可能是放置在地下室里。当"按下按钮"，这个设备开始运转起来以后，它向王后室的南北两个通道都注入化学物质，直至填满它，使得通道尽头门外的电极和抓钩发生联系。然后它们从"左"渗透进王后室，这种化学反应最终产生了氢气，氢气随后充满了内部的通道和金字塔的各个房间。化学反应产生的废料则通过水平的通道，最终进

1.甘特布瑞克：德国科学家，他发明了探测机器人，对金字塔内部进行了探测。1993年，他通过机器人把镜头分别伸进了皇后寝宫的两条通道，当镜头伸延至南面通道约65米处时，发现了一扇有两个铜把手的石门。

入通风管道。

地下室的动力设备所产生的振动，引起了整个金字塔的谐振，金字塔的谐振的振幅不断地增大，最终和地球的振动取得一致。因为与地球的和谐共振，大量的振动力量就从地球流入了金字塔，引起了一系列的连锁反应。在大走廊里安放着赫姆霍茨（Helmholtz）[1]式的谐振器，在这里振动被转化成了空气中传播的声波。因为大走廊有着专门的声学上的设计，因此声音被传输到了国王室中。只有和国王室的振动频率一致的共振才能通过一个声音过滤器，这个声音过滤器位于金字塔的前厅中。

国王室是吉萨发电站的心脏，这个能量中心由数以千计的巨大的花岗岩组成，这些花岗岩都包含有百分之五十五的含硅石英水晶。这个房间可以将任何减震的情况降低到最小，它的结构形成了一个共振腔，这个共振腔可以和传入的声波能量一起实现谐振。当花岗岩和声波一起振动时，它加大了岩石中所含石英的压强，然后通过我们所知道的压电效应这一过程最终产生了电子。

在这个时刻，国王室里便充满了融合的声波能和电能。这两种形式的能量都具有不同振幅的谐振频率，它们包括地球最基本的亚声频，一直到超声波频和高级的电磁微波频。

吉萨发电站的设计师保证了国王室里共振的频率和氢原子的共振频率一致，这样氢原子就可以自由地吸收能量。氢原子，包括一个质子和一个电子，在它有效地吸收了能量后，它的电子会进入到一个更高的能量状态。

金字塔的北通道的作用是一个管道，或者说是一个波导，原本镀有金属层——它从金字塔外部以非常精确的方式通到金字塔内部，将微波信号引导入国王室。通过这个波导通道的微波信号，和我们今天所知的氢原子所产生了微波信号是一样的。这种微波信号至今仍然充斥在宇宙的各个角落，不停地冲击着地球。这种微波信号最初可能是反射在金字塔的外部表面，然后聚焦到了北通道。

微波信号穿过国王室的时候，会途经一个水晶盒子状的扩音器。微波信号在和这个放大的共振箱里的带电氢原子互相作用后，其能量会不断增大。这种相互的作用会使电子回到它们天然的"基本状态"中去。然后，氢原子会释放出一组与输入信号相同类型和频率的能量流。这种"受激发射"是随着输入信号的流通发生的，它也经历了与输入信号相同的路径。

这一过程已经发生了亿万次以上了。输入室内的低级能量信号变成了拥有巨大能量的平行光，它被位于国王室南面墙上的一个微波接收器收集起来，然后直接通过内部镀金的南通道输出到金字塔外部。这种紧紧结合在一起的平行光束就是所有的科学、技术、工艺，以及其他所有未被言说的工作用来设计、测试和修建吉萨发电站的原因。

古埃及人需要这种能量：很有可能就和我们今天使用这种能量的原因一

1.赫姆霍茨：德国科学家，他在19世纪50年代发明了一种谐振器。

样——用来发动机器和设备。我们通过检测古埃及的石头手工艺品可以得知古埃及的手工艺人一定已经制造出了需要电力才能运转起来的机器或者工具。当然，他们输送吉萨发电站所生产的电能的方式可能和我们今天的完全不一样。

我很愿意和建筑师詹姆斯·黑根（James Hagan），以及其他的工程师和技术专家一样，向金字塔建造者表达我最深的敬意。虽然有一些学者并不接受这一点，但是这些金字塔所显示出的精确度和技术程度——即使是用今天的标准——也是非常伟大的奇迹。

实际上，在《吉萨发电站》这本书里所列举的大多数证据，都是许多年前就被一些正直的考古学家和埃及学家提出来了的。学界对这些证据的误解显然表明，这一领域迫切需要多学科间的交叉研究，而这一领域在最近这些年里已经完全将自己和非学术研究的，以及正统考古学、埃及古物学之外的领域隔离开来了。

那些头脑僵化的理论家忽视着古代文化，他们拒绝承认那些不符合他们理论的证据，或者不承认那些不能证明他们的专业程度的证据。有时我们需要一个机械师才能承认与机器相关的部分，以及机器本身。因此，大多数可以证明金字塔不仅仅是一个墓穴的证据都被忽视了，这些证据根本没有被严肃的对待过，它们往往被解释为了简单的巧合。

在金字塔里所使用的这些技术也许解释起来很容易理解，但要实际操作起来却非常困难，哪怕是在我们今天更为"先进"的文明当中。当然，如果有人受到启发，开始接受我在这里所说的这些理论，那么他或者她的视界会因为这些知识得到拓宽，也许重建这个发电站会成为具有积极的生态意义的事，尤其是对那些关心环境健康和人类未来的人来说。

古埃及人将科学和音乐结合在一起，让他们的发电站成为一首由地球振动的协奏曲（主要是利用月球对地球的万有引起所引力的潮汐能）。因为与地球母亲的生命力共振，大金字塔聚集并活化了地球母亲的脉动，将其转化成了清洁、丰富的能量。

我们对于金字塔的建造者知之甚少，对于他们建造这些巨大建筑的那个时代也并不了解，但是一切看起来很显然，他们的整个文明经历了一次剧烈的改变，一次足以摧毁他们的技术的剧变，而这次剧变也让一切变得无法挽回。从那时开始，神秘的乌云遮蔽了我们的双眼，使得我们再也看不清这些人的本质，看不懂他们的科技知识。

我在《吉萨发电站》这本书里所提出的这一理论，是为了让我们想象一个美妙的社会，这个社会在几千年前就发明出了一套我们今天都还不能设想的能量系统。当我们继续深入地去探讨一些相关的问题时，比如"这些能量是如何转化的？它们用于什么？"这个社会会变得更加美好。虽然，我们今天对埃及古物遗迹的考察还不能完全回答这些问题。然而，这些古物却可以刺激我们的想象，让我们想得更远。接下来我们还可以再想一想，到底是什么终止了建造吉萨发电站的那个伟大的文明。

32 回到吉萨发电站：技术专家克里斯·邓恩 发现了可以支持他的论点的新依据

克里斯多夫·邓恩

《吉萨发电站：古埃及人的高科技》这本书出版于1998年8月。从那以后，我就成了发电站这一理论的代表。我所收到的反馈是令人难以置信的。我接到了全世界各地寄来的信件和电子邮件，他们都支持我的观点，认为我们的地球在史前时期时确实存在着高水平的技术，而大金字塔就代表着这种技术发展的顶峰。

不用展示整个发电过程，发电站理论也可以解释我们在大金字塔内发现的一切特征和著名的现象（比我个人搜集和经历的资源多得多），但是它仍然会因为过于充满想象色彩而被一些人所忽视或否定，只有传统的史前社会观点才能让这些人觉得安全。哪怕关于发电站的证据是如此的充分。

这本书在其中的一个章节证实了金字塔的建造者确实使用了高科技，但是这个章节现在却越来越被看作是无稽之谈。有些学者想要精确地复制埃及的花岗岩文物，对此我们不可能不去谈论复制过程中的物理限制。而其他那些想要否认我的观点的人，他们实际上毫无经验，也根本不了解这项工作的意义。他们死死地抓住他们的信条，这种信条认为西方文明是第一个发展了科学的文明，第一个通过先进的制造手段将科学转化为生产力的文明。

我的论文《古埃及的先进机器》已经发表了差不多十五年了（《崛起的亚特兰蒂斯》第9期发表了一篇名为《一个工程师在埃及》的缩写版，在《吉萨发电站》这本书里，有两章的内容全面解释了这一理论，里面还有最近的材料更新）。现代社会有一些人从事着和古埃及人同种类型的工作。我从这些人那里得到了很多现实数据，再加上其他的一些证据，古埃及的发电站这一理论已经逐渐从理论上升到了现实的层面。这篇文章最初发表在1984年的《同源》杂志上，在那之后，我一再地进行现场考察，另外还经常现场观看复制史前古器物工匠的工作。这样，我在这篇文章中提出的试探性的、争议性的观点现在已经像扎在埃及古物学家身上的一根刺了，而且这根刺看来是越扎越深。所有的那些确凿的证据，加上能理解这项工作的人扎实的理论建设，已经形成了一股共同的风暴，联合起来颠覆了目前我们所理解的史前史。

我的理论中最重要的一个观点就是，我认为我们的文明是会消逝的。

我们的文明可以发展到一个非常高的高度，通过自然的或工业的效应进行权力分配。然后，在一眨眼之间，我们也能失去这一切。我们生活在古埃及的遥远的祖先们，那些能够制造我们今天所见的这些古代器物的古埃及人，他们的文明就经受了这么一次致命的袭击。不管这个致命的袭击是来自外太空，比如说彗星的作用；还是地球自身的影响；或者甚至于一次核战争，不管是什么我们还未知的原因，但我们可以肯定，古埃及的文明确实曾经存在，而它们也确实毁灭了。

　　本文的目的不是为了反复地向你唠叨这个显而易见的事实，也不是为了复述其他人已经阐释得很明白的道理，而是为了向读者提供学界的新变化和新消息。自我的那本书出版之后，我们又有了许多充满活力的、令人震惊的新发现，我非常期待、同时也很高兴我能有这个机会向你们传达这些新发现。1999年5月我又去了埃及一趟，目的是参加"新千年的埃及"讨论会，我又有了一次机会，可以再次去现场考察考察我在论文和书里都描述过的一些史前古器物。

　　这无疑是一种幸运，我能够发现惊人的证据来支持和肯定吉萨发电站理论。我所发现的证据让我本人都出了一身冷汗，因为我是在完全无意的、偶然的情况下发现的。这个证据位于金字塔内部的大走廊里，直到今天我都感到相当震惊。我后面会详细介绍这个证据。

　　这篇文章能够写出来，我要深深地感谢这次会议的组织者，感谢出席的成员和发言的同人们。他们的精神、包容和友爱鼓舞了我，给了我力量。更重要的是，因为他们的支持和会议的努力（有时会伴随着非常危险和困难的情况，比如说我们的向导哈克姆差一点就进了监狱），我才能录制更多的证实发电站理论的证据，让这些证据成为历史记录的一部分。

　　我之所以会出现在奈兹莱阿尔桑曼（Nazlet El Samman）的高达法耶达（Gouda Fayed）会议中心，大部分原因是我想要实地进行考察，证实这些史前古器物的精确性。这个会议中心的位置可以俯视吉萨高原上的斯芬克斯神像，而高原上的那几个金字塔建筑则形成了令人惊叹的背景。

图32.1：古埃及的一个被精确加工过的艺术品。
图片由克里斯多夫·邓恩提供。

虽然我很有自信，所以才宣称我已经证实了古老金字塔的建造者们使用了先进的技术来加工花岗岩，但是这项工作的全部内容还没有完全确定和记录。1995年，当我在埃及的时候，我随身携带了一些工具用来检测史前古器物的平面，这些平面，哪怕只是用肉眼来看，也可以清楚地发现它们惊人的精确性。

当然，如果你试图要确定它们真正的特性时，只是看一看这些史前古器物，还远远不够。我需要一些已知的参考标准，用来衡量这些古器物的精确程度。我同样还需要一些简单的、便携式的工具。我在1995年时使用的是精准的地面直尺，它可以让我对史前古器物的测量获得更高的精确度——比迄今为止在任何已有的文本里所描述过的测量结果都更为准确。

今年参加这个会议时，我在我的背包里放了一把12英寸长的非常精确的平行尺，或者说直尺。它坚硬的钢化边缘可以将精确程度控制在0.0001英寸的范围内。我同时还有一个工具制造者所使用的精确的实心正方体。我很清楚，我

图32.2：萨拉匹斯的"石棺"。

要在金字塔的内部和塞加拉的萨拉皮雍（Serapeum）神殿里测量那些花岗岩石棺的内棱角。在我的工具箱里还有一套施泰力曲度规，用来测量从一个史前古器物的表面到另外一个之间的半径距离。这些工具对于我们认识这些史前古器物的基本特征是至关重要的。

不幸的是，我没能进入到萨拉皮雍神殿内部的岩石通道，在这里有二十多个巨大的花岗岩和玄武岩的石棺，每个都重达70多吨。我们向当地政府申请，我甚至与当地的一个生意人进行了谈判，因为他说他在这方面有着特殊的权利和能耐。然而，最终我还是被告知萨拉皮雍神殿已经关闭了，因为它对公众来说不安全。我问到底有什么不安全的？他们告诉我里面在渗水，因此顶部有坍塌的可能。我想了想，还是没有继续追问一个显而易见的问题：在这个干燥的国家，到底是哪里来的水呢？因为我还有其他很多的工作要做。

早上的时候我做了关于古埃及人先进加工技术的演讲，其后所有参加会议的人和拍摄小组的成员都去了吉萨高原。我们到了高原上第二大的金字塔——卡夫拉金字塔——的岩床房间。1995年的时候，我在这个房间里发现了黑色的花岗岩盒子内部表面那完美的平面（这个盒子，在我看来，通常都被错误地认为是"石棺"）。1995年，我一边用手电筒照射，一边用钢尺测量了石棺的边缘，显示出了其表面惊人的精确性，而当时正在那里旅游的一队西班牙人见证了这一切，我向他们解释了这是应该属于"太空时代的精确性"。

之后我将这一发现当作金字塔修建者拥有高科技的额外证据写进了文章。虽然我这么做的时候是非常自信的，但是在我的意识深处，我总是感觉到我需要再回到埃及，需要额外的工具，需要做更多的测试。每一次我去埃及时，我

都充满了急切的、想要参与的心情，同时在面对这些来自远古时代的奇迹时，我的心情里还混合着战栗。我会不会发现它们与我上次所见到的样子不一样了？我这次所带来的新工具是会证实还是会否定我前一次的发现呢？

埃及的太阳如此炙热，而通往卡夫拉金字塔内部岩床房间的那条通道又如此冰冷，这对于我来说无疑是一种解脱。我身上的背包比起我刚加入这个小队时更加沉重了，压得我直不起身来。但是此刻在这里，我感觉到非常亲切，我觉得我是对的。我非常急切地想要和参加会议的人们分享我在四年前所发现的一切，同时也为我们的这一行动能被拍摄记录下来感到非常兴奋。然而，同样的，在我的意识深处，我还是心存疑问：我过去是否犯了错？新的工具是否能揭示出其他重要的特征？

图32.3：邓恩测量萨拉匹斯石棺表面的精确度。图片由提姆•亨克勒（Tim Hunkler）拍摄。

当我爬进镶嵌在房间地板上那个黑色的花岗岩盒子后，我将我12英寸长的直尺放到了盒子内部的表面上。这个直尺和我在1995年时所使用的那把直尺不一样，在它的两个角上都有一个斜面。为了让所有感兴趣的人都能看见，我一边用手电筒照射着，一边将直尺沿着花岗岩盒子光滑的内部滑动，这样就显示出了这个盒子的精确度。但是就在我做这一切的时候，我的内心充满了急切的心情，想要去做一些其他的实验。盒子四周方形的角落对我来说同样非常重要。现代的机器轴都是呈直角的，或者是完全的垂直，这样才能保证精确度。这个盒子的状况让我们确信内切这个盒子的机器一定是成直角的，而且是真实存在的。

要达到这样的精确度所需要的不仅仅是简单的巧合。我并没有奢望石棺的内角会是如此完美的正方形，这种完美程度实在是太难获取了。因此，对于我所发现的完美的程度我并没有任何的准备。当我把我的直角尺沿着石棺平行的表面滑动时（我用平行尺的前端来支持直角尺），我非常的惊奇，因为它和邻近的面完美地贴合在一起。

当我意识到我的发现具有什么样的意义时，我情不自禁地喊道："苍天啊大地啊！"我把我的发现指给其他人看（阿兰•阿尔弗德在接下来的几天里都一直模仿我的惊呼）。我接着测量了石棺的其他几个内角，摄制小组的成员则一直忙着对此进行拍摄，结果显示其他几个内角的情况几乎一样！其中有三个内角都与另外的平面呈完全的直角，还有一个内角在进行灯光测试时才发现有

一点小小的差距，不过这个差距大概只有0.001英寸。

所以，我们不仅有一个具有完美的平面的史前古器物，而且这个史前古器物的内角都是完美的直角形。这个所谓的"石棺"还有其他什么重要的特征？就是这些内角本身！在我测试完了平行尺和直角尺之后，我拿出我的曲度规来测量了这些内角的刀尖圆弧半径。在我测试这些内角的时候，我突然忆起了我在三月的时候曾经看过的一个纪录片，这让我轻声笑了起来。

你们如果看了今年早些时候福克斯电视台的一个特别节目，就一定会记得世界上最著名的埃及古物学者扎希•哈瓦斯（Zahi Hawass）出现在了这个节目里，他同时还是这个节目的导演。节目中，他从一个岩床房间里捡起了一块粗糙的玄武岩圆石，这个房间位于齐弗雷金字塔（Khephren）的一个附属金字塔底部。他向福克斯电视台的节目主持人苏西•科佩尔（Suzie Koppel）描述了埃及古物学家的某种理论，这个理论是与古埃及人制造花岗岩史前古器物的方式有关的。他认为古埃及人使用一个圆形的石头来敲击花岗岩，直至获得他们理想中的形状。

我在这里不是想要争辩这到底是不是一种制造石头盒子的切实可行的方式，因为，确实有证据表明在沙卡拉附近的孟菲斯有一些盒子真的就是通过这样的方式制作出来的。这些盒子都有很大的内角半径，而且都很粗糙，越往下越呈锥形。如果使用圆形的石头作为工具的话，这些盒子就是你能想象到的那个样子。然而，当看到哈瓦斯手持着一个直径为八英寸的圆球站在镜头前时，我的视线却牢牢地被他身后那发着光的、黑色的、所谓的"石棺"吸引住了，因为这个"石棺"沉默地反驳了他所提出的观点。

这个"石棺"的内部看起来和哈夫拉金字塔内的那个盒子一模一样，表面都非常光滑和精确，但更重要的是，它的内角和我在哈夫拉金字塔里亲眼见证的那个盒子一样的轮廓鲜明。你只需要看一看它就知道，要制造这样的一个盒子仅靠一个八英寸大小的圆球是根本不可能办到的。

同样地，要制造一个像哈夫拉金字塔里的那个盒子一样的刀尖圆弧半径，使用这样原始的方式也是根本不可能的。我用曲度规测量了这个刀尖圆弧半径，我最开始使用的是二分之一英寸的曲度规，在我丈量的过程中，我不断地更换尺寸更小一些的曲度规，以便最终得到合适的那一个。最终，哈夫拉金字塔里的这个盒子的内角刀尖圆弧半径是三十二分之三英寸。它底部的半径，也就是盒子底部与墙壁连接的地方，是十六分之七英寸。不需要再说什么，你肯定是无法将一个八英寸大小的圆球挤进一个半径只有三十二分之三大小的夹角里去的，即使是一英寸大小的圆球也不行。

吉萨发电站：证据

当我在大走廊里进行拍摄的时候，我从来没有如此的惊奇过。（即使是我那个正处于暴躁青春期的儿子拥抱我的时候，我也没有如此惊奇。）这本来就是一件非常幸运的事情，当时的大金字塔因为要进行重建，已经停止向游人开放了，我并不能确定我是否能够进入大金字塔。整整一个星期的时间，我们都不知道我们进入大金字塔的请求是否会得到批准。在打了一堆电话，跑了无数次的政府机构后，会议的组织者终于得到了肯定的回答。

当整个小组的成员在国王室里发呆的时候，我和摄制组去了大走廊，想要拍摄一点东西。我本来打算在镜头前描述我提出的关于大金字塔的功能的理论。这需要我在镜头前指出大走廊侧面斜坡上的狭长裂缝、承重墙和棘齿形的天花板。我当时佩戴有麦克风，就站在大走廊尽头的石头台阶下面，镜头则放置在台阶顶上。当音效师校对他的设备的时候，我随便用我的手电筒扫了扫周围的墙。我发现第一道承重墙下方有一个被烧灼过的痕迹，而其中的一些石头裂开了。接着摄像机亮了起来，我们发现了很多有趣的事。

在所有我读到的文献里，大走廊都被描述为是由石灰岩建造而成的。但是我所看到的那个地方却明显是花岗岩！我注意到大走廊在向下的一个连接点的地方，由石灰岩变成了花岗岩。我仔细检查了天花板，发现在距离我们头顶28英尺的地方，并不是我们进入大走廊时会看到的那种粗糙剥落的石灰岩，而是光滑的、被打磨过的花岗岩。这对于我来说非常的重要。因为在靠近发电站中心的地方，只有这种高度耐火的材质才说得过去。

接着我近距离地检查了墙上的那些烧灼痕迹。在每一道承重墙的底部都有非常严重的被烧毁过的痕迹，每一个都长达12英寸。而且看上去损毁都集中在烧灼痕迹的中心处。接着，我将每一个烧灼痕迹的中心用一条直线连接在了一起，一直连到了大走廊的斜坡上。就在这里，我的背脊一阵发凉，我的头发都竖起来了。因为这条线一直延伸到了斜坡上的狭长裂缝中，与之成了一条直线。

在《吉萨发电站》这本书里，我提出假设：共振器就放置在这些裂缝中，而且垂直的指向天花板。我同时还提到在国王室里曾经发生过一次氢爆炸，最终使得这个发电站被关闭了。这个爆炸能够解释金字塔内部的许多不同寻常的现象，这是过去我们没法解释的。我还假设认为这次爆炸引起了一次恐怖的大火，摧毁了大走廊里的共振器。

只有摄像机强烈的灯光才让这些证据如此清晰地出现在我的面前，之前没有一次是这样的，这些烧焦的证据无疑支持了我的观点，而在这之前我甚至想都没想过我会有这样的发现。

在我写完这篇文章的时候，我更加确信我选择了一个正确的方向。其他那些自己展开调查的学者也会走上同样的道路。不过要完全更新这个理论的话，只有等到下一次去了，也许等到埃及政府公布他们在2000年3月时在甘特布瑞克之"门"背后发现了什么？我非常强烈的想要知道这道所谓的"门"背后到底是什么。如果我自己的推测是正确的，那么也许发电站理论的另一个方面的内容会得到确认。

这真是非常有意思的一年！

33 审问皮特利：19世纪伟大的埃及学家威廉•弗林德斯•皮特利爵士提出了古埃及人拥有先进的加工方式的理论，这一理论到了今天是否已经被确认为是错误的了？克里斯多夫•邓恩可不这么认为。

克里斯多夫•邓恩

在哪一个古代文明的领域进行调查，才能够证实史前社会确实曾经有过辉煌的技术呢？我想我们最好调查一下古埃及的科学技术，调查一下这个建造了金字塔的古代文明。

我从1977年就开始调查到底出土了多少种金字塔这类的史前古器物，我的文章《古埃及的先进加工技术》首次发表在1984年的《同源》杂志上。其后，我把它扩展成了两章的内容，发表在了我的著作《吉萨发电站：古埃及的高科技》中。

现在，越来越多的人知道了我所做的工作，我的理论正在越来越流行。我相信，主流阵营迟早会试图削弱这些史前古器物所具有的意义，而且一定会试图否定我的工作。

显然他们已经在做了，尽管没什么效果。以下就是他们明里暗里做的一些事：

1. 他们拍摄了很多部纪录片，用来反复强调古埃及学家们的观点，他们认为古埃及人是用圆形的石头，用敲打的方式制作出了那些美妙的花岗岩史前古器物。

2. 一个名为德尼斯•斯托克斯（Denys Stocks）的石匠被带到了埃及，他向人们演示了如何用铜和沙子在花岗岩上弄出洞和狭槽来，虽然他费了九牛二虎之力，但看上去确实取得了成功，这让那些坚信传统观点的人感到很欣慰。

3. 两位从前持另类理论的作者改变了他们的立场，他们曾经也认同我所提出的那个观点，但是现在他们写了一本名为《吉萨：真相》（Giza: The Truth）的新书来反驳我。虽然他们根本不懂任何工程学上的知识，但是伊安•劳顿（Ian Lawton）和克里斯•奥格尔维-赫勒尔德（Chris Ogilvie-Herald）仍然决定驳斥我所提出的那个观点，并决定站在传统观点这一边。

以上的每一种方式，都只是对证据进行短见片面地分析。这种分析虽然能够通过他们自己内部的同行审查，但是决不能通过我这边的同行审查，而我的同行包括了当今从事工程技术工作的专家们。实际上，后面的这个团体的共同点就是他们都认为前一个团体是绝对错误的。当然，我们没有人是完美的，每个人都有着自己的阿喀琉斯之踵。

之后我反思了自己提出的理论。我承认，当我提出是超声波工具制造了名为核心7号的史前古器物时，我的分析确实走得太远了。我的超声波加工理论来自威廉·弗林德斯·皮特利爵士的著作《吉萨的金字塔和神殿》（*Pyramids and Temples of Gizeh*）。在这本书里，皮特利爵士描述了一个带有被钻头打钻过的痕迹的史前古器物，钻头在这个花岗岩里面留下了螺旋形的痕迹，他认为这表明钻头的每一次转动，就会让钻头在花岗岩里向下深入0.100英寸。

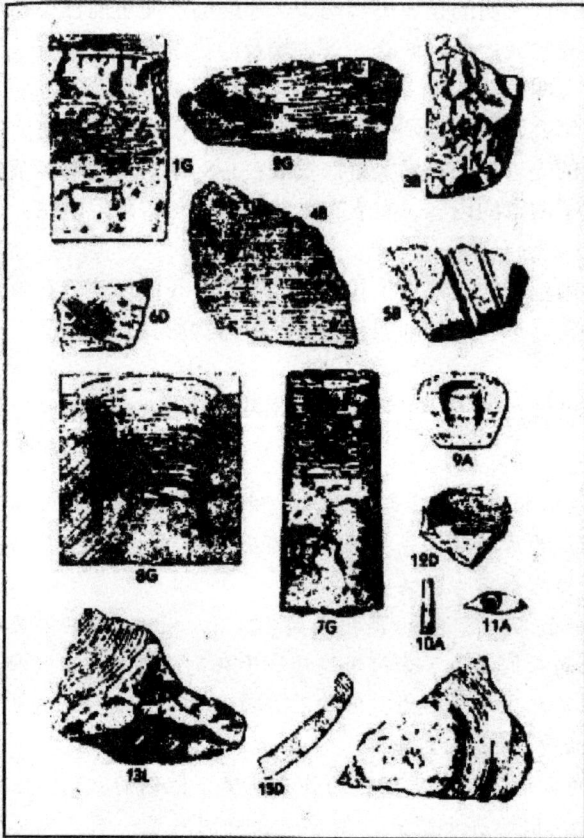

图33.1：皮特利收集的人工制品。

当我读到《吉萨：真相》里的文字时，我大吃了一惊。两位调查员约翰·里德（John Reid）和哈里·布朗利（Harry Brownlee）完全否定了我关于古埃及人怎么在花岗岩上打钻的理论。在对这些史前古器物进行了现场的检测后，他们证实了花岗岩里的狭槽并不是螺旋形的，而是一个个的圆环形，它们和今天在英格兰的采矿场里经常能看到的情景是一样的。在《吉萨：真相》这本书里还附了一张关于这个狭槽的照片，这似乎能够证明他们的观点。而我完全不能反驳他们，因为我甚至没有见过这个史前古器物，更不用亲自去检测它了。

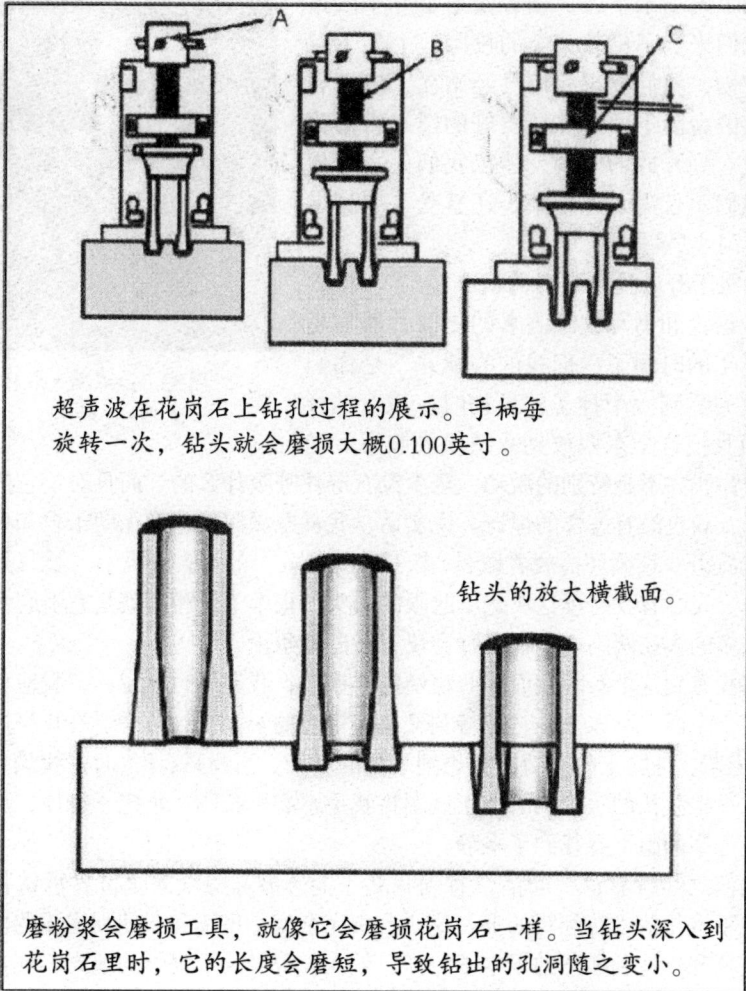

超声波在花岗石上钻孔过程的展示。手柄每旋转一次，钻头就会磨损大概0.100英寸。

钻头的放大横截面。

磨粉浆会磨损工具，就像它会磨损花岗石一样。当钻头深入到花岗石里时，它的长度会磨短，导致钻出的孔洞随之变小。

图33.2：超声波钻孔技术。（由克里斯多夫·邓恩绘制）

除非我有机会对这个物品进行详细的检测——不仅仅是在视觉上进行检测——否则我就不得不同意里德和布朗利的观点。当然，即使是在这样的时候，如果他们把所有的观察结果都建立在《吉萨：真相》这本书里的照片上，那么我还是要质疑这些观察。我们所拥有的只是一张照片，这张照片显示了一个镶嵌着花岗岩的平锥头圆锥体。在读了这两位研究者的报道后，我立即在我的网站上贴了一篇文章，在这篇文章里，我发表了声明要暂时停止我所提出的超声波加工工具的理论，我同时还声明我准备亲自检测这个物体。

1999年11月10日，我从印第安纳波利斯飞往英国。当时正是皮特利博物馆为某些学术研究关闭期间，我的网站管理员尼克·安尼斯（Nick Annies）为我们安排了一次检测核心7号的机会。1999年11月15日，星期一，我和尼克坐

197

火车到了国王十字区，接着又走了一小段路后，我们来到了伦敦大学的校园。上午十点半的时候，我们发现我们已经站在了皮特利博物馆的台阶下面，热情友好的门卫告诉我们还没有到开放的时间，建议我们先去喝杯茶。我们不仅喝了一杯茶，还享受了一顿丰盛的英国式早餐。

图33.3：威廉•弗林德斯•皮特利。

我终于开始检测著名的核心7号了。虽然我已经议论和书写这个著名的史前古器物超过十五年的时间了，但我的心情并不是你们所想象的看到一个神圣的事物时应该有的样子。当我把这个东西放到我戴了乳胶手套的手里时，我并不是特别的激动，至少没有屏住呼吸什么的。而且对于它的尺寸和样子，我也没有怎样的惊讶。说实话，我甚至深深地感到无动于衷和失望。我的脑海里一直循环播放着佩吉•李（Peggy Lee）的那首老歌：《就只是这样吗？》。我盯着我手里这块毫不起眼的石头，根本不能相信就是它引起了全世界这么多的人在网络上、在各种会议上激烈地争论。

当我看到这个石头表面那些粗糙的沟槽时，我对我自己说："我应该怎样看待这个东西？"以及："皮特利又是怎样想的？"我抬头看了看我身边的尼克•安尼斯，他脸上的表情让我想到了我的母亲。当我只有8岁时，我躺在手术台上，一根狭长的、炙热的针正试图将我手掌心里长的一个疣子烧掉，那时我就在我母亲的脸上寻找到了平静。

我们之间没有说一句话，直到我终于能够鼓起勇气向全世界承认我的错误。我不该相信皮特利写的书。这块石头完全就是里德和布朗利描述的样子。那些狭槽和皮特利描述的根本不一样。就在我曾经长了疣子的地方，躺着事实的真相，我一下子就惊呆了。

我继续检测沟槽与沟槽之间的距离，我使用了一个50倍的手持显微镜和一个拥有0.001英寸到0.1英寸刻度的长尺。检测之后，我就确定了皮特利关于这块石头的评价是完全错误的。深入到石块核心部位的沟槽之间的距离大约是0.040英寸到0.080英寸。我感到非常失望，因为皮特利连这一个数据都弄错了。他的其他的测量，在我看来，肯定也是敷衍了事。如果皮特利所给出的0.100英寸进给率的这一数据不能被验证，那么我就无法确认我的先进加工技术这一理论。然而不管怎样，我还是继续进行着我自己的检测。

我无法评价这个石块在显微镜下所呈现出的水晶结构，我无法像皮特利那样非常肯定地认为，这些沟槽在石英里比在长石里要更深。不过，我的确注意到了，这块石头上的某一些区域，非常少的一些区域，其中的黑云母被从长石里剥离了出来，就像在埃及出土的其他史前古器物一样。然而，这些沟槽在经过其他的区域时却没有类似的剥离的痕迹，而是非常干净，因此我支持布朗利的观点：在将材料进行切割时，这种作用力会将水晶从长石的基座上剥离出来。

接着，我测量了这些沟槽的深度。为了完成这个任务，我使用了一个非常袖珍的深度测量计，这让它可以深入到非常狭小的缝隙里去。把这个测量计没有任何偏差地放置在平面上时，它可以设置一个为零的刻度。当把这个测量计放置到平面下方的地方，或者说沟槽里时，测量计的弹簧指针尖会往沟槽的底端深入，最终使得测量计刻度盘上的指针也发生变化，精确地显示出具体的深度值。

这些沟槽的深度在0.002到0.005英寸之间。（实际上，石块四周的沟槽都有很明显的损坏痕迹，因此确切的测量结果应该是0到0.005英寸之间。）

接下来就是最关键的问题了。这些沟槽是螺旋形的呢？还是水平的圆环形呢？我不得不认同里德和布朗利的观点，它们是水平的。虽然承认这一点是很痛苦的一件事，但是在这一时刻我还是必须得做这样一件正确的事。皮特利关于螺旋形的沟槽的描述使得核心7号和其他现代的石块区别了开来。它也是我的超声波加工理论建立的一个基础。但是我手里握着的这个东西似乎更支持里德和布朗利对我的理论的反驳，他们认为，这个石块的外形和我们今天在采石场发现的其他任何一个石块并没有什么区别。

在检测一个螺旋状的沟槽时，白色的棉线是最佳工具。为什么不用一条线来检测另一条线呢？我小心谨慎地将一条线的顶端放入沟槽中，而尼克则保证在条线上贴有一小块的透明胶带。我一边用我十倍的放大镜仔细观察，一边在我的左手上转动这个石块，同时用我的右手来保证棉线一直处于沟槽之中。当这个石块转动时，线会不断地深入到沟槽中去，整个过程只是偶尔会有一点非常不明显的摩擦，如果用肉眼来看的话，可能根本就不会发现。所以当线的另外一头进入到我的视线中时，我就知道皮特利对这个石块的描述是非常不准确的。

皮特利描述过一个单独的螺旋状沟槽，其螺距是0.100英寸。而我所看到的不是一个单独的螺旋状沟槽，而是两个螺旋状的沟槽。我放入沟槽中的棉线在距离其放入端大约0.110英寸的地方开始出现了摩擦的痕迹。这已经很令人惊奇了，但是，在这两个螺旋状的沟槽之间还有一个沟槽。

我在核心7号上的六七个不同的地方重复了这次测验，结果都是一样的。这些沟槽是按顺时针的方向凿出来的，从小的一端到大的一端，也即从顶到底。不管是顶部的还是底部的沟槽的深度都是一样的，它们的螺距也都是一样的，有沟槽的区域可以清楚地看到这个石块的花岗岩从洞口显露出来。

然而，它们也并不是《吉萨：真相》这本书里所说的平行的条纹或者圆环，而更像是交叉着旋转向下的螺旋状沟槽，就像有两个头的线条一样。

要复制出这样的一个石块，我们可以进行推测，至少应该要钻出这样的一些孔：

1. 一个按顺时针方向旋转的双重螺旋沟槽，从顶到底，螺距从0.110英寸到0.120英寸。

2. 沟槽深度大概为0.000英寸到0.005英寸。

3. 从顶到底呈锥形。可以出现少量石英脱落的现象。

这些沟槽的深度给我留下了非常深刻的印象。因此在回到家中以后，我去了工具库，和精密工具制作者唐·瑞诺兹（Don Reynolds）进行了交谈，他那时正在制作一个磨面机。我问他有没有一个比较锋利的金刚石砂轮修正器（它们是用来修正金刚石或者其他类型的砂轮的工具）。他确实有一个，而且很少使用，因此非常锋利。（这些工业金刚石被安放在一个钢柄上，这个钢柄则被固定在一个带磁性的车床夹头上。）我问他使用这个工具来刮一块花岗岩的石头，能留下一个多深的沟槽。

他说："我们试试看不就知道啦。"

我们走到一个有着花岗岩表面的平台上，我开玩笑地打趣他平时工作时可不能这么干。然后他将砂轮修正器的有着金刚石的那一端按到了平台上。他用尽了全力将金刚石往后拉，最终在平台上留下了一道大约4英寸长的刮痕。

我们都感觉到了刮擦声。我问他："你觉得这应该有多深？"

他说道："大约0.003英寸到0.005英寸。"

我说："那我们量量看！"

唐先在平面上校对了测量器，指针指向了0，然后他将测量器放置在了沟槽上，指针陷入到沟槽中，而刻度盘显示深度仅仅为0.001英寸。

我之所以提到这个是因为过去有人认为如果核心7号拥有螺旋状的沟槽的话，那么它只能是旋转的转头快速离开洞口时，因为侧向压力而形成的。但是根据我三十八年来的经验，可以这么说：因为以下的这些因素，我根本不能想象这就是螺旋状沟槽形成原因。

1. 这种观点相信，当钻头离开洞口时，随着距离越来越大，它会通过离心力在花岗岩上留下痕迹。但是要达到这种程度的离心力，这个钻头必须钻得相当快才行。

2. 要在花岗岩上留下一个深度为0.001英寸的沟槽，没有侧力能够实现，更不用说是0.005英寸的。就是这么简单。

3. 如果一个钻柄能够自由地驱动内部的钻头旋转，那么通常会导致钻头去寻找阻力最小的一条途径，结果就是最终会钻出花岗岩外部来。

4. 皮特利宣称这并不是生产出沟槽来的确切方式。这一点他是对的。因为这会造成花岗岩和管道之间积满了灰尘。

为什么要对这么一个小的、毫不起眼的核心7号进行长篇大论的探讨？因为这是我的工作的最薄弱的领域，最容易引起争论。他们往往通过对这个小东西的争论来削弱我对其他重要的史前古器物的描述，我称之为转移注意力。因此，我愿意挑战传统阵营，让他们忘掉皮特利的核心7号，并在我的书里为我的所有其他史前古器物提供解释。我愿意用他们向我们教育了几个世纪的工具来展示：古埃及人是怎么制造这些拥有神奇的精确性和几何结构的硬花岗岩、闪长岩、玄武岩和片岩的。

而他们却不能像我一样来展示。

因此，我的朋友们，这证明了这些史前古器物确实是属于一个高度发达的文明的。

34 金字塔的修建者们是怎么解决难题的？
为什么古代人在金字塔的减重室中使用如此巨大的石块，
我们对此真的了解吗？
克里斯多夫·邓恩

1836年，英国军官威廉·理查德·霍华德-维斯上校(Colonel William Richard Howard-Vyse)探访了大金字塔。那天他在国王室上面的房间，这个房间很低矮，因为是纳撒尼尔·戴维森 (Nathaniel Davison)在1765年发现的，所以就叫作戴维森室。霍华德-维斯上校在这里观察了天花板上的大理石横梁，发现这个横梁和国王室的横梁非常像。

据说霍华德-维斯上校的家人为了他的这次探险支付了大约10000英镑，当然，他们主要是为了尽快摆脱他。因此霍华德-维斯更加下定决心一定要做出成绩来，不过到那天为止，他一直都不怎么走运。但那天不同，他发现做横梁的花岗石层后面很有可能有什么东西。当他看到了横梁上的缝隙时，他意识到可能在上面还有一个房间。霍华德-维斯将一根3英尺长的芦苇插进这个缝隙，一直探到底都没有碰到障碍。看上去这意味着上面确实还有一个比较大的空间。

霍华德-维斯和他的同伴想切开花岗石，看看后面是不是真的有另一个房间。但是他们发现用锤子和强化钢钎根本凿不动这些红色花岗石，很快他们决定用火药。他们选了一个本地人来实施这次行动，这个本地人当时喝得迷迷糊糊，还吸了大麻，他炸开了花岗石层——后面果然还有一个房间。

这个房间和戴维森室很像，也有整块的大理石横梁。霍华德-维斯猜想，这个房间上面可能还有一个房间。在之后的3个半月中，他们一路炸上去，在四十英尺的空间里，他们发现了三个以上的房间——最后统计出来，总计5个。

这5个房间中，最上面的那个有一个人字形的天花板，是用巨大的石灰岩砖块砌成的。为了修建这5个房间，古埃及人使用了43块花岗石，每块都重达70吨。房间上面的横梁用的是切成方形的红色花岗石，它们精心打磨过，相对的面都是平行的。但是顶端屋顶的表面却保持了石块原来的样子，一点也不光滑，非常粗糙，有一些上面还有凿出来的小洞。

在本文中，我们将很客观地展示传统观点和非传统观点对这些房间的解释，展示它们各自的证据。要将这么多巨大的石块运到吉萨高原，这肯定要付出很大的努力。考虑到这一点，我们不禁要问："如果按照传统观点的推断和说法，那古埃及人有必要做这些吗？"

即使是在科技发达的今天，我们要切下一块70吨重的石头，还要把它运出500公里也不是一件简单的事。你得知道，国王室的43块花岗石横梁，每块都有这么重。那么古埃及人这么做就不止一次，而是很多次。更何况，他们加工的最重的石头并不是70吨，他们同样切割、运送了那些每块重400吨以上的方尖塔，顺带说一下，他们还在石塔上细细雕刻了。霍华德-维斯推测，这5个层层排列的房间是用来减轻国王室天花板的承重的，这块天花板上面的石质建筑足有数千吨重。

霍华德-维斯之后的大多数学者最后都接受了他的推测。但是还是有一些学者认为这个推测有误，这其中包括第一个埃及古物学家威廉•弗林德斯•皮特利爵士。他们仔细考虑了这个推测，然后就开始怀疑这个理论，最后他们证明这个理论是错的。

我们还需要观察一下大金字塔里其他的房间，这些房间可能没有用那么复杂的技术来建造。从王后室的构造来看，显然霍华德-维斯的推断不对，这5个平行的房间并不是为了给国王室的天花板减重。王后室在国王室的下面，因此压在王后室上面的石质建筑比国王室上的要大得多，也重得多。

但是王后室用了石灰岩砖块做支撑，将它上面石质建筑的重量转移到了外墙上。显然，只要国王室同样加上这种设计，那么它上面的横梁就毫无用处，除了它们自己的重量，它们没有再分担任何重量。

这一点毫无疑问，当大金字塔的建造者开始修建国王室时，他们很清楚有更简单的方法去建造一个水平的天花板。那么，他们之所以将国王室修建得那么复杂，显然是出于其他的考虑。那么是出于什么考虑呢？为什么要有这五层巨大的花岗石横梁？想象一下，要有怎样的意志和力量，才能将这些重70吨的石块举上175英尺的地方啊。要投入这么多精力和时间，那么这么做一定有很重要的原因。

我将以上辩论推理都收入了我的著作《吉萨发电站》中。自从这本书出版之后，反对的意见此起彼伏。后来我收到了一个埃及古物学的学生米基•布拉斯（Mikey Brass）的电子邮件。在邮件里，布拉斯给了我一篇德国杂志文章（翻译版）的链接，这很快在网络留言板上成为争论的焦点。弗兰克•多勒伯格（Frank Dornenburg）是这场网络辩论的参加者之一，他提出了一个问题：为什么需要这么多层的横梁？他写道：

> 我一直在问，为什么需要5个减重室来分担国王室承受的重量呢？我的回答是，我不知道。在《戈丁根•米斯若伦》（Göttinger Miszellen）的173页我找到了一个很不错的回答："老的减重方法是将重量直接转移到房间的墙壁上。而新的减重方法（在国王室中头一次使用了这种方法），则是利用人字形屋顶将重量转移到下面和侧面。如果古埃及人将人字形屋顶直接放到国王室的天花板上，那么国王室侧面承受的重力就会毁了走廊。所以他们将这个屋顶放到了最高层。轻松点的做法就是在国王室上面修建小的房间。如果你看到这个建筑的横截面，你就会发现走廊很好地承受了屋顶造成的侧面重力。"

粗粗一听，这个理论很有道理。但是，这个理论的基础只是不可靠的假设和对整个国王室复杂性的不完全分析。在把它当真之前，我们需要考虑以下问题。

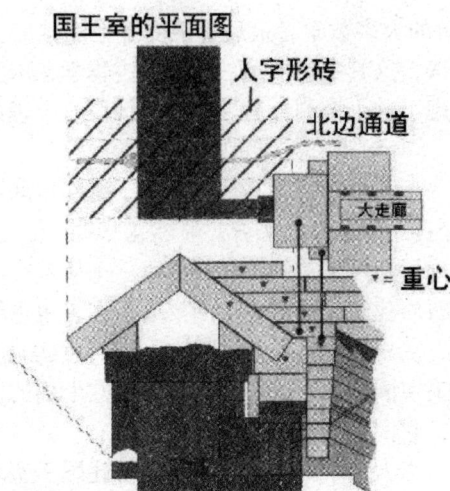

国王室的平面图

人字形砖

北边通道

大走廊

= 重心

去除掉"减重室"后国王室的结构图。

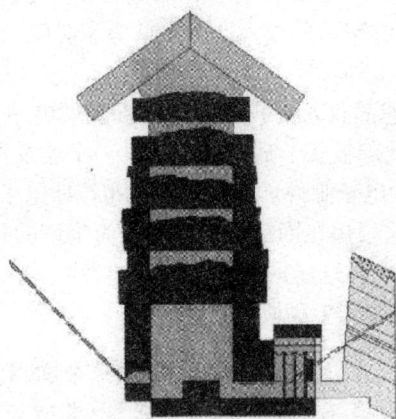

国王室和所谓的"减重室"。（克里斯托弗·邓恩画）

图34.1

这个理论认为，随着呈特定角度放置的石块方向发生变化，侧面重力也会随之改变。而当越多的石块堆积在人字形石块上时，侧面承受的重力就会越大。根据这个理论，每一块堆在国王室上面的石块都会导致增加的侧面重力，这种力量都加在大走廊的南面尽头那里。

我在图34.2中描绘的是一个力学实验，可能很多工程技术人员都对这幅图示很熟悉了。图中，我将一块石板放置在一个V字形砖块上。如果上述理论是正确的，那么石板应该推动A面，让它做横向运动。

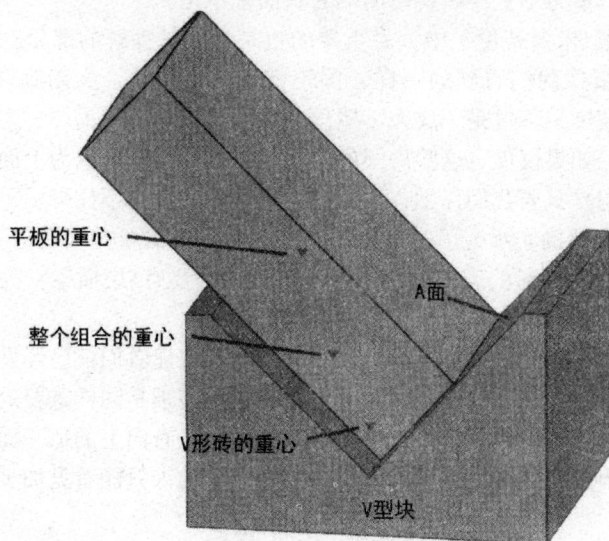

图34.2：国王室和"减重室"。国王室上的重力分布图。

但事实是，在石板静止的时候，由于重心的原因，它会对另一面（而不是A面）施加更多的压力。因为这里只有物体自身的重力在做功，而重力是根据每个物体的重心来分配的。当一个物体位于一个倾斜的平面上时，由于重力的原因，它更倾向于向下移动。只有在下滑过程中它遇上阻碍物，那时这种动能才会终止。

国王室上人字形屋顶的石块们就位于一个倾斜的平面上，这些石块的重心在房间墙壁的外面，它们更像是悬梁。但是，在这个拱形的顶点，两块反作用力的石块并没有合在一起。因此，整个石块的重量都由斜面承受了。

不用确切地知道这个设计的整体，我就可以设想出一个合情合理，而且也不会损伤大走廊的设计出来。我初步测量了一下，从人字形屋顶的末端到大走廊南墙的距离大概是9英尺。考虑到走廊的厚度（大概42到82英寸），那么我们可以合理地设想，南墙可能延伸出了走廊——不过我们不确定到底延伸出了多长。然后我们又知道，国王室的北边通道是环绕着大走廊的（这一点非常重要，从北边通道很容易将子弹射上天空，因此很显然子弹并没有碰到大走廊的大约4英尺厚的内墙），这可以让我们推断出大走廊墙壁的石块大概要比4英尺还厚一点。

这么说吧，大走廊南墙的石块和东墙、西墙的石块是对接在一起的，一点侧推力是无法推动它们的。因此与其担心国王室的人字屋顶会给南墙很大的压力,导致走廊倒塌,还不如担心这个屋顶施加在水平通道上的重力,或者它施加在大走廊顶部的重力。

进一步说,人字屋顶上的石块也不需要承受巨大的重力。就像我那张图里显示的一样,重力不见得非要由两端的斜面来承担。

《戈丁根·米斯若伦》中,最重要的也是最容易理解的部分就是大金字塔的平面图。就像我们看到的一样,国王室有34英尺长,大走廊有42—82英寸宽——这个宽度只不过是一块人字屋顶上的石块的宽度罢了。

事实上,如果仅仅看这些房间的侧面图,我们几乎会以为上面提出的理论就是真的。但是只要我们仔细查看,这个理论就完全站不住脚了。即使我们假设大走廊的南墙确实承受了过度的压力,这里也不需要在国王室上面修建5个房间。这个理论面对的还是这个老问题:为什么要有5层横梁?为什么人字屋顶的上面还要留出一个这么大的开放空间?

很显然,在切割这些巨石的时候,金字塔的修建者们就已经发现他们必须要修建这些横梁了。这些横梁和国王室顶部的天花板是同样重要的。每一根横梁都被切割得很平坦,三个面都是标准的方形,只有向上的那一面是没有加工过的。这一点非常重要,这意味着,进入金字塔的人只能看见加工过的那三个面。

进一步说,很显然,在金字塔刚刚建好时,那34根横梁是看不见的。但建造者们在这34根横梁上花费的精力和在另外9根国王室横梁花费的是一样的,而那9根横梁是能看见的。也就是说,如果这些看不见的横梁是用来支撑整体结构的,那么它们稍微不那么精致也没什么关系,这样还可以省下好多功夫。除非这些横梁还有其他用途,或者所有横梁都是用标准机器制成的,所以形状都一样,精确度也一样,无论是安在看得见的地方,还是看不见的地方。

让我们再问一次:为什么需要5层横梁?这些建构国王室的石块显然是多余的。我的公司——丹维尔金属冲压公司——在运送模压机时,给了我一些灵感。模压机的主体足有100吨重,而且我们要把它用运上100多英里。运输部考虑到要分散机器的重量,因此用了一种很特殊的拖车,这种拖车有9根轴,这样重量就分散到每一根轴上了。拖车大概200英尺长,为了能带动重物,还在关键部位增加了两个发动机,好让拖车能顺利转弯。

我之所以要说到这个,是为了向大家指出,即使以今天的高科技方式来运送这么大一块石头,那也不是容易的事情。国王室上的43根花岗石横梁根本不是为了减轻承重的,它们另有更重要的用途。现在,让我们先把传统解释抛开,找找这些花岗石横梁的其他说法。如果我们用更加实用的观点去看这些横梁,我们可能会承认,在金字塔的中心有一种简单的、经过改良了的技术在运转,这种说法更合情合理。古埃及人在运用自然规则上颇有天分,他们利用自然之物来让这种古老的力量发挥作用。国王室上的横梁就是这个金字塔机器中必不可少的一部分。

35 精确度：古代人有吗？
如果有，这对我们来说重要吗？
克里斯多夫·邓恩

《韦伯斯特词典》中，"precise"（精确的）的定义是："准确地限定意义；精确的；明确的；不是模糊不定的；严格的；正式的；精细的；谨慎的"。而Preciseness（精确）的定义是："准确；一丝不苟；过度注意形式或规则；过分拘泥于形式"。Precision（精确度）的定义则是："精确的状态；一丝不苟；正确；精确性"。

对很多人来说，精确性是和他们的生活息息相关的。我们可能会有一场精确的演讲，精确的测时和精确的军事训练等等。我们可能会被某个异常讲究礼仪的人邀请参加晚餐，在晚餐上，我们发现所有的餐具都放得非常精确，甚至连一只勺子或者酒杯都没有放错位置。

正如我们上面说到的，精确性是一个文明中不可缺少的一部分。一个文明要想运转正常，那么精确性作为一项规则是非常必要的。

在19世纪晚期，精确性变得比以前更加重要，如果人类想要成功创造出辉煌的成就，那么它就必不可少。在那个世纪，人们发明了机器，这个发明依靠各个精密零件共同作用，它能极大地节约人工。棉纺织业的蒸蒸日上和蒸汽动力机的发明导致了英国北部的产业革命。人们需要效率更高的纺织厂和织布机，在生产中他们进一步强调各个零件的精确性。为了保证产品的一致性，制造过程中的变化就要降到最低，产品关键部位的尺寸变化要降到可以接受的范围。尽管人们已经意识到精确性的重要，但由于当时工艺所限，机器还是有很多不精确的地方，熟练的技工得用手工对零件进行打磨，使它们符合常规。

战争加速了标准度量的发展，消除了生产过程中的可变因素。想想吧，如果你是南北战争中的一名士兵，你的步枪非常精准，但当你要给它换个部件时，你得手工打磨这个部件，好让它能装进去。显然，这在战斗中是非常浪费时间的。浪费的这一点时间就可以决定你的胜败了。因此当时人们建立了标准法，军火供应商的产品都必须达到标准，不然就会丢掉生意。

现在，如果你买了自行车或者组装家具回家，你会发现它们在精确性上水准很高，这样你就能很容易地组装它们。你是否曾经将螺栓拧进只有八分之一英寸大小的预留孔里呢？这是一个很典型的例子，这说明精确性有多么重要，也说明生产这些精确的产品是一种代价昂贵、非常困难的工作。

今天的制造业中，零件产自世界各地，然后人们把它们在装备厂中组装起来。严格的标准和产品的精确性能够保证这一点，即使生产这些零件的厂家相隔数千英里，当这些零件出现在装配线上时，它们都能严丝合缝，不需要额外的加工。

大多数人从来没有亲手制作过一个拥有高度精确性的东西。因此他们并不能体会精确性在人类文明中的重要地位，这是可以理解的。对外行来说，精确性只是一个抽象概念。这并不是一种指责。如果你从没有过精确的生产经验，也不是一个内行或者业余爱好者，那么你对精确性的理解肯定只是理论上的。

精确的工业技术威力强大，它推动了文明的前进，使我们的生活变得更轻松。我们都是它的最终受益者。如果没有制造业的精确性，汽车无法上路，飞机不能上天，我们甚至连CD都不能听。我们创造了精确性标准，是因为我们确实需要它。没有理由的话，我们是不会提出这种要求的，因为我们对精确性的要求越高，生产成本就越高。

举个例子，1999年到2001年，我在埃及使用的12英寸长的直尺就非常精确。它是用精密磨床制作出来的，与完美直线的偏离是0.0001英寸。如果有读者不明白这意味着什么，那么你可以从头上拔一根头发下来，将它竖着平均分成20份，每一份大约就是0.0001英寸（头发的平均宽度是0.0025英寸）。或者，我们这么说，这把直尺的精确度是八分之一英寸的螺丝洞的1250倍。

如果我们在撒哈拉发现了已经被埋了数千年、身份不明的文物，那么我们要怎么确定它是用来做什么的呢？如果推断出来它的功用，那么接下来我们就需要证明这一点，这就需要我们从它的设计逆向推理出它的功能。最近几年来，逆向推理工程已经是工业竞争的一部分。工程师们通常会买下竞争对手的产品，研究它的设计和零件，好确定它是基于什么科学原理和工程学原理制造出来的。这也说明了为什么在战争中能够获得敌人的武器资料是这么重要。

当我们初步检查了这些身份不明的古器物之后，如果我们确定这些器物可能是用来生产的机器，那么我们怎么知道这是不是一种非常精确的机器呢？为了证实这一点，我们需要确定它的精确度。毫无疑问，如果这是一台有很高精确度的机器，那么上面的零件肯定也有很高的精确度。它的平面误差应该在0.0002英寸以内，这种程度的精确才能将原始工具和高级机器区别开来。如果器物的精确度达到了这种程度，那么这个器物肯定有更重要的功能。如果这些零件并不精确，那么显然它们就不会是高等文明的产物。

也就是说，这些器物外面的精确度就是决定性的证据。如果没有精确度的要求的话，工匠们是不可能创造出这么精致的外表的。有了这种精度要求，他们才会创造出这种程度的精确度。要知道，如果没有要求的话，工匠甚至都不会考虑精确度这个问题。

尽管说起来是在找史前机器，但我们主要还是找钢铁制品。这首先是因为我们一般是用钢铁来制造机器。无论如何，我们要找的关键证据是精密的机械产品，这样才能证明古埃及已经有高精密度的机器。事实上，这种精密度很容易在埃及找到——有很多用火成岩制成的古器物，即使经过了成千上万年也依然保持着它们精致的外表。

从一个方面来看，我们可能不能找到那些创造了这些产品的铁制机器，但我们倒是找到很多这种精密的产品。我相信，对于这些产品（或者说其中的大多数），学界误解了它们的真实用途，他们对制造出这些产品需要的时间判断失误——事实上，它们不需要花那么多时间去制作，因为古埃及人能用的工具可不只是石锤之类的。如果你用一种纯工程师的眼光去看这些古器物，你很容易就会接受这个推断。这么说吧，如果要理解古埃及文化，你得像个埃及人一样思考，但要理解他们的科技成就，那你只需要像个工程师一样思考就行了。

萨拉皮雍神庙

哈夫拉金字塔里的花岗石盒和萨拉皮雍（Serapeum）的石盒有很多相似之处。当然，据鉴定，萨拉皮雍的石盒是第18王朝的产物，比哈夫拉金字塔要后造1100多年，当时石雕工艺的水准已经大不如前。但是，专家们鉴定出这个时间段是基于其中陶器的年代，考虑到这一点，我们可以合理地推测，专家给出石盒年代恐怕不是那么精确。

这么说吧，从萨拉皮雍石盒的特征看来，它们的制作者和哈夫拉金字塔的制作者有很多相似之处：他们用的是同样的工具，幸运的拥有同样的石工技术和知识。进一步说，有证据说明，这两个地方的石盒都并不仅仅是用来下葬的石棺，修建它们的人怀有更有意义的目的。石盒拥有非常高的精准度，它们的外角每个都正好是90°，内角是逐步减小

图35.1：邓恩展示一个孟斐斯的原始石棺，埃及古物学者推断古埃及人用石球为工具制作了这个石棺。

的，其尖锐的程度一般不会出现在史前古器物上。所有这一切都是很难做到的，如果这些盒子只是用来做石棺，那么根本没必要达到如此之高的精准度。

1995年，我来到萨拉皮雍神庙，用一把六英寸的精工直尺检查了两个石盒的内表面和外表面。我使用的直尺可以精确到0.0002英寸，用来测量精准度非常合适。之后我将我的发现公布在了杂志文章和我的网页上，当然，也写进了我的著作《吉萨发电站》里。

我测量的这些埃及古文物显然是用某种非常特别的制造方法制造出来的。它们的精确度是不容辩驳的，但古埃及人是怎么达到这种精确度的，他们为什么要造拥有这么高精确度的器物，这仍然是一个谜，人们对此多方猜测，但现在还没有定论。2001年8月27日，我在萨拉皮雍内部拍了一系列照片，并仔细检查了其中一个石盒的内部，测量了重达27吨的石盖和石盒接地那面的内面。石盒的内部呈现一个方形，我使用的是琼斯拉姆森对比仪，石盒尺寸可以精确

到0.00005英寸。

最后我发现，不仅仅是石盒的盖子内面，而是石盒内部每一个面都是正方形的，这大大增加了制造这个石盒的难度。

想想吧，这简直就是一个几何体的具现：盖子要和它连接的两面石壁一起组成一个正方形，内面石壁必须沿着垂直轴互相平行，石盒的顶部还必须是完全水平的，并和其他面都成直角。

图35.2：克里斯多夫·邓恩在哈夫拉金字塔"石棺"前。

这些都让这个石盒的制作变得困难重重。制造石盒的人要让石盒的内面——无论是垂直还是水平的——都非常平坦，要确定相交的内面呈直角，相对的内面互相平行，这些相对的面彼此相隔有5－10英尺远。这其中任何一点做不到，都会导致这个石盒的制作功败垂成。

也许有人会说，我们不应该用现代眼光去看这些已有数千年历史的古物。考古学文献中没有对于这些古文物精准度的判定，它只是解释了生产这种文物必要的条件。作为一个工程师和工匠，我已经在制造业工作了40多年，制作了很多精细的产品。按照我的看法，这些石盒的精确度理当得到更多的关注和研究。要知道，除非有特别的意义，不然没人会去做这种苦差的。如果没有人规定石盒必须做成什么样子，那么所谓精确度这个概念都不会出现在工匠脑海里。当然，还有另一个可能，那就是制作这种产品的工具如此先进，它们根本就生产不出低精确度的产品。无论是哪种可能，都说明石盒来自一个非常先进的文明。当我得出这个结论时，我是非常震惊的。

这也是为什么我会相信，创造了这些文物的文明毫无疑问要比埃及古物学界认定的文明高等得多。证据就刻在石头里呢。

即使是以今天的科技来看，那些位于萨拉皮雍石道里的石盒也很难制作出来。我用现代精工直尺、直角器和半径测量表检测了它们光滑平坦的表面，精确的直角和小得让人难以置信的内角半径，这一切都让我敬畏。之后我接触了四位有名的花岗石制作商，他们没有一个敢夸海口说他们能够复制出这些石盒。当然，我并不是说我们今天就做不出这些石盒了，如果我们有很好的理由一定要做出来，那我相信是做得成的。但我们为什么要做这些石盒呢？我们有什么理由，要切下一块80吨重的花岗石，把它中间挖空，还要做得这么精确呢？让石盒顶部和底部完全平行，让顶部和四面呈直角，我们有必要这么做吗？

可能科学界很多人都不同意史前有过高等文明。有的人可能会说，史前没有机器，这就说明根本没什么高等文明。但这些人却拿不出证明史前没有机器的证据。因为史前没机器，所以史前高等文明就不存在？这种推理过程就很荒谬。如果我们能够考虑一下这种精确度的用途，那么我们就会觉得历史学家给的推断非常不靠谱。我们会觉得，史前存在的文明可能比我们之前以为的要先进得多。我们不需要进入那些神秘的墓室或者阅读海量文献，证据就在那些最坚硬的石料（火成岩）上呢。

36 方尖碑采石场之谜：
埃及古物学者真的了解这些遗址是怎么产生的吗？
克里斯多夫·邓恩

在我的著作中，我将自己关于埃及古器物的观点阐释得非常清楚。在本文中，我将解释我的观点从何而来，并回答这样一个问题："古埃及人用原始工具有可能创造出这些完美的器物吗？"传统埃及古物学用了大量篇幅来描述这些原始工具是怎样做到的这一切的。我们并不需要去幻想某种根本不存在的神奇发明，所以为什么不听听我说的呢？

我与古埃及人技术水平的认识来自我在制作业工作多年的经历。在六年的时间里，我操作过很多大小不等的手工和机械工具，按照机械工程说明书参与古器物制作。六年之后，我已经结束了学徒生涯，获得了熟练工的资格证书，这段经历让我受益无穷。

30年间，命运之神始终青睐着我。我得承认，那段时间，这份用来糊口的工作增强了我的信心，尤其是在我对埃及金字塔提出了非同一般的见解之后。我想，这种工作环境对我大脑的影响是不可逆转的。尽管后来我被提升为高级经理人员，但是我曾在超过62400小时的时间里一直接触着工程啊制作啊之类的，这段经历在我的思维方式中打下了很深的印记。当我在考虑事物是怎么制造出来的时，我不知不觉就沿用了之前的思维方向。

在我脑海中的精神印记是互相交织争斗的。我在这种思想斗争的磨砺中将自己的想法付诸实现。一开始我会在纸上粗略地写下想法，然后我对这些想法精心琢磨，仔细推敲，最后使之成为一个有理有据的理论。在这个过程，我会使用一切可用的理论，运用一切可用的工具，这其中包括科学、工程学、制造业和计量学的知识。这样，我让自己的理论尽量完善。

每一次，当我发现我的理论有错误时，我会很沮丧；但当我从错误中吸取教训获得成功时，那种喜悦也是让人难忘的。每经过一次这样的过程，我就会变得更加谦恭。

在埃及金字塔的内部，巨大的花岗石房间建筑工艺精确到了0.0002英寸。当我发现这一点时，我脱口惊呼，只有太空时代才能达到这样的精确性！但或许我不该这么早下结论，这太草率了。也许这些器物看上去是车床作出来的工艺，但实际上根本不是。当我一看到这些器物上的制作痕迹，我就马上判断出这些器物是用什么工具制作出来的。不过这可能只是我过分自信了。我思考问题的方式像个美国人，而不像英国人，因为我总是从我的职业身份去考虑事情。

现在我也依然这样思考问题。事实上，无论他们是哪个国家的，工程师们通常会有类似的思维方式。在物质世界中生存，就要遵守自然法则，这就是生存要付出的代价。当你在另一种与本国文化不同的环境中生活时，这肯定会对你的世界观有所影响；当你注视着其他的文化时，它会让你的文化偏见无所遁形。这将会让你更加宽容，也更能接受不同的观点。

我希望你们能够知道，在我的著作中是有一些错误观念的。主要是我太想当然了——我一看到埃及的古器物，立即就觉得它们需要进一步的阐释。但后来我意识到我在做本末倒置的蠢事。当我开始研究古埃及文物时，我看到的是它们的最终形态，写的只是它们的几何形状和它们如何精致之类。我忽视了最重要的部分——这些古器物是用什么工具，什么方法创造出来的呢？对我来说，很显然制作它们的技术并没有流传下来。

我现在要讨论的观点是埃及古物学界提出来的，他们认为用原始工具就完全可以生产出所有这些古埃及石制品了。这些原始工具包括石锤、石杵铜凿和研磨材料（如沙子）。这些学者相信，如果埃及人能够非常熟练地使用这些工具，那么经过长时间的艰苦工作，这些石制品是可以制作出来的。古埃及人的时间概念和现代人完全不同。作为一个有几千年历史的文明古国，十年对他们来说只是时间之海中的一小滴水。一百年也不过一瞬。所以，埃及古物学者说，创造一个这样的建筑主要的困难是时间，它们的建造都需要大量的时间。

好吧，对一个跨越了这么多个世纪的文明来说，古埃及人显然是为了永生而修建了金字塔。从他们的建筑以及用料看来，他们对自己灵魂的延续，对文明的传承都非常看重。这听上去是合情合理的，我对此非常认同。我不能否认即使是手工工艺也可能用很难加工的材料作出非常精美的东西。

尽管我对这个结论非常认同，但我还是担心我的想法有什么地方不对。如果要把这个理论说给正统埃及古物学家听，那么我还是需要更有说服力的证据。否则无论我多努力地说出自己的理论，他们都会听而不闻。

我早期写过一篇文章，名字是《精确度》（Precision）。在那之后，关于这个问题，我在网络留言板上参加了一些辩论。早在1995年我就发现，参加网络辩论只是做做手指有氧操，在大多数情况下，网络辩论是在浪费时间，它毫无意义。从那时起，我对于这种辩论热情大减。我躲开了那些网络狂热分子——尤其是那些和我以及我的家庭关系非常密切的，就跟躲瘟疫似的。

不过，在这种自虐似的辩论行为中，我还是得到了一些有益的意见，这帮助我修正了我的理论。我和这些不赞同我观点的人辩论，他们相信其他学者的发现才是事实。这些学者都已经将自己的理论出版成书，他们的理论和已经被大家接受的古埃及历史比较一致。

现在埃及古代石质建筑研究中最有名的是曼彻斯特大学的丹尼斯·斯托克斯（Denys Stocks）。斯托克斯在著作中有效地解读了金字塔建筑，他分析了古代石工的技术，光这一点就让他的著作弥足珍贵。对于埃及古物学界来说，斯托克斯的观点之所以如此重要，主要是因为他的观点是以实验数据为基础的。这些实验数据来自埃及古建筑使用的材料，现在已经是埃及古物学记录中很重要的一部分。威廉·弗林德斯·皮特利爵士（Sir William Flinders Petrie）在1893年写作了《吉萨的神庙与金字塔》（Pyramids and Temple of Gizeh），

卢卡斯（Lucas）和哈里斯（Harris）
则在1962年写作了《古埃及材料和工
业》（*Ancient Egyptian Materials and
Industries*），他们和斯托克斯研究的
主题一样，但研究得比斯托克斯早。
斯托克斯最近的新书是利华赞助的阿
斯旺项目基金成果，写于方尖塔纪录
片拍摄期间。

在阿斯旺做研究期间，斯托克斯
计算出了准确的材料去除率，这让我
们能够比较精确地估算出这个工程耗
时多久。有了斯托克斯的研究做基
础，这项分析是非常简单的，现代工
程师经常用这个方法来做成本估算。

根据斯托克斯的研究，我可以算
出采集一块方尖塔所需要的花岗石需
要多久时间。当然，这个时间不包括
把这块440吨重的石块运出采石场的时
间，也不包括把石块表面打磨光滑的
时间，或者是在上面雕刻上象形文字
的时间。最后，我要指出，它也不包

图36.1：卡纳克的方尖石塔。

括石碑路上运输需要的时间，以及将它竖立在卡纳克（Karnak.）的第5主塔前
要花费的时间。

要计算具体完成时间，我们首先要在阿斯旺采石场选一个合适的地方采
石。根据已经完成的方尖塔的规模，我们猜想原始石料肯定很高。古埃及人将
大块石料从基石上切割下来的方法是先绕着要切下来的部分刻一个槽，然后从
下面切掉和基石相连的地方。这个推断很合情理。我们在阿斯旺采石场还发现
了没有完全切下来的石料。在石料上，我们看到了绕着方尖塔形状刻下的石
槽。很显然，如果这项工作继续下去，接下来应该把这块石料从基石上切下
来。

石槽显然是用一种铲子凿出来的，根据这一点，埃及古物学者迪特尔·阿
诺德（Dieter Arnold）认为，每一个埃及工匠都被分到一块"75厘米宽60厘米
长的工作区，在这块狭小的空间，他们或坐或蹲地工作"。对于一个挥舞石球
工作的工人来说，这块2英尺×2.5英尺的地方可有点狭小了。很显然，这里有
一队工匠，可能每一个都一样好斗，而且都手持石块。管理者显然考虑到这
点，因此有意将工作区域设置得很小，将可能发生的斗殴机率降到最低。

无论如何，为了让我的理论更有说服力，我使用了这些数据来计算切割方
尖塔原料的时间。在纪录片中，马克·莱纳（Mark Lehner）也承认，这应该是

古埃及人最可能使用的切割方法。他对这种计算很感兴趣，甚至亲自承担了一部分实验工作。

根据斯托克斯计算出的材料去除率，我们开始分析切下一块方尖塔石料需要的时间。一开始，我们相信，只要有足够的劳动力，切下石块的时间就可以大大减少。结果我们发现根本不是这样。任何一个项目都有自己的系统规定参数或者说是瓶颈。所以，尽管我们可以叫上1000个人来参加项目，但人数太多反而会降低效率。这个项目需要的工人数量就是所有花岗石面积除以2英尺×2.5英尺之后的数量。

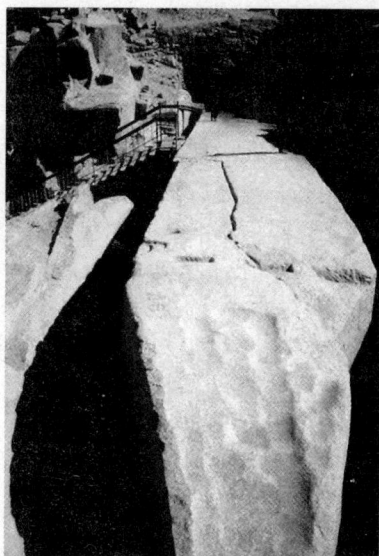

左：阿斯旺未完成的方尖塔。　　　　右：未完成的方尖塔顶部。

图36.2

很显然，同一个工作区域，一次只能有一个人工作。切下石料的时间等于被切除的材料的体积除以材料去除率。而材料的体积就是材料的长、宽、高相乘的结果（斯托克斯用的单位是立方厘米、米、英尺和英寸）。我们对于石槽的深度有一些不同的意见。从照片上看起来，石块表面有相当深的石槽。

我们争论起来，看起来可能从方尖塔的上面切下了石料另作他用，当然，在我们的项目里，石料的移动距离是不考虑的。我推断，为了采集方尖塔，古埃及人在基石上切了大概9英寸深的石槽，同时，他们还在方尖塔石料下切进了大概2英寸，方便将石塔整块切下。这个深度足够工人在石料下面凿出足够他们爬行的空间，然后他们就可以将石料整块切割下来。

接下来，我们设想工人会用石球来重击花岗石料。斯托克斯推算出，石球的材料去除率大约是每小时30立方厘米。根据斯托克斯的实验数据，这里并不考虑无用功或者石球用废了换一个等情况，我们假设材料去除率是一直不变的。

工作区	英寸	英寸	米	立方厘米
宽	2.46	29.53	0.75	75.00
长	1.97	23.63	0.60	60.00
深	11.00	132.00	33.52	335.24
体积	53.29	92, 093.20	15.09	1, 508, 571.43

材料去除率	30.00
一个工人需要工作的小时数	50, 285.71
天数（按一天10小时算）	5, 028.57
年数（按一年320天算）	15.71

现在，让我们来计算一下底部切割需要的时间。我们同样使用斯托克斯实验过石锤和石凿之后给出的材料去除率。这个数值会有所减少，因为工人在进行这项工作时，不能借助重力节省力气。在这个项目上，斯托克斯给出的材料去除率是每小时5立方厘米。

另有一种设想，认为有超小型的工人在花岗石下面凿出了一条2英尺×2.5英尺的槽。这个理论和斯托克斯的推断是有矛盾的。我选择了斯托克斯的设想，而且我还相信，在花岗石两边都有工人同时工作，一起凿通这条槽，直到最后将花岗石从下面整块切除下来。

工作区	英寸	英寸	米	立方厘米
宽	2.46	29.53	7.50	75.00
长	1.97	23.63	6.00	60.00
深	4.00	48.04	33.52	335.24
体积	19.04	33, 514.60	549.00	549, 000.00

材料去除率	5.00
一个工人需要工作的小时数	109, 800.00
天数（按一天10小时算）	10, 980.00
年数（按一年320天算）	34.31

根据以上分析，切下一块方尖塔石料需要的时间最少是50年！当然，古埃及人完全有可能分配了更多的工人来做这件事，好早些完成任务。强壮的工人轮流换下疲惫病弱的工人，但无论怎样，一块工作区域一次只能有一个工人工作。在石料被成功切除之前，每小时30立方厘米的材料去除率不可能一直持续下去不减少。我们还没算石料加工成成品需要的时间呢。如果按埃及古物学家设想的，古埃及人只能用非常简陋的工具的话，这个时间保守估计也至少是10年。

但是，我们看一下赫舒素女王（Hatshepshut）双塔的碑文，上面告诉我们，这一对方尖塔是在7个月的时间内修好的。按我们的测算，在那个时代，要做到在这么短的时间内修好，那么仅仅是切割石料的效率就起码要提高37倍。埃及古物学的记录中可没说古埃及人拥有这么高效率的工具。即使不考虑金字塔的精美程度，仅仅是根据埃及古物学者自己的数据就可以证明，他们的推断是错误的。显然，古埃及人要比他们以为的先进得多。

37 金字塔秘密之门的背后：
这些新证据揭示了金字塔的真正目的吗？
克里斯多夫·邓恩

　　2002年9月16日，星期一下午8点整，美国福克斯电视台直播了研究者对大金字塔王后室南边通风管道的探索。自从1993年，德国机器工程师鲁道夫·甘特布瑞克带头探索了这条直径8平方英寸，220英尺长的通风管道之后（他发现通道尽头是扇"门"），世界各地数百万埃及研究者就一直等着这天的到来。这一天，我们能够对这条管道进行进一步探索，而阻挡在秘密之前的那扇"门"也将被移除。

　　福克斯电视台为此做了长达两个小时的地理节目专题，为这次吉萨高原

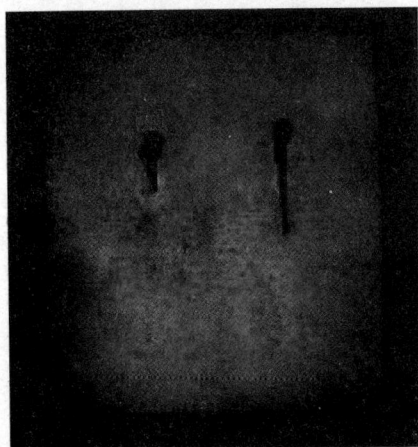

图37.1：甘特布瑞克之门。

探险做现场直播。当机器人的钻头终于打穿了石板时，研究者将一个内窥摄像机插入打穿的洞口，以便观察在甘特布瑞克的"门"背后到底有些什么。这一刻我们迫不及待，这真难熬极了。

　　关于这扇"门"后面到底有什么，考古学界讨论过很长一段时间，总结起来，有以下几个观点：

　　在节目播出之前，图坦·哈瓦斯（Zahi Hawass）博士（古迹研究最高委员会主席）认为，在门背后我们可能发现胡夫法老的手稿——可能是日记："门后面可能藏着非常重要的东西，可能是胡夫写的宗教书籍，也可能是告诉我们怎样修建金字塔的手稿。"

　　埃及国家信息服务中心进一步阐释了哈瓦斯的观点："哈瓦斯认为，这扇门是出于宗教目的而修建的，门后面肯定会发现法老的手稿，正如我们发现了导向死亡的'大门'、'洞穴'和'两条通道'一样。这些东西是一种警告，告诫人们可能会遇到的危险。"

　　德国的埃及古物学者拉尼耶·斯德尔曼（Ranier Stadelman）曾在1993年为鲁道夫·甘特布瑞克工作，他认为这只是一扇假门，是为了让国王的灵魂能够通过这里去奥西里斯的地府（以天狼星为象征）。他相信铜把手只是为了让死去的国王可以打开这扇门而已。

　　罗伯特·博瓦尔和吉尔伯特合著了《猎户座之谜：破译大金字塔的终极秘密》，他认为门后面会发现雕像，而通道尽头的地下室是古代埃及人观测星星的地方。

约翰·安东尼·韦斯特曾写作《天空中的巨蛇》，他相信门后就是这座建筑的核心。9月15日，在我采访乔治·罗瑞（George Noory）时，一位听众给贝尔艺术秀打来电话，说她自己是一位埃及古物学家，并声称她知道门后到底有什么。不管我自己觉得门后是什么，她只说门后肯定是一个30英尺长的房间，里面放着圣沙。

至于我自己的观点，一会我们马上就要谈到。自从我1998年出书之后，我的想法有了一些改变。在9月16日前后，我在自己的网站和访谈中都谈论了这点。

图37.2：大金字塔东边的通道。

当这个节目快要结束时，哈瓦斯主席开始不那么自信了。他警告观众，说门后面可能什么都没有。当照相机将镜头伸进洞中时，图像一下子出现在我们面前。哈瓦斯的预言成真了。这里真的什么都没有，只有一小段非常粗糙的岩石。

但是，当昏暗的图像传回摄像机时，哈瓦斯博士变得非常激动："那是另一扇门！"他激动万分，"还有一条裂缝！"

不过一个星期之后，哈瓦斯不得不承认："我们需要更仔细的观察。因此我们将邀请国家地理协会参与这个项目。节目播出之后，我们得到的还是一团谜。总而言之，这些谜团吸引了更多的观众。"

2002年9月23日，埃及新闻报道说，金字塔漫游小组成功地探索了大金字塔的北边通道。这个通道与南边通道正好相对。1993年，甘特布瑞克用尤帕特2号探索这个通道时遇到了困难。机器人无法越过早期探险者扔在通道里的棍子。这些探险者试图用这些棍子探索通道，但最后棍子堵在了通道里。

机器人小组用一个简单有效的方法解决了甘特布瑞克当时遇到的问题。他们让机器人转了90°，爬上天花板，从通道上面的墙壁越过了这些障碍物。通过摄像头，哈瓦斯看到了北边通道，他认为北边通道的工艺是前所未闻的。

全世界新闻界都在关注这次探索，从哈瓦斯那里传来的消息越来越不同寻常。老实说，作为国家地理协会的探索者和专家，面对一群饥饿的媒体却给不了明确的答案，这也够不幸的了。哈瓦斯只是表示："……通道在一个地方有弯曲，显然这些建造者想要避开主室。"

这可能意味着，这条神秘的通道是在金字塔建成后修建的，原始设计里并没有这条通道。哈瓦斯认为，可能胡夫想要获得和埃及太阳神一样的地位，因此他修建了这条通道。那个时代相信，国王死后就会变成神。哈瓦斯猜测，这条在金字塔石质建筑上凿出的通道是国王在进入来生之前要走的。

接着，在戴着他的印第安纳琼斯帽子接受媒体采访的一个星期之后（就是那次他说门后会有胡夫的日记），哈瓦斯再次站在了媒体面前。

"我们在北边通道里找到的东西和上个星期在南边通道看到的很类似……，它们带来了这一个世纪以来大金字塔里最重要的新信息——金字塔不是什么灾难中的避难所。"哈瓦斯说，他对于那种认为里面藏着宝藏的想法大加嘲笑了一番。

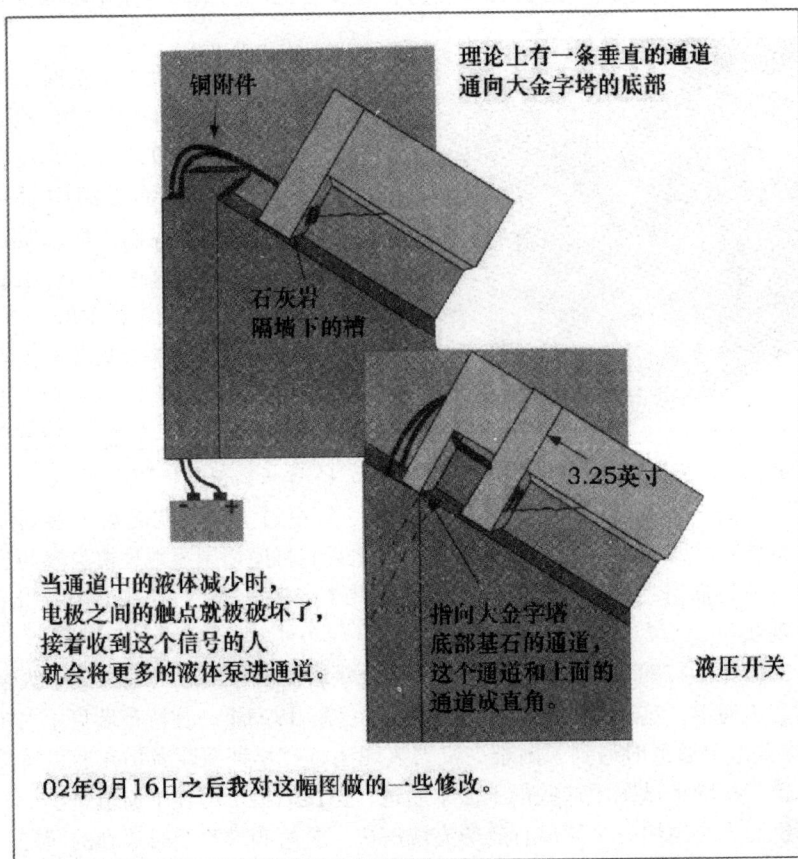

图37.3：液压开关的运作原理。克里斯多夫·邓恩制图。

哈瓦斯满不在乎地说，北边通道的石门后面肯定也是另一扇门。事实上，我相信哈瓦斯是正确的。他们将会在北边通道的尽头发现和南边通道门后类似的东西。那时，他们将会在洞穴的右边墙壁上发现一个通道，当然也可能是在地板上发现，但我认为更有可能在右边墙壁。

与哈瓦斯相比，我不仅仅是通过大金字塔整体内部设计来预见门后有什么。我曾经和持"陵墓说"的学者讨论过这个问题，他们都是博学可靠的业内翘楚。这些学者坚持说，门后面发现了什么都无关紧要，这不会改变一个基本事实，那就是金字塔就是一座陵墓。甚至他们发现有垂直的通道进入金字塔时，他们也不改初衷。按他们的说法，如果法老想要一个垂直的通道，那么他就能建一个。还有学者说，埃及古物学本来就不是硬科学，研究的时候用不着符合科学传统标准。

按照《吉萨发电站》中所提到的观点，大金字塔的每一个建筑部分都是互相联系的。其中有一些部分可以单独提出来分析，但大多数部分——像王后室，国王室和大走廊——是和谐一致起作用的，它们不能分离开来单独考虑。

国王室的外貌让我认为南边通道有可能是用来合成稀盐酸的，王后室的北边通道则是合成水合锌。通过大走廊的外貌，我们可以理解国王室的作用。王后室的外貌显示这里曾经发生过化学反应，产生了氢。随着我们在这些地方找到不同的证据，这个理论也逐步清晰。目前找到的证据都是支持《吉萨发电站》中的理论的。通过这些房间，北边通道和南边通道的情况，我们可以预见一些证据，比如即将在甘特布瑞克之门后面发现的那些。因此，通道底部的东西可能决定了吉萨发电理论是正确的还是错误的。

在金字塔漫游小组探索北边通道之前，我就已经公开承认，如果南边通道底部没有发现另一条（或者另几条）通道通向金字塔底部，那么我的理论肯定是错误的。我还预言说，在"门"的背面，铜配件肯定有某个连接点，连向大金字塔底部。

可惜到现在为止，门后的图像都不是很清晰，因此我的这个预言看来无法证实了。不过我在书中给出了一幅图解，指出"门"的某个特性，这个特性就是证据，能够证明我的预言。在图示中，我给出了石砖的厚度，是3.64英寸。当然，我当时只是随手一测，仅仅为了估计一下这个石砖的用处。后来金字塔漫游小组用超声波测厚仪检查了，得到的精确厚度是3.25英寸。

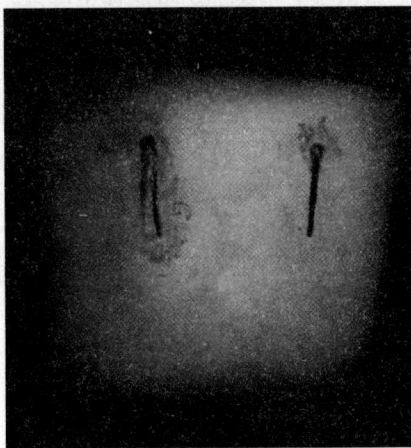

图37.4：王后房间北部
通道里的插座。

电视播出的那一刻，正如美国每一个观众一样，我也紧盯着福克斯电视台。当时确实没有什么能让我激动的，但是突然我看到一个德国人提供的图像，那个图像是国家地理探险小组拍摄的，曾在欧洲天空电视台播出。从这个图像看上去，通道后面确实还有些东西。但图像被福克斯电视台的图标挡住了。当时电视屏幕左上角有一个"生活"的字样，左下角是福克斯电视台的台标（27频道）。

我将这个图标拷进一个图形程序，调整了一下色彩，调亮了图中黑暗的地方。然后我呆住了，只能目不转睛地盯着屏幕——看看我看到了什么啊！

我知道，如果你总盯着一个地方看，你可能会在幻觉中看到一张脸或者别的什么东西，但是我几乎是立刻就在"门"的左边角落看到了一个长方形的物体。我接着调整光平衡和色彩，试图进一步确定这个图像，后来我以底部角落为基点创造了一个没影点（透视画中平行线条会聚点）。我只是想确定左边的这个长方形物体确实是一个长方形，也确实和墙壁平行。

非常明显，从没影点出来的直线一直延伸到长方形物体的边上，我开始确信我发现了金字塔下面的通道，就是我之前预言会有的那一条。有意思的是，地板上也有条线和墙壁平行，很显然，这说明地板也是由两块石板构成的。或者这意味着地板上有条槽。在调整过的图像上，垂直通道的尽头通向地板上着色的符号，这些符号与墙壁呈直角。看上去这块地方的第二扇门同样被刻了标记。

我曾经说过，因为流入王后室的化学物质不需要很多，因此补充化学物质的通道口也不需要很大，一个水龙头的流量就足够了。右下角刻着标记的石块就是用来保持化学液体流量的东西。进一步说，如果我们看到门后的垂直通道，那么我们会发现它可能只有0.5英寸宽，4英寸长。

我对北边通道的探索结果早有预料，毫无疑问，这些通道的功能就是《吉萨发电站》里说的。从图像中可以看出，另一扇门的铜配件和北边通道尽头的铜配件之间有一些细微的差别，这也证实了这些通道确实是用来运送化学物的。而不同的化学物质会用不用的方式影响电极。

我们看一下南边通道，这个通道是运送稀盐酸的。随着时间的流逝，稀盐酸开始侵蚀铜配件。看起来铜配件的上部要比下部侵蚀得轻一些，因为盐酸总是向下流的，因此铜配件的下半部分就会比上半部分侵蚀得厉害一些。这使得铜配件逐渐变细，最后左边的电极完全丧失了作用。

而在北边通道，我们看到完全不同的情况。这个通道有水合金属物，如水合锌。我们看到左边电极是电镀的。我们很容易就会想到，当电流从阴极流向阳极时，就会有锌留在阳极上。我们从金字塔漫游小组拍摄的图片上可以看到，只有左边的电极上有白色的物质附着。这些电极上没有腐蚀的痕迹，金属的厚度要比南边通道的要薄很多。再注意一下电极左边和上面褪色的石灰岩，我们现在仍在研究是什么造成了这种现象。

尽管埃及古物学并不是一门硬科学，但在解释金字塔时科学标准仍然是适用的。争论应该符合证据法，符合科学原理。埃及古物学家可能要说，陵墓说是不可动摇的。但我的意见是，如果陵墓说不能符合科学逻辑，而且它完全不能解释新的证据，那么这个理论就是有问题的。在科学家中应该有一定的准则，所以我们才能和那些主流科学家一样，获得学界的尊敬。进一步说，这种理论应该有可预测性。尽管现在我们还没能看到全景图，但埃及古物学者是无法预见甘特布瑞克的"门"后到底有什么的，而且"门后"的东西也根本不支持陵墓说。

科学和社会进步都需要我们质疑已经被接受的观点和理论，需要我们讨论各种观点。事实上，如果谁真诚地希望自己理论中的错误被指出来，那么他们一定会非常欢迎这种讨论。西方出生的埃及古物学者不应该无视科学规则，尽管这些规则的维护者现在处境尴尬，他们试图勉强要用这些自相矛盾的资料来证实自己的理论，而且在未来很长一段时间内，这种情况都不会得到改变。

38 金字塔中先进技术的实例：
这些证据真实展示了修建者的哪些高超技艺？
马歇尔•佩恩

> 生活的灾难之一是一组丑陋的事实能将一个完美的理论给扼杀掉。
>
> ——拉罗什福科（La Rochefoucauld）

胡夫金字塔的制作工艺完全颠覆了我们所描述的古代工艺水平：制作者将超过200万块的石灰石抬到了40层楼那么高；塔底的基线比两个半足球场还大；站在金字塔顶端，一个弓箭手射出的箭都没办法远到塔基边缘——而所有这一切居然都来自一个4500年前的农业社会。

这还不是全部。胡夫金字塔的精密度和工艺都超出了我们现在的认知：它规模宏大，占据了13英亩的地区，整个基岩底座都雕刻着小于一英寸的波浪花纹；金字塔指向基本方位（老北极），角度几乎没有误差；外面的石块和里面的花岗岩块镶嵌得如此精密，以至于连刀片都插不进。想想吧，这些石块差不多有70吨那么重（大概有一个铁路机车头那么重），建造者们却能把它们抬到10层楼那么高，而且石块切合的精密度令人吃惊。

他们是怎么做到这些的？我们不得而知。我们只知道，在胡夫法老之前这里是没有金字塔的。那么这些工艺是从哪来的呢？我们也不知道。到目前为止，传统科学无法解释金字塔的构造工艺。但是事实是，这些金字塔是真实存在的，而且不管建造者是怎样建造它的，他们确实创造了这个奇迹。在之后近一千年间，埃及人接着建造了许多金字塔，虽然现在其中的大部分变成了一堆难以辨认的碎石。奇怪的是，这些更古老的金字塔反而完整无缺，它们颠覆了传统科学的认知。显然，在埃及人手中，这些更古老的金字塔建造工艺失传了。

可为什么埃及人要建造这些金字塔呢？这是一个更令人感兴趣的问题。虽然正统的埃及古物学家声称，所有的金字塔绝对都是陵墓，是为法老的遗体建造的。但事实是，任何一座金字塔——第四王朝金字塔及其同时期金字塔——

图38.1：吉萨大金字塔。

里都没有找到法老的遗体。另外，埃及晚期的金字塔是作为陵墓建的，里面却依然没有遗体。

埃及古物学者解释说，这是因为盗墓贼将遗体偷走了。但这里并没有盗墓贼来过的证据，他们也不能解释，传说中的盗墓贼集团是怎么能够绕过防盗机关的。不过，考虑到第四王朝之后金字塔建造质量的显著下降，那么"陵墓说"也许不是完全没道理的。所以，还是让我们用金字塔独有的特征检验一下"陵墓说"吧。

胡夫金字塔的下降通道大致有350英尺长，其中大约150英尺是石头砌成的，还有另外200英尺是在基岩中打通的。弗林德斯·皮特里爵士（Sir Flinders Petrie）是近东考古学的先驱者，他在一个世纪前测量了这个下降通道。在底座被碎石所覆盖的情况下，他用三角测量法量出了金字塔的周长——3022.93英尺。25年后，埃及政府雇了一个专业的测量员。在清理底座的碎石之后，测量员用传统的测量法，量出金字塔的周长是3023.14英尺。也就是说，皮特里有2.5英寸的误差——误差率为0.007%。

皮特里对于精确度有着非比常人的兴趣，胡夫金字塔的下降通道非常直，天花板和侧面则非常平坦，这激起了他的好奇心。但是因为地板被损坏得很严重，因此他并没有深入研究这个问题。这个下降通道大约有4英尺高，3.5英尺宽，它严格按照26°角倾斜下去。很显然，通道指向北方，准确地说，现在这个通道指向的是北极星。皮特里很肯定，"150英尺的石砌通道，在垂直度上的平均误差只有1/50英寸；更让人吃惊的是，在整个长度为350英尺的通道中，侧面石壁的偏差低于1/8英寸，顶部的偏差则大约是3/10英寸。"他们是怎么将一个足有足球场规模的金字塔建造得如此精确的呢？要知道，他们可没有激光。他们可能只是草草修建。可他们是怎么达到这种精确度的呢？

回答是，我们不知道。我们根本就不了解他们使用的科技，我们唯一知道的是，我们现在拥有的科学技术做不到这一切。

显然，无论如何，他们做到了，而这些需要巨大的努力。因此，至少我们能推断出一件事情：他们没必要付出这么巨大的精力去修建一个运送遗体的通道，还把这个通道建造得如此精确。无论怎么推论，金字塔仅仅是陵墓的说法应该到此为止了。

关于精确度的测量在上一个世纪才得到重视。显然，"陵墓说"之所有能有市场，是因为埃及古物学课程没有包括基础科学和数学，因此他们无法发现通道的精确度，也不能判断这种精确度的价值。

不过，了解精确度的意义又怎样呢？然后我们就知道金字塔建造的目的了吗？在我看来，这个下降通道的功用之一是天文观测。可能很少有人提出过这种解释，不过我仍觉得这个解释不错。天文学是一门最古老的学科，古代就有不少出色的天文学家。很多古人是出于信仰原因去观测天文的，而他们的信仰又源于天文学。对于他们来说，研究天空不仅仅是科研工作，更是宗教工作，从中他们探寻着不朽的秘密。

很多学者已经意识到，古人除了知道有关太阳、月亮、行星和恒星的重大活动以外，还知道岁差。地球在绕地轴高速自转时，就像陀螺一样，地轴会缓慢地划出一个圆来——大概每72年移动1°，或者是每26000年完成一个循环。岁差一般被认为是公元前150年由喜帕恰斯（Hipparchus）发现的。但是显然在喜帕恰斯之前的古人已经了解了这一知识，并且将这一知识放入了他们的信仰。

如果从这条下降通道的底部往外观察，一个观察员可以观察任何接近真极（现在的北极）的星星——从这颗星星从左边进入通道视野，到它向右运动直到完全消失，这个过程一共需要36年。因此，72年运动1°，360个72年——也就是26000年——将产生一个循环周期。

众所周知，古埃及人有能力来进行这样的计算。那么，想想古埃及的宗教和天文学，考虑到这个通道天文台般的精确性，与其说这个通道是设计来运送遗体的，不如说是用来观察天文的更为可信。

胡夫金字塔（它是金字塔中最大的，因此有可能成为古代科技的代表）的另一个目的可能是当作纪念碑来保护文明传承，它可能是某些文物的秘藏容器。众多学者（不包括埃及古物学学者）相信，胡夫金字塔暗含了地球的尺寸数据，它的基底周长等于半分赤经的长度。是这样吗？

我们来看一下：

> 周长3023.14英尺=1/2分
> 6046.28英尺=1分
> 362776.8英尺=1度
> 那么68.7077英里=1度
> 360度=24734.78英里

我们按照这个理论来推算一下：如果你站在赤道上并向正北方走3023.14英尺，理论上你在经线上走了0.5分。由此我们算出，地球的经度当时大概长24735英里。事实上，卫星测量出来地球经度长是24860英里，这和用金字塔周长推断出来的相差125英里，精确度高达99.5%。埃及古物学家认为这只是巧合，当然，这也有可能。如果这一理论是真的，那么胡夫金字塔的塔高应该和地球半径有同样的联系，但是是这样的吗？

胡夫金字塔的高度是480.7英尺。当然，各种具体测量数据略有出入，但这不影响我们的判断。我们用公式来看一下，480.7英尺×2×60×360=3933英里。这样算出的地球的极半径为3933英里，而卫星测量出的是3960英里，这里产生了27英里的偏差。也就是说，这样算出的地球极半径精确度为99.3%。我想，工程数学上是不会把99.3%的吻合率当作巧合的。

那么，古埃及人是如何测量出这些数据的呢？很简单，我们再回到天文学上来（《伟大的金字塔的秘密》[*The Secrets of the Great Pyramid*]，彼得·汤普金斯[Peter Tompkins]）。以上我们说到的"巧合"只不过是胡夫金字塔的特征之一，还有很多类似的特征我们没有提到，而且直到最近一百年，我们才发现这些"数字巧合"。但是，数千年前就已经有人造出了金字塔。

接下来，我们的疑问是：胡夫金字塔上很多数据暗合地球的规模，但为什么要造这么大的金字塔？为什么不让金字塔小上一半——这样大大减少了工作量，而且还能起到相同的作用？

我们在神话学中找到了答案，这可有点出人意料。在业界饱受尊敬的学者约瑟夫·坎贝尔（Joseph Campbell）在他的著作《上帝的面具——西方的神话》（*The Masks of God–Occidental Mythology*）中，记载了不同文明的神话，其中包括冰岛的、巴比伦的、闪族人的、埃及的以及《圣经》传说等等。他发现432000这个数字非常特别。事实上，这个数字可以追溯到新石器时代。当他发现这个数字不断出现时，他既惊喜又恐慌。经过慎密地思考，坎贝尔认为这个数字代表着某种宇宙规则，甚至可能是某种普适常数。别忘了胡夫金字塔的规模：$2 \times 60 \times 360 = 43200$！如果坎贝尔教授知道这个，他会更加欣喜若狂的。金字塔的建造者们是否也用这个数字来确定金字塔的规模呢？

现在我们归纳一下；(1)本文反驳了金字塔只是陵墓这一观点。没有证据说明金字塔就是陵墓。即使是年代较近的那些金字塔也没有陵墓特征。(2)古人的技术远比我们以为的要先进，金字塔可不是一个简单的陵墓，现代科学都无法解释它达到的精密度。

那么，这些先进的科技是从哪儿来的呢？我们不知道。很显然，埃及人曾经拥有这样的科技，但后来又失去了它。吉萨高原矗立的胡夫金字塔是他们先进科技的代表，它是古代世界七大奇观中最古老的一个，也是唯一保存下来的一个。

第六部分
思考新模式

39 天外来客：撒迦利亚·西琴认为，
我们的文明是太空来客的遗产，
他在新书中揭示了神迹的新秘密
J.道格拉斯·凯尼恩

从华盛顿人类潜能讨论会，到西雅图的生物博览，从伯克利的大学闲谈到波士顿的鸡尾酒舞会讨论，每一个地方都在讨论关于人类起源的探险。

图39.1：撒加利亚·西琴在卡纳克，阿孟和蒂二世雕像前。西琴认为阿孟和蒂二世就是《出埃及记》中的法老。

但这类谈话若是不提到撒加利亚·西琴（Zecharia Sitchin），那就没什么意义，要是不说到西琴的著作——《地球编年史和遭遇神迹：关于幻觉，天使和其他使者的导读》（*The Earth Chronicles and Divine Encounters: A Guide to Visions, Angels and Other Emissaries*），那么谈话就会冷场。

事实上，西琴饭们（Sitchinites，西琴的粉丝自称）在所有能公开演讲的地方——从脱口秀到互联网——宣传西琴的理论，说大部分人类古代遗产都来自外星人。这种做法还是很有成效。通过西琴饭们的宣传，加上《星际之门》（一部科幻电影）的走红，西琴的理论在大众中总算是有了一席之地。尽管有很多人不认同西琴的结论，但没人会怀疑，作为一个古代语言学家，西琴确实可以提出一些非常有意思的理论。当然，我们先不论这种理论是否可信。

的确，很少有学者能比得上西琴的博学广识。他是少数能看懂苏美尔人的楔形文字的语言学家之一，也是公认的古希伯来语（埃及象形文字）的专家。尽管他翻译古代原文的方法颇为独特，因此有许多针对他展开的论战。西琴坚持认为，无论是《圣经》传说或者苏美尔人和埃及的神话都不应该被理解为神话，相反，它们应该被理解为新闻纪实。

忘了荣格（Jungian）的原型说和精神分析吧。"如果有人说，有一组50个人从波斯湾顺流而下，"西琴说，"他们在恩基（Enki）的领导之下跋涉上岸，建立了一个殖民地。为什么我非要说这事根本没发生过，要说这就是个隐喻，是个神话，是想象，是有人虚构的，而不认为这就是事实呢？"

从1976年写了《第十二个天体》（*The 12th Planet*）开始，西琴将他对于古代神话独特的理解扩展到了人类起源史上。他相信围绕人类起源发生过很多复杂的历史事实。西琴指出，有大量6000年前的证据显示，太阳系曾经比现在要多一颗行星。在古代，曾经有外星人（《圣经》中的巨人族）从那颗行星来到地球。

随后，西琴著述了《地球编年史》（*The Earth Chronicles*）系列，其中包括《通往天国的阶梯》（*The Stairway to Heaven*），《众神和人类的战争》(*The Wars of Gods and Men*)，《失落的国度》(The Lost Realms)，《当时间开始》(When Time Began)。这个系列的一本姊妹书《重回起源》（*Genesis Revisited*）也出版了。西琴详细地描写了在人和神之间爱恨交加的关系，而且他相信，这种关系对早期的人类在地球上的生活有很大影响。

无论阿努纳奇人（Annunaki）[1]对他们的新造物（人类）是怎么想的，文学批评家都对西琴的作品都印象深刻。"一个耀眼的成就，"《科克斯评论》（*Kirkus Reviews*）说。而《图书干期刊》（*The Library Journal*）发现这些作品"令人兴奋…十分可信。"

在《圣经》、苏美尔人神话和埃及神话故事中，遭遇神迹是一再出现的主题。从伊甸园到吉尔伽美什，西琴相信这些典籍中所有的神或是女神，实际上都指的是阿努纳奇人。不过，哈佛大学教授约翰•麦克（John Mack）正在研究现代UFO绑架事件，西琴却认为这些现代外星人接触事件和古代神迹不是一回事。他强调至少他个人从未被外星人挟持过，并且指出，现代外星人接触事件通常被看作是毒品导致的幻觉，或者是某种很不友好的入侵。但是在古代，能够面见神灵是无上的荣耀，只有极少数人才有资格与神会面。

很多这种遭遇神迹的故事是和性相关的。《圣经》清楚地写道："他们（阿努纳奇人）'选择了人的女儿作为妻子，并生下了孩子。这些孩子后来都成了非常有名的人'，等等，在美索不达米亚文献和埃及神话中，都有关于这些半神半人的详细传说。而且在某种程度上，亚历山大大帝（Alexander the Great）确信自己就是这些半神的后代。

《吉尔伽美什》讲述了这样一个故事：一个女神试图诱惑英雄与她发生关系，但这个英雄怀疑，如果他这么做了，他将面对死亡。其他的遭遇神迹故事包括进入"虚拟现实"和"类似阴阳魔界"之类的地方。我们还可以分析一下预言家耶利米（Jeremiah）、伊齐基尔（Ezekiel）和以赛亚（Isaiah）的经历。最后，西琴声称他破解了耶和华的身份之谜，他得到的结论"甚至让自己都感到震惊"。没有人曾在这个谜题上走到这一步。"买下这本书吧，你不会后悔的。"他建议说。

1.阿努那奇人就是苏美尔人所崇拜的众神或造物主，人类的创造者之一，同时也是圣经里提到的神的儿子们，上古伟人，巨人，从太空船下来的纳菲力姆人等。他们被设想为一支超乎想象的高等种族，几乎已经走到了进化的顶点；他们是跨次元的存在体，不具有物质性的身体。西琴在著作中提到了这个虚构的种族。

自从《第十二个天体》首次出版之后，已经过了将近20年。西琴的研究方向有了很大的转变。和冯·丹尼肯（von Dannikin）及其他研究者不一样，西琴的研究还没有被其他科学家严厉指责过。他认为之所以会这样，主要是他的研究是很客观公正的。"我和科学界（我是指苏美尔研究专家之类的）唯一的不同，就是他们认为这些典籍全是神话，而我认为是它们是纪实。"今天，已经有很多研究者开始沿着西琴的思路继续研究。据他最新的估算，其他研究者已经写作了近30本著作来发扬他的思想。

不少研究者都认同西琴发现的"事实"，但认同他的结论就是另一回事了。甚至是当今最前卫的思想家们也无法完全赞同他的观点。火星研究专家理查德·霍格兰（Richard Hoagland）抱怨说，西琴正在试着"把苏美尔人的楔形文字当《纽约时报》读"。但是还有一些其他的研究者，如符号论学者约翰·安东尼·韦斯特，在没有读到西琴著作之前就相信古人拥有高等文明。

对于这些学者来说，西琴的看法过分简单，并且是唯物主义的。他是一个机械还原论者，一个实证主义者，这是对19世纪实证主义的复古。还有一些其他学者觉得他像是那些信奉正统基督教的传教士，他们努力将一些特殊的历史人物（比如拿破仑、希特勒和反基督教的萨达姆·侯赛因等等）塑造成圣约翰之流。

图39.2：西琴与奥尔麦克巨型人面像。

尽管被看做异类，西琴对自己所作的研究也并不后悔。他不会采用所谓的"传统视角"，传统学界认为，应该"将这些文本当作神话看待，它们全都是想象，无论这些事情是不是某种隐喻，它们都从未发生过。有人想象出了它们。"相反，他很肯定"这些事情真的发生过"。

苏美尔人和埃及人的文化进步是否是因为外星人呢？学界对此意见并不统

一。但他们至少都承认这一点：远古时期确实可能有过非常先进的文明。"没人能否定这一点，"西琴引用苏美尔人和亚述人的典籍说。比如亚述巴尼拔（Ashurbanipal）[1]，说他曾经读到过大洪水发生之前的古代典籍。他描绘了洪水之前的城市和文明，但是现在这些文明已经被彻底摧毁了。因此，如果要问，在苏美尔人之前，甚至是在大洪水之前是否有一个更早的文明（西琴认为这个文明比苏美尔文明要早7000-8000年），"这个回答绝对是有"。但是，西琴认为，无论这个文明可以追溯到什么时候，它也只不过是阿努纳奇人掌控的结果。

　　和西琴一样，柏拉图也认为古代神话其实是史实，只不过他不是很确定亚特兰蒂斯的位置。

　　"不管亚特兰蒂斯到底是在大西洋的中央，或者是在太平洋或是南极洲，也不管我知不知道（柏拉图）实际上谈论的是什么，至少我可以肯定一点：柏拉图指出了这样一个事实，那就是这里曾经有一个文明被某个大灾难毁灭了，也许是一次巨大的洪水或什么的。"

图39.3：根据西琴的解释，图画中间是飞行器，
右边是火星人，左边是地球人。

　　很多学者认为，大金字塔要比传统学界以为的古老得多，西琴也是这些学者中的一员。在他的第二本著作《通往天国的阶梯》里，他花了很大的精力，以著名的漩涡花饰为证据，证实胡夫金字塔是伪造的。霍华德·维斯上校（Colonel Howard Vyse）曾宣称他发现国王墓室，但西琴很谨慎地研究了墓室上的花纹，指出这些都是霍华德·维斯上校伪造的。在出版时，西琴又在书中追加了新的证据：一个曾为霍华德·维斯上校工作的石匠曾孙愿意出来作证。这位曾孙作证说，维斯上校进入金字塔的时候带着刷子和油漆桶。石匠听到他说，他希望能为他找到的东西增加一些影响力，让这些东西更容易被

1.亚述巴尼拔是亚述帝国最后一个君主，公元前668～前627在位。公元前652年，他已经征服了整个埃及，并把安纳托利亚西部也收入帝国版图。

辨认出来。石匠试图劝阻维斯上校，但没有成功，之后他就离开了。石匠的家族一直保存着这段故事，直到最后西琴发现了这一切。这进一步证实了西琴的想法，那就是大金字塔的真正年代更久远。

至于现在讨论得热火朝天的"火星脸"，西琴对此感到非常矛盾。无论"火星脸"是真的，还是只是因为光线和沙子产生的幻象，他都对它的结构印象深刻。20世纪40年代时，他在耶路撒冷的希伯来大学发表声明，"你（在考古学中）学的一条准则就是，如果你看见了一条笔直的线，它意味着这是一个人造建筑。因为在自然界中没有笔直的线。在'火星脸'的照片上，你可以发现有相当多的直线建筑。"

西琴认为，火星脸证明苏美尔人的记载是真实的（这一段可以在他的第一本书中找到）。"火星只不过是一个小站，"他在这里引用了一本有5,000年历史的苏美尔人古籍："他们说中转站建在火星。"他相信，这能够解释俄罗斯火卫一探测器和美国火星观察者2号的失踪。他猜测，现在地球上的许多不明飞行物也有可能就来源于火星。

1969年，麻省理工的教授吉尔吉奥·德·森蒂拉南（Giorgio de Santillana）和法兰克福大学的科学史教授赫塔·冯·戴程德（Hertha von Dechend）合写了《哈姆雷特的石磨》（*Hamlet's mill*）。当记者问到西琴对这本著作的看法时，西琴狂喜地亲吻了记者的脸颊。他认为，这两位教授从神话里发现了人类起源及进化的大秘密，但他也提出了一个问题："现在，尼比鲁（Nibiru）[1]问题不是和他们发现的其他问题一样重要吗？我认为是一样重要的。或者我们换个角度说：一旦尼比鲁行星被证实确实存在，那么我们可能要重新认真的读读美索不达米亚地区的古籍了。"

西琴对自己的理论坚信不疑："我想我做到了。"对他来说，这很清楚，尼比鲁就是第十二个天体。

1.20世纪70年代，西琴发掘了6000年前的苏美尔文明遗迹，并发现了一张雕刻在石板上的星图，上面标有十二个天体，除了古代人类就能观测到的日、月、水、金、火、木、土以及地球本身之外，还有古代人类不可能发现的天王星、海王星和冥王星，还剩下的一颗则是连现代人类都没能发现的星球。这颗行星就是尼比鲁星。西琴据此提出了"太阳系内还有一颗没有被发现的大型行星"这一假说。根据现在天文界的说法，所谓第十二颗行星只是土木星之间的小行星群，错被苏美尔人当作一颗大型行星。

40 太空中的史前古器物：理查德•霍格兰觉得，
古外星人的踪迹正在成为热点
J.道格拉斯•凯尼恩

1981年，人们发现火星的赛多尼亚地区(the Cydonia region)有一张巨大的、神秘的脸孔凝视着苍穹。对科学家来说，这很有可能是一个证据，说明宇宙中除了地球之外还有其他的智慧生命。尽管火星脸的卫星照片早在五年前就已经传到地球，但官方却对此非常漠视。因此太空研究专家理查德•霍格兰(Richard Hoagland，《火星遗址》[The Monuments of Mars)的作者]和他的同事们开始了他们自己的研究。他的这些同事包括很多顶尖的科学家和工程师，他们原本以为官方会有效跟进这一事件。

霍格兰小组把自己称为"火星代表团"，他们用最先进的科学分析工具，全面研究了火星脸的照片和附近复杂的遗迹。最后"火星代表团"找到了足够的证据，认为赛多尼亚地区的火星脸不仅仅是一个古代文明的遗迹，更有可能是一个高等文明的遗迹，他们已经掌握了远远超过我们当代的科学技术。

霍格兰小组宣称火星上可能有史前古器物存在，这个论断产生的舆论压力使得学界不得不重新考量火星。1993年夏天，美国国家航空与航天局派遣出观察者号火星探测器，设法详查这块区域。但他们很快与探测器失去了联系，这件事情震惊了民众。

那么，我们到底要等多久才能详细探测火星脸，结束这场争论呢？好吧，可

图40.1：理查德•霍格兰。

能不用等太久了。从某种程度上说，证明还有其他智慧生物存在的证据也许就近在身边。在过去两年里，霍格兰小组从美国国家航空与航天局拍摄的月球照片中，发现了古代文明的遗迹。这一次，如果国家航空与航天局不打算继续查清这些证据，那么霍格兰和他的支持者将去完成这件事。那么，结果可能是几个月之后，第一个私人基金月球研究小组将会成立。

如果说有人能够胜任这个研究，那么肯定是霍格兰了。25年以来，霍格兰在天文学和太空探索领域都成就斐然，他是所有重要广播网的天文学顾问。另外，他在历史和科学上也做出了不少贡献。霍格兰做的最出名的事情，就是和埃里克•伯吉斯（Eric Burgess）一起提出了向太空发送人类信息的构思。起初霍格兰和伯吉斯将这个构思告诉了卡尔•萨根（Carl Sagan），萨根觉得很不错，并成功将这个构思付诸实行。之后，萨根在著名的杂志《科学》上承认，他们确实在1971年发射的先驱者10号上放了刻有人类信息

的金属板，将其发送到了太阳系之外。先驱者10号是人类造出的第一个摆脱了太阳引力的航天器。

也正是霍格兰，他提出让阿波罗15号的宇航员大卫·斯科特（David Scott）在月球上做著名的伽利略实验，即让一个铁球和一片羽毛同时落下，看他们是否会在同一时间落地。当然，这个实验再一次证明了伽利略的正确。而自从1981年发现了"火星脸"以来，霍格兰一直在积极寻找证明外星智慧生物存在的证据。

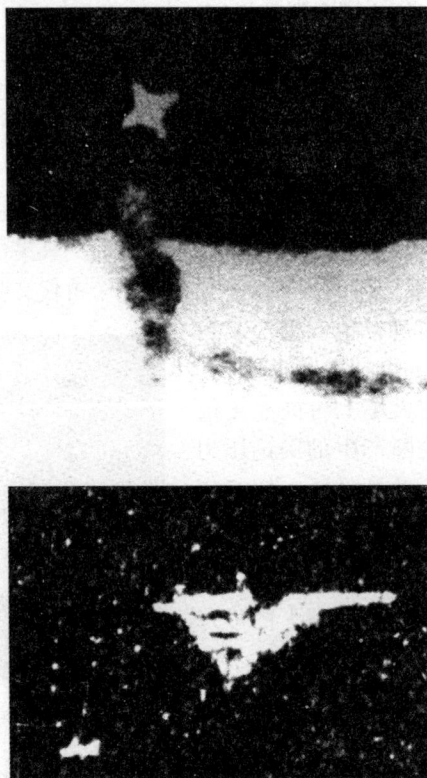

上：被称作"夏德"的类建筑物，它垂直于月球表面，并投下了一道很长的影子。这张美国国家航空与航天局的照片是由月球探测器3号拍下。左上方那个好像星星一样的东西是摄像机的彩色配准标志。
下：美国国家航空与航天局提供的图像，是阿波罗从靠近由科特火山那面的月球轨道上拍下的，这个类建筑物被取名为"城堡"。

图40.2

但是，他做的努力一直默默无闻。直到好莱坞拍摄了《星际之门》（*Stargate*），全国观众突然间对太空探索热情倍增，大家这才注意到霍格兰的研究。霍格兰本身对这部影片评价并不高。他认为，既然这部影片涉及了人类历史上的外星人事件，那么他以为会看到什么外星文明的痕迹或者征兆之类。

"这部影片的问题就是除了头半个小时，剩下的片子极其无聊"，霍格兰说，"它变成了枪战片，而且到处都是漏洞，根本不能自圆其说。"但是无论这部片子水平有多烂，霍格兰还是对观众热情的反应感到欣慰。"看上去人们对欣赏这部影片急不可待，他们想知道得更多，这几乎是一种本能冲动。如果我们能引导这种冲动走向正确的方向，那么我们的研究可能会有一大批的听众。"

霍格兰之所以会如此确信，也是因为不少这种题材的电影是以火星和月球研究为基础的。结果就是，这些电影是科学纪录片加上虚构处理的合成物，这让这项研究更加扑朔迷离。当然，霍格兰首要考虑的问题并不是这些。

现在他和他的同事考虑得最多的是最近在月球上的发现。在美国国家航空与航

图40.3：汤姆•米勒对月球上"夏德"的想象图。

天局照片中，我们可以清晰地看到巨大的像建筑一样的隆起，霍格兰将其称为"类建筑物"，这无法用地球上已知的地理学解释。这些照片来源相当可靠，它们有的已经有30年历史，分别来自不同轨道的航天器和着陆探测器的拍摄。

"和火星资料比起来，我们的月球资料已经相当丰富了。我们大概有数千张月球照片，而且技术手段不断在进步，我们现在可以用3D工具做立体图片，给照片上色，利用几何量测量方法[1]等等。而火星，我们只有两三张赛多尼亚地区的照片。"

月球上的这些照片是分别从不同的角度，在不同光线环境下拍摄的。霍格兰小组将所有照片综合起来分析，发现确实有一些地区呈几何结构，类似建筑物。"事实上，"他说，"我们团队的建筑学家已经从照片上识别出标准的巴克明斯特•富勒（Buckminster Fuller）的网格穹顶，这个建筑有六边形结构，用横撑木加固。我的意思是，我们看到了某种标准工程，尽管那显然不是人造的。"

这些类建筑看上去非常古老："被陨石打得千疮百孔的，……它们看上去

1.几何量测量是指为确定被测几何量的量值而进行的实验过程。被测对象包括长度、角度、表面粗糙度、形状相位置误差等各个几何参数。其实质就是将被测几何量与作为计量单位的标准量进行比较，从而确定两者比值的过程。一个完整的测量过程应包括被测对象、计量单位、测量方法相测量精度等四个要素。

像是白蚁窝一样，仿佛遭到了无数次炮轰，边缘都毛毛躁躁的，因为小陨石将它们的外表磨损了，就像砂纸打磨一样。"

对此，霍格兰解释说，因为月球上是真空环境，所以流星直接撞击在月球表面上。无论如何，"我们看到了大量的建筑材料"。这些材料四散在几个特殊区域，看上去我们看到的只是一些残片，它们包括围墙、拱门等。这些建筑的风格是几何式的，更像亚利桑那州生物圈2号工程的阶梯金字塔。显然，我们要找的是非常古老的遗迹，它们不是地球上的人留下的，甚至也不是太阳系智慧生物留下的，而是太空中的某些智慧生物创造的。

这些类建筑物中有一个最有意思，那是一个巨大的独立结构的塔状物。"塔的外表有一层玻璃似的结晶体，在中央湾地带（月球中央偏西南角大约7英里的地方）还矗立着支撑结构的遗迹。"

如果这些全部都是真的，那么最重要的问题就是：为什么美国国家航空与航天局对此视而不见？如果霍格兰真是对的，那么学界确实就要发生一些有趣的事情了。

最近，霍格兰在美国俄亥俄州立大学展示了这些月球遗迹。之后几个月里，网络上对这个问题讨论得热火朝天。许多国家航空与航天局的科学家和工程师对霍格兰争相发问，他们都曾经直接参与月球计划，尽管他们试图掩盖所有的外星证据。霍格兰公布了月球研究现状，希望更多的专家能加入这个研究计划。他的言论让大家感觉到，"学界正对某些惊人的事实遮遮掩掩"。

就像霍格兰说的那样，之所以学界会这样表现，只有两种可能：要么是我们蠢得出奇，所以我们花了200亿美元，就为了跑到月球上拍几张照片，然后一无所获地回来；要么就是有少数人想控制信息。

后一种情况一听之下，或许有点不可思议，但却是最可能发生的。"如果你一直生活在这么一个国家：在这里，正直、坦诚、率真和信息透明就是它的基石。那么如果有一小部分人的行为违背了这些准则，他们可能不会被发现。因为谁也没想到会有这种人存在。"

事实上，霍格兰已经不仅仅是怀疑，他已经确信这一点。这个迷局在1959年就已经开始在布置了。当时国家航空与航天局授意布鲁金斯学会（the Brookings Institution）发表了一篇名为《关于人类对太空和平探索的研究建议》（*Proposed Studies on the Implications of Peaceful Space Activities for Human Affairs*）的报告。这份报告"审视了国家航空与航天局的发现对美国社会的影响，以及它在未来10年，20年，30年的发展道路。"霍格兰说："在第215页，它讨论了外星文明的证据——无线电信号，太阳系类其他智慧生物留下的史前古器物等。

"这份报告指出了三个可能发现这些史前古器物的地点：月球，火星，金星。它还讨论了这个发现在人类学、社会学和地缘政治学上的影响。最后它提出了一个出人意料的建议：为了不引起社会恐慌甚至崩溃，国家航空与航天局可以考虑不对美国人民说出真相。这一段就这样写着的，白纸黑字。报告建议实行审查制，这正是他们现在实行的制度。"

霍格兰认为，人类学家玛格丽特·米德（Margaret Mead）要为这个建议负主要责任。这个建议就是由米德在美国萨摩亚群岛（Samoa）上的经历而来的。20世纪40年代，当萨摩亚上的原始社会第一次暴露在先进的西方文明之下时，米德目睹了它的毁灭。这次经历深深刺激了她，甚至改变了她的世界观。所以当她发现外星文明痕迹时，她认为即使只是让大家知道外星人的存在都不行，这会毁了我们的世界，人们应该被蒙在鼓里。

霍格兰相信，美国国家航空与航天局和高层政府执行了米德的建议，试图对人民隐瞒外星智慧生物的真相。他对于高调标榜自己的SETI（寻找外星智慧生物研究）不抱什么希望，"那是一场彻头彻尾的闹剧。"霍格兰说，"SETI的目标可不是像他们说得那么好听，因为这只是政府用来糊弄大众的诱饵，也就是塞塞那些太空研究者的嘴。"

事实上，霍格兰非常怀疑政府在这项研究上的诚意。他甚至怀疑整个外星人绑架事件也是政府编造出来的，就是为了把人们从这个研究领域吓走。"如果有政策试图让大众远离这个研究领域，"霍格兰推理说，"那么这项政策会做什么呢？它会把外星接触这个概念无限扩大。如果你真的接触到外星人，并且从它们那里获得了一些信息，那么政府会担心你获得的信息会毁掉我们的文明。因此他们有意发布错误的信息，误导大众，试图将真正的接触事件淹没到大量的假造信息中。难道这不是真相吗？"

如果一定要说哪种外星接触可能是真的，霍格兰认为麦田怪圈可能比较靠谱。"麦田怪圈与火星脸、月球遗迹不同，"霍格兰分析说，"因为它们是出现在地球的庄稼地里的，而且出现时间是现代。"他认为怪圈很有可能来自外星人。"很简单，我们根本没有这种技术和知识积累来建立麦田怪圈这种多层次交流符号……"他笑着说，"如果道（Doug）和戴夫（Dave）真的假造了这些麦田怪圈，那他们应该获得诺贝尔奖。"

霍格兰认为，"怪圈显然来自非常先进的文明，它表达出来的信息量巨大，并且和月球、火星上的人造物有某种内在联系。这让我们不得不去想想，到底是谁创造了它们。显然这些创造者的知识水平远远在当代科技之上。"

总之，霍格兰小组正在计划终结掉政府在太空外星智慧探索方面的垄断地位。霍格兰相信，私人探索月球的时代已经到了，现在已经有投资者对此表示了很大的兴趣。

"我们说好的是数千万美元，"霍格兰说，"这可不是某场电影的特效投资。我们要登上月球，让国家航空与航天局30年前拍下的照片变成活生生的CCD彩色电视图像。"

如果获得资助，这个项目需要15个月的时间来启动。我们要使用新的技术，需要一个有效载荷为500到600磅的固体燃料火箭，它将会装上摄像机。这样在我们把火箭发射到月球轨道上时，摄像机就可以开始远距离实时传输。这个项目还可以在科技研究领域有更多发挥。已经有研究小组表示对项目很感兴趣，他们想要用伽马射线分光仪探测一下月球上的水源——如果霍格兰的假设是真的，那么月球上是曾经有水的。

先不说这个项目是否能启动，仅仅是它的筹备就给了美国国家航空与航天局很大的压力，迫使他们公开资讯。霍格兰小组最近接到了邀请，获许观看之前一直保密的影像资料。霍格兰认为，政府部门已经开始设法掩饰他们的行为，以防最后真相揭开时太过难堪。

41 脉冲星之谜：神秘现象是古代外星文明的成果吗？
莱恩·卡斯滕

从逻辑上来讲，在我们的银河系里，肯定有什么东西把星星们联系起来。从远处看，银河系围绕着发光中心呈现出螺旋形状。到底是什么能量让这么多的星星组合成银河呢？无论是什么，它们肯定非常强大。现在，我们进入了21世纪，对这种能量的研究已经成为物理学和天文学的新领域了。

500年前哥伦布发现地球是圆的，这是人类认识世界的第一步。到17世纪时，伽利略提出，地球是绕着太阳转的，他的"异端邪说"继续推动了人类对宇宙的认识。之后，开普勒发现地球绕日轨道是椭圆形；1687年牛顿推理出了力学第二定律和万有引力定律，完美阐释了开普勒的行星运动三大定律，至此"哥白尼革命"已经基本圆满完成。但是，直到1781年，威廉·赫歇尔爵士[1]（Sir William Herschel）发明了高倍望远镜之后，我们才开始清晰地观察宇宙，理解它的无限和复杂。我们发现原来宇宙尘埃云实际上是由数不清的恒星构成的。

赫歇尔和他的儿子约翰（John）、女儿卡罗琳（Caroline）甚至记录下来了4200个星团、星系和星云。他们的研究为天文学的现代发展打下了良好的基础。随着1990年，哈勃望远镜被放置到轨道上，我们终于开始了解太阳系的邻居们了。目前我们称作本星系群[2]的星系，主要是由银河系和巨型旋涡星云仙女座构成，当然，还包括一些次级星系。但是，即使我们已经对宇宙研究到了这一步，我们还是对于组成银河系的能量一无所知。我们的太阳系是无意中被银河中心的引力吸引过去的吗？还是整个银河系本身就是一个有机整体？

银河大爆炸

感谢保罗·拉·瓦奥莱特，他让我们认识到银河系事件对太阳系和螺旋臂[3]外层行星都有巨大而深远的影响。拉·瓦奥莱特是一位物理学家，系统理论方

1.弗里德里希·威廉·赫歇尔（1738年11月15日—1822年8月25日），英国天文学家，音乐家。他发现了天王星及其两颗卫星、土星的两颗卫星、太阳的空间运动、太阳光中的红外辐射等现象；编制成第一个双星和聚星表，出版星团和星云表；还研究了银河系结构。是恒星天文学的创始人，被誉为恒星天文学之父。

2.本星系群是包括地球所处之银河系在内的一群星系。这组星系群包含大约超过50个星系，其重心位于银河系和仙女座星系中的某处。本星系群又属于范围更大的室女座超星系团。

3.螺旋臂是由星系的核心延伸出来的漩涡和棒涡组成的区域。长期以来，科学家认为银河系有四个主螺旋手臂，但是2008年，在美国密苏里州圣路易斯召开的第212届美国天文学协会会议上，威斯康星州立大学怀特沃特分校的罗伯特·本杰明提交报告，最新的绘制地图显示银河系实际上是由两个主手臂和两个未成形手臂构成。

图41.1：保罗·拉·瓦奥莱特博士。

面的博士，他提出了"银河超级波"理论。在他的著作《险境环生的地球》中，拉·瓦奥莱特认为，地质学和天文学上的证据都说明了这样一个事实：在大约15000年前，曾经有全球性的大灾难降临地球。

20世纪70年代晚期时，科学家们发展了一项新的技术，这样可以测量铍10在冰核中的元素浓度，这些冰核样本来自南极洲东部的沃斯托克（Vostok）。铍10这种同位素本来在地球上含量相当稀少，它是高能宇宙射线与平流层里的氮和氧原子相撞产生的。

每一层的冰核样本都意味着地球历史上的某一个具体时间，这些冰层一起构成了一个地球时间表。加上我们可以通过测定铍10的浓度来确定小行星撞击之类的宇宙活动，那么这些活动发生的时间也可以精确地判断出来。

沃斯托克的冰核样品清楚地显示出，在17500到14150年前，宇宙辐射有一个峰值，当时周围空气温度也从零下10° 剧增到0° 。拉·瓦奥莱特认为，这导致了冰河期的结束，从此地球变得温度适宜，我们的现代文明才获得了发展的可能。

对天文学家来说，"宇宙超级波"这个概念并不新鲜，它是由银河中心大爆炸引发的。但是，传统天文学家认为这种爆炸是很少发生的，大概每隔一千万年或者一亿年才会发生一次。而且这种爆炸对我们的太阳系没什么影响，因为银河系磁力线阻止了宇宙辐射波及银河系中心较远的地方。

但是拉·瓦奥莱特从不同渠道收集了大量证据，证明爆炸是经常性的。而且从500万到1000万超新星爆炸中产生的宇宙光微粒（电子，正电子和质子）能发射到银河系最边缘的地带。

拉·瓦奥莱特的理论与传统天文学界的理论格格不入，因此，他对待自己的研究就更严谨。也许这只是因为他敢想其他科学家不敢想的东西——在神话王国为自己的理论找到论据。

他最新的著作名叫《与银河系对话》（*The Talk of the Galaxy*），在书中他发表了一个大胆的观点：脉冲星实际上是高等外星文明造的无线电发射台，它用来向宇宙传达一些银河系事件，比如"超级波"。拉·瓦奥莱特的这两本著作，都彻底颠覆了天文学、人类学和考古学领域，它开创了一个非同一般的领域，从中我们发现了新的研究方向。可以这么说，拉·瓦奥莱特是更新科学的中坚力量，他一改学界陈腐闭塞的风气，让学界变得充满生机，更加人性化。同时，他也为21世纪的研究指明了方向。正因为看到了他的重要性，我们才为写作本文采访了他。

采访中，他敏捷的反应给我们留下了很深的印象。他能够自如地从科学穿梭到神话学，旁征博引来证明他的论点，这让我们想起了我们采访过的另一个学者——罗伯特·博瓦尔，他们都是思维活跃类的。

稳恒态宇宙论VS宇宙大爆炸说

拉·瓦奥莱特的理论与银河系中心爆炸说有很紧密的联系，这可能是他的学说中最标新立异的一部分。他再度提出了"以太"[1]一说，因为他相信是物质创造过程中的以太流动造成了如此巨大的能量释放。以太遍布宇宙，虽然我们无法用肉眼看见它。

稳恒态宇宙论的观点与宇宙爆炸论正好相反，神秘主义学家对这种理论不是很感兴趣，不过宗教团体几乎全盘接受了这一理论，他们相信上帝创造了这个世界。在拉·瓦奥莱特的第一本书，《宇宙<创世纪>：古代科学中的稳恒态宇宙论》（*Genesis of the Cosmos: The Ancient Science of Continuous Creation*）和之后的《量子动力学：宇宙炼金术》（*Subquantum Kinetics: The Alchemy of Creation*）中都有这两种理论之间的论辩。

以太无所不在，在以太中诞生了物质——这些观点最初来自古印度物理学，但是后来受到了西方科学界的重视。直到1887年，著名的迈克尔逊和莫雷实验[2]才让以太说不那么吃香了。不过这个实验本身就有问题，迈克尔逊和莫雷把以太当作了能量的另一种形式。今天，主流科学界已经摈弃了以太论，当然他们也无意用这种理论去解释无线电传播和电视波段。

火灾与大洪水

根据拉·瓦奥莱特的看法，银河每隔10000年到20000年就会爆发一次，每次持续时间从几百年到几千年不等。1977年时，拉·瓦奥莱特找到了这种爆发周期的证据，但科学家们认为这只不过是偶尔的异常现象。当时他们观测到，电子和正电子从银河系中心以光速呈放射状往外发散，而质子的发散速度要慢得多，因为它们比电子要重2000倍。

不过，这些发散的粒子很快就被星系核[3]的磁场捕获。这些"超级波"自

1.以太是希腊语，原意为上层的空气，指在天上的神所呼吸的空气。在宇宙学中，有时又用以太来表示占据天体空间的物质。17世纪，笛卡儿最先将以太引入科学，并赋予它某种力学性质。后来，以太又在很大程度上作为光波的荷载物同光的波动学说相联系。光的波动说是由胡克首先提出的，并为惠更斯所进一步发展。牛顿虽然不同意胡克的光波动学说，但他也像笛卡儿一样反对超距作用，并承认以太的存在。在他看来，以太不一定是单一的物质，因而能产生电、磁和引力等不同的现象。
2.1887年，阿尔贝特·迈克尔逊（后来成为美国第一个物理诺贝尔奖获得者）和爱德华·莫雷在克里夫兰的卡思应用科学学校进行了非常严谨的实验。目的是测量地球在以太中的速度(即以太风的速度)，结果最后判定为地球相对以太不运动。
3.星系核是星系中心质量密集的区域，由大量的恒星、等离子体和高能粒子等组成。

己本身并不会对太阳或者地球造成太大的影响。但是太阳系周围围绕着一层宇宙尘，另外还有被太阳风击碎的彗星残片。我们知道，太阳风的一大功能就是清理整个太阳系。

问题就出在这里。当超级波冲进太阳系时，它们把宇宙尘推回行星际介质[1]中，这会挡住太阳、月亮和星星往外散发的光，太阳看上去变黑了。同样，超级波还会强行为太阳补充能源，这样太阳变得如此炙热，以至于地球上干旱的草原和森林很容易自燃。这种高温还融化了冰川，融化的水大量涌进海洋，整个世界都在发生洪灾。

之后，灾难的连锁反应是频繁的大地震，狂风，庄稼歉收，植物大批灭亡。高强度的紫外线导致了皮肤癌，基因突变的比率大增。总而言之，那是一个灾难的时代，地球上很多动物和人都死去了。

在《险境环生的地球：从末日天启中幸存的人类》中，拉·瓦奥莱特引用了所有的神话传说中的灾难事件。这些灾难都出现在"银河超级波"最近一次出现的时间段里，也就是大概15000年前。比如，在希腊神话中，太阳神之子法厄同（Phaeton）驾驶太阳马车撞上了地球，因此给地球带来了巨大的灾难。这实际上只是一个隐喻，它暗指超级波导致红外线和紫外线辐射的剧增，以及随之而来的火灾。

根据拉·瓦奥莱特的说法，这很容易导致地球上万物灭绝。希腊作家奥维德提到过这次灾难："大城市连带防御工事都毁灭了，火焰将整个国家化为灰烬……"接着，冰川融化，整个世界的海平面都在上涨，大陆被淹没了。

基本上，每一个古代文明都有关于大洪水的传说，拉·瓦奥莱特为80个文明里的大洪水神话编了一个表。他认为导致亚特兰蒂斯沉没的原因无疑是冰川融化，"亚特兰蒂斯的沉没肯定和大陆冰川的融化有关"。有意思的是，法厄同神话中，最终宙斯用大洪水扑灭了火焰。根据柏拉图的《蒂迈欧篇》，亚特兰蒂斯淹没的时间在11550年前，正好是最后一次超级波爆发的时期。

图41.2：射电望远镜正在接收来自蟹状星云的信号。汤姆·米勒作。

1.指的是星体与星体之间的物质。在地球轨道附近的行星际空间中，每立方厘米平均约含有五个正离子(绝大部分为质子)和五个电子。此外，还充斥着来自太阳、行星以及太阳系以外的电磁波。

小绿人

拉·瓦奥莱特最新的著作——《与银河系对话》中，他的注意力转向了天文学里的谜题——脉冲星。在早期的著作中，拉·瓦奥莱特例举出了大量有说服力的证据，说明银河系爆炸影响了整个宇宙。那么很自然的，他会考虑脉冲星是否和这些爆炸有关系。事实上，这些脉冲星持续发射的电磁脉冲信号非常恒定，也很有规律，拉·瓦奥莱特认为这显然来自某种智慧生命。

拉·瓦奥莱特有这种想法并不新鲜。外星智能探索组的几个科学家也考虑过这种可能。艾伦·巴特（Alan Barett）教授是一位射电天文学家，早在20世纪70年代早期就在《纽约邮报》（New York Post）上发表论文，提出脉冲星发出的信号"可能是我们偶尔发现的大型星际通信网络的一部分。"

事实上，1967年7月，英国剑桥大学的研究生乔斯林·贝尔（Jocelyn Bell）和她的天文学导师安东尼·休伊什（Anthony Hewish）第一次发现脉冲信号时，他们就这样推测过。安东尼·休伊什将这个信号源命名为"LGM 1"，意思是"小绿人1号"。1968年2月，他们将自己的发现公布在《自然》（Nature）杂志上，那之前他们已经发现了第二颗脉冲星。但是他们不敢提到任何"外星智慧"的观点，因为害怕被大学同行嘲笑，也怕这样会让学界不慎重对待这一项发现。但是无论如何，他们延续了这一命名传统，一直命名到"小绿人4号"。

在很多解释脉冲星的理论中，"中子星灯塔假说"在1968年风靡一时，并且在现在也依然被学界广泛接受。这个假说由托马斯·戈尔德（Thomas Gold）提出，它假设脉冲信号来自一颗飞速自转的星球，这颗星星已经经过了超新星爆炸，转化成了一颗中子星。这样，它的密度变得非常大，体积则同时缩小，直径从太阳的3倍左右缩小到大概30公里。戈尔德认为，这颗中子星就像旋转的灯塔一样，不断从"窗口"向外辐射信号，在地球上，我们称之为每秒脉冲数。考虑到脉冲的频率，这些中子星的旋转速率大概是每秒数百次。

复杂的信号

为了说明为什么脉冲信号更有可能来自智慧生命而不是自然形成，为什么"中子星灯塔模式"并不符合实际，拉·瓦奥莱特提出了一个非常有力的理由：就精确性和复杂程度而言，我们之前接收到的任何信号都比不上这种脉冲信号。这种信号每一次搏动间隔的时间并不是非常精确，但2000次以上的搏动平均时间是非常精确的，也非常有规律。

进一步说，有一些脉冲星的信号是恒速发射的，这增加了信号的复杂性。另一个增加复杂性的因素则是调幅。有一些脉冲信号的振幅呈现有规律的变化。很多脉冲星显示出某种"波型转换开关"的特性，它们的信号会突然显示出新的特征线系，但是过一段时间后，它又恢复到原来的特征线系了。

这些实例中，有的转变依赖于振动频率，其余的就还是依照规律来转变。拉·瓦奥莱特认为，这是因为某个外星文明希望我们能够明白，这么复杂的信号肯定是由高等智慧生命设计的。也许他们设想，我们的计算机发展到了足够的程度，可以解读这些复杂多变的信号。"中子星灯塔模型"也试图解读脉冲信号这种新的特性，他们将这个理论改得面目全非，以便解释信号的复杂性。这只是因为天文学家们还非常舍不得放弃这种研究了多年的理论，他们已经在这个理论中投入了大量精力。

就信号精确性而言，有些脉冲信号在颜色和发光度上都呈现出周期性的规律变化。有几颗双子X射线星发射的脉冲信号周期可以精确到小数点后面6位或者7位。拉·瓦奥莱特相信，如果贝尔和休伊什"知道了现在我们所知道的一切，或许他们会乐于接受外星生命的说法，就像他们曾经做过的那样"。

信号发射塔

或许脉冲星最重要的特点是它们在银河系的位置。如果为银河球面绘制投影，类似于地球的墨卡托投影（Mercator）[1]那样，那么我们会发现，脉冲星集中在银河球面的一些特殊区域——银道[2]上，而不是银河系中心。按照"中子星灯塔模型"的说法，脉冲星应该主要集中在银河系中心，如果它们真的是超新星爆炸形成的话。

事实上，脉冲星主要围绕赤道坐标上的两个地点存在。从地球上测量，这两个集中点都在一个弧度上。用几何量测量的方法，我们发现这一弧度总是57.296°。如果把地球当作圆的中心，将银河系中心对准赤道，那么你会发现，绝大多数的脉冲星都在这个弧度点上。

现在，我们再看看毫秒脉冲星。在我们已经发现的脉冲星中，毫秒脉冲星的信号频率是最快的，它的每秒脉冲数是642，搏动的时间间隔可以精确到小数点后17位，这种精确度远远超过地球上的原子钟。并且，它发出的脉冲信号非常强，甚至直接用肉眼就可以观察到。拉·瓦奥莱特认为，毫秒脉冲星是被高等外星生命特意设置到那些地方的，它的功能类似信号发射塔，主要是为了向太阳系发射信号。因为外星高等生命知道我们会理解这个弧度点的意义。

1.墨卡托投影，即正轴等角圆柱投影。由荷兰地图学家墨卡托(G. Mercator)于1569年创造。它假想一个与地轴方向一致的圆柱切或割于地球，按等角条件，将经纬网投影到圆柱面上，将圆柱面展为平面后，即得本投影。墨卡托投影没有角度变形，由每一点向各方向的长度比相等，它的经纬线都是平行直线，且相交成直角，经线间隔相等，纬线间隔从标准纬线向两极逐渐增大。在地图上保持方向和角度的正确是墨卡托投影的优点，墨卡托投影地图常用作航海图和航空图。
2.天球上沿着银河画出的一个大圆称为银道，与银河的中线非常接近。银河是银河系主体部分在天球上的投影，银道所在的平面是银道面。银道面也是银河系的主平面，以银道面作为基本平面的坐标系称为银道坐标系。

　　简而言之，拉·瓦奥莱特的主要论点就是：所有在地球上可见的脉冲星都是外星生命特意放置在宇宙中的，是为了向我们传送关于银河超级波的信息。他说，这可以解释为什么那两颗非常独特的脉冲星——巨蟹座的国王星和船帆座的王后星——都在超新星爆炸的地点。拉·瓦奥莱特推断，在14130前，银河超级波在到达地球之后，过了100年，又到了船帆座。它让其中某颗不稳定的星星变热，超过了临界点，最终引发了超新星爆炸。接着，6300年之后，超级波到达了巨蟹座，并在这里再一次引发了超新星爆炸。在公元前11250年和公元1054年，从地球上可以观察到这些巨大的超新星。拉·瓦奥莱特认为，外星生命在这些地点设置了脉冲星，这能够为我们提供超级波的资料，让我们可以预见下一波超级波何时到来。要知道，当超级波到来时，给地球带来的灾难是巨大的。

　　拉·瓦奥莱特还相信，我们已经拥有创造脉冲星的技术——力场辐射技术。因此，或许过不了多久，地球人也可以加入银河系社区，为提醒那些不走运的星球尽一点绵薄之力。

42 作为神秘主义者的物理学家
大卫·路易斯

　　当我们还是孩子的时候，我们注视着夜晚澄澈的天空，迷惑于宇宙的神秘。我们小小的单纯的头脑怎么也想不出，为何这片闪烁着星光的夜空看上去似乎没有尽头。或许有尽头吧，我们这样想象，那么尽头之外肯定还有些什么。宇宙的开端是什么？在那开端之前又有什么呢？诸如此类的问题一个接着一个。这就是法国哲学家和数学家布莱斯·帕斯卡（Blaise Pascal）提出来的"两个无限"（les deux infinis）的问题。

　　当科学在探索这些谜题时，无论是大张旗鼓的还是小打小闹的，它的探索只限定在有限范围内。从达尔文开始，西方科学家都告诉我们，现实建立在物质之上，生命也是物质的。因此现实是有形的现实，也就是有限的现实。尽管如此，当我们仰望星空时，仍然迷惑于无形的现实存在。但是，当唯物主义科学家试图界定现实，想将现实限制在某个条条框框里时，他们就会发现他们正处于神秘主义领域，这正是他们竭力避免接触的领域。

　　先锋物理学家们深入研究了宇宙中的次原子微粒，他们发现没有什么东西是它表面看上去的样子。事实上，他们发现物理宇宙只不过是无限能量海洋的一朵小浪花而已。保罗·库尔茨（Paul Kurtz）和他的超自然现象科学调查委员会，以及很多唯物主义研究者们，声称物质就是一切。他们坚持，物质就是最高实在。不幸的是，这些绝对唯物主义者并不知道，风向已经变了。

　　20世纪之初，爱因斯坦在天体物理学上的发现震惊了世人。他的广义相对论打开了通往神秘主义的大门。他告诉我们，时间和空间实际上是紧密相连的，它们是某种相对坐标，一起构成了我们所说的"时空"。他同样提出，量子[1]能领域一直都存在，物质和它们是密不可分的，显然这个领域就是一切表象下唯一存在的现实。爱因斯坦的观点质疑了西方科学中绝大多数的推论，这些推论是关于宇宙，关于物质，还有关于我们人类本身的。他打开了通往神秘王国的大门，更多的人紧随其后。

　　现在，量子论的发展已经远远超出了爱因斯坦当时的认识。物理学家们极力寻找可以精确界定物质的东西，然后他们找到了宇宙中最小的粒子——质子，电子，光子等等。这些粒子构成了整个物质宇宙，它们已经超出了三维现实。他们发现电子已经不是标准意义上的物质，打个比方，它的直径是无法被测量的：一个电子可以同时表现为粒子和电波两种形式，按照纯粹的唯物主义学者的观点，这两种形式拥有不同的特性，它们是不可能同时存在于同一个物体上的。

1.在微观领域中，某些物理量的变化是以最小的单位跳跃式进行的，而不是连续的，这个最小的单位叫作量子。

作为粒子，它们表现得像一个大一些的可见的物体，像是篮球或者石块之类的。但是作为电波，电子可以在巨大的能量云中改变形状。它们展示出富有魔力的一面，在空间中拉伸扭曲。显然，电子就是一种双重存在，既是粒子，也是波。物理学家们还发现，这种神秘的现象在整个亚原子宇宙中都存在。或者这么说，宇宙的本质就是这样。

这并不算什么，还有更让人吃惊的事情。现代物理学家们发现，确定次原子微粒的性质有点困难。当物理学家们把这些粒子当作粒子来观察时，它们表现得就是一个粒子。但是当他们将同样的粒子当作波来观察时，它们表现得就是某种波。显然，这似乎暗示着物质是由意识决定的，而不是天生固定的。

更深刻的理解方式

物理学家大卫·玻姆（David Bohm）曾是爱因斯坦的学生，他对神秘主义有很深入的研究，走得比新物理学那批人更远一些。在他发现亚原子粒子的本质取决于观察者的视角时，他意识到，探索亚原子粒子的本质是做无用功。而绝对唯物主义的那些观点——亚原子粒子是物质的本质，它在我们观察到它以前就已经存在之类的——基本上是胡说八道。

大卫·玻姆在伯克利辐射实验室做了等离子实验，他发现单个的电子是作为相互联系整体的一部分来运动。在等离子体（由密集的电子和阳离子构成的气体）中，电子主要表现为某种能够自我调节的有机体系，就像它们也有智力似的。玻姆很惊奇地发现，亚原子海是有意识的。进一步说，广阔的亚原子现实可以说是物质的，也可以说是意识的[1]。

对于大多数科学家来说，玻姆颠覆了某些科学原则。这些原则非常有用，它们曾经引导科学在现代取得了辉煌的成就，但它们同时也限死了科学的发展。玻姆打破了这些限制，在限制之后的是大片未知，是科学领域的不毛之地。从培根开始，理智地观察，这已经是西方科学的法宝。但是这个法宝让你最多变成一个观察者，它就像大多数教条一样，一开始很有用，但最后变成了沉闷的限制。玻姆并不认为人类仅凭理智就能理解最高实在，他认为科学界应该采用更深刻的理解方式。

1.1982年，在巴黎大学的一个物理实验室里，科学家证明，在特定的情况下，如果我们把基本粒子（如电子）同时向相反的方向发射，它们在运动的时候能够彼此互通信息。不管彼此之间的距离远或近，当一方受到干扰而改变运动方向时，其同伴也会同时改变方向。这个现象的异常之处在于，它们之间的通讯联系几乎不需要时间间隔，这违反了爱因斯坦的理论：没有任何通讯速度能够超过光速，因为一旦超过了光速，就等于是能够打破时间的界限。众多物理学家都试图解释这个现象。玻姆的理论是：这一发现意味着客观现实并不存在，尽管宇宙看起来具体而坚实，但其实它只是一个幻象，是一张巨大而细节丰富的全息摄影相片。

玻姆在著作中提出，现实并不能只用线性的、人类的思维方式来限定，光凭现代科技或是理智都不能认识它。他认识到，现实不仅仅是某种波/粒子双重存在现象，而是一个互相联系的整体，是一种非空间或者非局部的现实，它在表现为波的时候也可以作为粒子存在。他直觉地发现，将宇宙作为几个部分来认识是毫无意义的，因为这里每一种事物都是互相联系的，就像物质一样，时间和空间也是现实的一部分。一个次原子微粒不会突然变成波，它本身就是波。现实并不就是物质世界，它要更复杂，更微妙。物理学家们称之为非局部，而神秘主义者把这称作和谐统一。

尽管很多科学家不同意玻姆的观点，但他还是继续发展这一理论。对他来说，现实建立在意识的基础上，是一个互相联系的整体。在这种现实中，所有的物质，所有的事件都紧密联系，因为时间、空间和距离都是人类视野中的幻象。玻姆提出了全息宇宙论[1]，他认为哪怕是最微小的部分，比如一片草叶，一个原子，都反映着整体。那微妙的，但充满力量的意识能量创造了物质，创造了一切。进一步说，拥有双重状态的粒子只有在这个理论下才能解释得通。玻姆认为，一切皆有联系，无论是过去、现在还是未来，也无论什么时间、空间和距离。因为现实处于同样的非空间和非时间里。

玻姆为现代物理学带来了不同的思想，实际上，从文明萌芽时代开始，神秘主义者和贤者就已经在发展这种思想。他和布赖恩·约瑟夫森（Brian Josephson）一样，都不接受这种观点：粒子在被看到之前根本不存在。约瑟夫森是一位著名的物理学家，诺贝尔奖获得者，他也认为我们应该用一种新的眼光去认识亚原子现实的本质。玻姆指出，这不是简单地说意识影响了亚原子量子的性质，而是说，亚原子量子本身就是意识，这意味着所有的一切都只是意识，甚至无机物和空间都是意识中的现实。

神圣空间

绝大多数的物理学家都同意，一立方厘米的空间蕴含的能量比整个物质宇宙的能量总和还要多。物理学的一个流派认为，这个推断让人难以置信，因此他们认为这肯定是一个错误的推论。但对玻姆来说，这个推断绝对是合情合理

1.全息论的核心思想是，宇宙是一个不可分割的、各部分之间紧密关联的整体，任何一个部分都包含整体的信息。玻姆曾用"鱼缸里的鱼"来说明这种现象：两台相互垂直的摄像机"观察"同一条鱼的活动，图像在两台电视机上直播。这时我们可以看到，"两条鱼"分别作着方向相反、速度相等的游动。如果其中一条鱼的状态改变了，另一条鱼的状态也立即随之改变。玻姆以此展开对超距作用的解释：两个同谋粒子应当被视为同一六维现实的两个不同的三维投影，在三维空间看来，二者没有相互接触，毫无因果关联；而实际情况是，两个粒子之间相互关联的方式，非常类似于上面所说的鱼的两个电视图像之间相互关联的方式。简单说，就是我们肉眼直接可见的三维物质世界的独立个体，实际上是更高维整体的一个投映，我们由于不能理解更高维度的整体性而误以为我们所看到的人或物是独立的个体。

的。根据亚原子物理学的新理论，物质是不能和空间分开来的，它就是空间的一部分，是一种更深的、不可见的次序的一部分。无形的意识是现实的基础，物质从中产生，最后也将归于无形。空间并不是空无一物的，它充满了高度浓缩的意识能量，这是万物存在之源。

玻姆在《全息宇宙》（*The Holographic Universe*）中公布了自己的天才观点。他引用了迈克尔•塔尔伯特的话，塔尔伯特将所有的物质创造形容为："一个涟漪……是无边的意识海洋中激起的一个涟漪而已。……尽管宇宙看起来巨大无比，并且显然是物质的，但事实上宇宙根本就不存在，它是另一种更为巨大、更神秘的东西的产物。"

塔尔伯特评价了玻姆的理论，"玻姆相信，我们普遍有一种将世界分裂开来理解的倾向，而且总是忽视万物之间的动态联系。这导致了我们的世界上的很多问题……我们相信，我们不需要掌握整体就可以找到地球的本质……我们不需要了解社会整体就能解决像犯罪、贫穷和药物依赖之类的问题。"塔尔伯特还指出，玻姆相信，那种把事物分裂开来看待的方式最终会导致我们毁灭。

当孩子在仰望星空时，他们会希望知道宇宙的开端，还有开端之前有些什么。这也是现代科学以及物理学要面对的问题——两个无限问题，显然，这个问题留给了绝对唯物主义学说。尽管科学界同样适用"风水轮流转"这种说法，我们现在依然在说，物质是一切生命之源。唯物主义者说，没有什么东西是神秘的，而爱因斯坦却说，所有科学的核心就是对神秘之事保持敬畏和好奇。

在一封写给朋友的信中，达尔文表达了自己对渐进主义理论的支持。这种理论认为，生命从原始物质中产生，所有的生命进化过程都是缓慢的，这个过程中没有突变。达尔文这样做是为了打击超自然创造论或者圣经创造论。现在，我们发现，这种偏见发展到最后的结果就是，绝对唯物主义已经成为学术界的教条。

芝加哥大学教授阿兰•布鲁姆（Allan Bloom）指出，学术圈对绝对存在的说法持嘲弄的态度，在《美国思想的终结》（*Closing of the American Mind*）中，他揭露了这样一个现象：任何形式的绝对论在美国大学课堂上都是禁忌。传统学术界认为，宇宙是没有智力或者次序的，先锋物理学家们则提出了一种新的绝对论，尽管这个理论来自古老的哲学和玄学。

古老的智慧与现代科学

保罗•拉•瓦奥莱特在《宇宙创世纪》（*Genesis of the Cosmos*）一书中谈到了古代神话，揭示了世界神话学中隐含的信息。不少专家认为，这一信息同样在量子宇宙学中也有所体现。这些专家包括斯坦福大学的安德烈•林德（Andre Linde）和剑桥大学的史蒂芬•霍金（Steven Hawking）。

这些古代神话代代相传，其中反复提到的信息也正是新物理学涉及的，这些信息是潜伏在现实中的普遍原则。"所有的神话，"拉·瓦奥莱特说，"都详细描述了最初的以太是如何自我分裂，衍生出一个双极……波动模式。"

拉·瓦奥莱特进一步解释说，在神话中保存了古代的"创造论"，这一理论"认为所有的物质形式，无论是有生命的还是无生命的，都是由气的流动而产生的。气充盈天地间，是一种纯净的能量……因此古代创造论相信万物有灵，甚至无生命的物质，比如石头或者河流，包括地球本身都是有意识的。"拉·瓦奥莱特以量子物理学为基础，驳斥了庸俗唯物主义者的说法："古代创造论和机械唯物主义完全不同，……机械唯物主义否认有看不见的超自然王国存在，并且把科学与信仰人为地分开。"

根据纽约城市大学的物理学家加来道雄（Michio Kaku）所说，拉·瓦奥莱特的稳恒态宇宙论结合了犹太教、基督教、佛教以及现代宇宙学。诺贝尔奖获得者史蒂芬·温伯格（Steven Weinberg）是物理学的泰斗，他和其他物理学重量级人物对于拉·瓦奥莱特的理论都比较认同。史蒂芬·温伯格同样认为，平行宇宙，或者多元宇宙是可能存在的。平行宇宙论认为，我们的现实只不过是很多个存在于非时间/非空间现实中的一个，这一理念听上去很像超自然学说的科学版本。

加来道雄最近在《伦敦每日电讯报》（*London Daily Telegraph*）上发表文章说，宇宙大爆炸理论无法解释在大爆炸之前有些什么。他引用温伯格的话说："这意味着根本就没有什么开端……有的只是多元宇宙。"普林斯顿大学的弗里曼·戴森（Freeman Dyson）说，我们所处的世界之前的环境根本不可能产生生命，可之后一切都变了，环境变得适宜生物居住，"看上去好像宇宙知道我们要来了。"

揭开面纱，寻找真相

宇宙拥有智慧，这个观点已经有数千年历史，但现代科学近年来才开始接受这一思想。古代梵文典籍中记载了布路沙(Purusha)的实质，即最高意识，而奇塔姆(Chittam)则是现实的基本法则。矿石、蔬菜和动物都是不同等级的最高意识，人类来自更高一级的意识。所有这些——植物、动物、人类——都是意识的循环流动的一部分。

在这里，精神就是缩小了的宇宙，宇宙就是放大了的精神。当西方学界还在为这个话题争论时，东方已经在身体力行瑜伽学，并将这当作一种真正的精神实践，史蒂芬·温伯格则认为这属于某种抽象学说。举例来说，伟大的瑜伽修行者尤迦南达（Paramahansa Yogananda）在精神极度亢奋的状态下，感觉到自己的精神和宇宙精神合为一体。之后很多年，这种天人合一的状态都是他追求的目标。

尤迦南达在自传中描写了他的感受："我的感觉不再限制在身体之内，我甚至能感受到身体周围的原子……我的视野变成了360°视野，我能同时看到四面八方……我渐渐融入一片光的海洋，在这片海洋里，物质不断地变换着形式。"

在描绘了自己那种狂喜的状态之后，尤迦南达接着写道："我体内的荣光开始蔓延，笼罩了城镇，大陆，地球，太阳和星系，笼罩了星云，笼罩了流光溢彩的银河……我就是无限，整个宇宙都在我体内闪烁。"用现代物理学的话来说，尤迦南达的经历实际上说明了量子的非定域性[1]。用瑜伽的话来说，这是与最高实在（神）合而为一。

正如那些比他早生数千年的贤者一样，尤迦南达将宇宙描述为一片光海。他说，物质宇宙实际上也是由这些光组成的，只不过是以一种粗糙得多的形式构成。在古代的神秘传统中，这样的观点比比皆是，当然，现在物理学也用另一种方式承认了这一观点。论及这些光的来源，尤迦南达说："这些神圣的光线在银河之中闪耀、燃烧，它们来自一个永恒的源泉，某种神秘的灵气。我一次又一次地看到创造之光，在光海中诞生了星座，接着星座又消散无形，融入光海。这一切暗合某种奇特的韵律，星星最后逐渐变成半透明的光，而火焰最后变成了苍穹。"

更为重要的是，尤迦南达还告诉我们，他所有的体验都来自内心，来自直觉，而不是理智。西方科学界一直强调理智是智慧的唯一源泉，因此他们对这一主观性的宣言可能采取回避态度，宣称这种体验缺乏科学证据，尽管历史典籍已经描述过很多类似的体验，许多神秘主义者完全凭感知获得了智慧。可以这么说，瑜伽学在人类精神领域已经实践无数，它实际上是一种精神科学。很多物理理论，如玻姆的理论就无法和精神科学分开。只有用感知和直觉的方式，当我们的孩子在星空下吃惊地睁大眼睛时，他们或许才有可能得出相同的结论。

1.爱因斯坦最早发现到量子力学的非定域性与相对论定域性的矛盾。在1927年的第五届索尔维会议上，爱因斯坦对刚刚建立的量子力学理论表示怀疑。他指出，如果量子力学是描述单次微观物理过程的理论，则量子力学将违反相对论。1935年，在论证量子力学不完备性的文章中，爱因斯坦再一次揭示，量子的非定域性同相对论的定域性假设之间存在矛盾。在量子力学的设想中，两个粒子反向飞离，最终到达一个星系遥远的两端。这两个粒子始终处于"纠缠"态，这就是说，它们在量子力学的意义上是心心相印的，一个粒子能立即感应到它的孪生兄弟所发生的一切，好像这对孪生子能够穿越时空进行瞬时通信一样。这个"非定域性"是量子论的一个推论，并已获实验验证。

1964 年，在爱因斯坦的基础上，贝尔提出了著名的贝尔不等式，这一不等式进一步显示了相对论所要求的定域性与量子力学之间的深刻矛盾，并提供了利用实验来进行判决的可能性。根据贝尔的分析，如果量子力学是正确的，它必定是非定域的。利用贝尔不等式，人们进行了大量实验来检验量子力学的正确性，其中最有说服力的是阿斯派克特等人于 1982 年所做的实验，他们的实验结果证实了量子的非定域性。

部分作者简介

梅尔·艾奇逊（Mel Acheson）和艾米·艾奇逊（Amy Acheson）

梅尔和艾米·艾奇逊夫妇是俄勒冈州的自由撰稿记者和研究员，他们研究地球灾变说已经四十多年。2000年以来，他们和华莱士·桑希尔（Wallace Thornhill）、大卫·塔尔博特（Dave Talbott）一起合作创办了互联网电子杂志《透特》（*THOTH*）。

彼得·布罗斯（Peter Bros）

彼得·布罗斯是故障分析报告协会（FAR）主席，拥有120000件东部地中海沿岸的人工制品，包括大概20000手稿，其中包括有着两千多年历史的古代卷轴。作为交感科学（peterbros.com）的评论者，他不同意一条早已被广泛接受的真理：物体之所以下落是因为它们有下落的性质。为了挑战现状，并颠覆实证科学的概念，他写下了九卷本的《哥白尼系列》（*The Copernican Series*）。这套卷帙浩瀚的著作展示了宇宙中物理真理与人文空间和谐一致的画卷。他最近的著作是《讨论飞碟：疯子思想是如何不让我们看到真相、走向灭绝的》（*Let's Talk Flying Saucers: How Crackpot Ideas Are Blinding Us to Reality and Leading Us to Extinction*）。

克里斯多夫·邓恩（Christopher Dunn）

克里斯多夫·邓恩花费了四十多年的时间致力于研究高科技制造的各个程度水平。目前他作为高级管理人员，供职于中西部航空航天公司（MAC）。他的著作《吉萨发电站：古埃及科技》（*The Giza Power Plant: Technologies of Ancient Egypt*）影响着横跨多种学科的技术工作者和科学家们。

威廉·P·艾格斯（William P. Eigles）

威廉·P·艾格斯是国际远距离观察协会（IRVA）的主席，致力于推广经科学证实的超能力研究和教育，他同时也是这一协会的相关刊物《光圈》（*Aperture*）的执行主编。艾格斯曾经在加拿大学习生物医学工程，在科罗拉多学习法律，后来从事计算机和电信业的工作长达十四年。他现在的主要工作是意念咨询，通过天文学、远距离观察、超个人催眠术，以及其他通灵手段来帮助人们在他们的生活中理解世界，并预测重大事件。

兰德•佛列姆-亚斯和露丝•佛列姆-亚斯（Rand Flem-Ath and Rose Flem-
Ath）

兰德•佛列姆-亚斯是一名加拿大图书馆管理员，他和他的妻子露丝•佛列
姆-亚斯合著了《当天空陷落：亚特兰蒂斯研究》（*When the Sky Fell: In Search
of Atlantis*）。著作源自这种理论，即在地球外壳变动之前南极洲曾经是亚特
兰蒂斯。他还写作了《亚特兰蒂斯蓝图》（*The Atlantis Blueprint: Unlocking
the Ancient Mysteries of a Long-Lost Civilization*），这是一本潜力巨大的科学
著作，致力于研究跨越地球的古地址。他和他的妻子目前居住在范库弗峰岛
（Vancouver Island），该岛位于加拿大风景优美的西海岸。

威尔•哈特（Will Hart）

威尔•哈特是一名经验丰富的记者，《崛起的亚特兰蒂斯》的固定撰稿
者。同时他也是一名对于历史之谜拥有深刻且持久兴趣的独立学者。他还是一
名广受欢迎的户外摄影家，并写作了《种族的起源》（*The Genesis Race*）一
书。

弗兰克•约瑟夫（Frank Joseph）

约瑟夫是一位多产的作家，他的作品主要由佛蒙特州罗切斯特大熊联合
出版公司出版，包括：《亚特兰蒂斯的毁灭》（*The Destruction of Atlantis*）、
《亚特兰蒂斯的幸存者》（*The Survivors of Atlantis*）、《朱巴国王失落的宝
藏》（*The Lost Treasure of King Juba*）。从1993年开始，他就担任《原始美
国》杂志的主编。他同时是俄亥俄州的中西部碑铭学协会会员。2000年，他加
入了日本的博学者协会。目前，他生活在威斯康星州的科尔法。

莱恩•卡斯滕（Len Kasten）

卡斯滕是一名自由作家、记者和研究员。他的文章已经发表在了好几家另
类杂志上。他毕业于康奈尔大学，目前是美国哲学家协会（APS）主席，他参
与新时代运动已经差不多有二十五年的历史了。他是《地平线》（*Horizons*）
杂志的前编辑，为《崛起的亚特兰蒂斯》写了四十多篇已发表的论文。他目前
在亚利桑那州定居。

J.道格拉斯•凯尼恩（J. Douglas Kenyon）

凯尼恩在过去四十年的时间里一直致力于打破程式化的思想，利用各式各
样的媒介（从上世纪60年代主持电台脱口秀，到90年代制作电视纪录片）大力
推广那些被主流媒体所忽视的观点。1994年，他开始创建《崛起的亚特兰蒂
斯》（*Atlantis Rising*）杂志，从那时开始，该杂志就成了记录远古神秘文化、
另类科学、无法解释的异常现象的专业杂志，至今称雄业界。他同时是《被禁
止的历史》和《被禁止的宗教》两本书的主编与撰稿人。这两本发人深省的著

作介绍了许多具有突破性价值的研究工作（包括葛瑞姆·汉考克和撒迦利亚·西琴等人的成果），大大挑战了当下的思想教条。凯尼恩现在居住在蒙大拿。

约翰·凯特勒（John Kettler）

凯特勒是《崛起的亚特兰蒂斯》杂志在尖端话题方面的常驻作者。他最初崭露头角，是制作了获得奥斯卡奖的纪录片《巴拿马骗局》（*The Panama Deception*）。目前，他是一名多产的作家，在各种收音节目和网上直播节目中都可以看到他。他曾经是休斯和洛克威尔（Hughes and Rockwell）公司的军事分析师，目前生活在加利福尼亚的伍德兰。他现在主要从事企业经营、顾问和编辑等各式各样的工作。

大卫·S.刘易斯（David Samuel Lewis）

刘易斯是一名记者，专门报道与生命起源、文明和人类生存等相关领域的另类学术研究。他出版了面向蒙大拿西南部的月刊《蒙大拿拓荒者》（*The Montana Pioneer*），主要讨论与人类有关的新闻。他也是《崛起的亚特兰蒂斯》杂志的常驻作者，负责另类历史理论、另类科学、人类起源和意识研究方面的文章。他出生并成长于费城，目前生活在蒙大拿的利文斯顿。

斯蒂文·帕森斯（Steven Parsons）

斯蒂文·帕森斯由于写作了一篇相关科学的报告，在1989年被威斯康星州立大学授予硕士学位。从那时起，他就以记者和专业作家为生。他对于伊曼纽尔·维里科夫斯基（Immanuel Velikovsky）著作的兴趣起于1970年，接着大卫·塔尔伯特（David Talbott）和华莱士·桑希尔（Wallance Thornhill）的后续研究进一步激发了他的这一兴趣。

马歇尔·佩恩（Marshall Payn）

马歇尔·佩恩1956年从麻省理工大学毕业，并取得了工程学学位。他同时精通技术工程和销售工程，目前任职于一家工业阀门公司做地区经理。他在考古学上有广泛的研究，尤其是巨石遗址研究成就颇丰。他也是《崛起的亚特兰蒂斯》的长期撰稿员。

约瑟夫·雷（Joseph Ray）

约瑟夫·雷在罗切斯特大学脑部研究中心任职，并于1965年获得博士学位。通过研究多种动物种类，他出版了几部杰作。在论著中，他针对行为学的一些主流但错误的理论展开批驳。G.I.古尔捷耶夫（G.I.Gurdjieff）的冥想和著作加深了他对于古代哲人、科学家、神父三位一体学说理解。

罗伯特·M·肖赫博士（Robert M. Schoch）

肖赫在耶鲁大学获得了地质学和地球物理学的博士学位。从1984年开始，他就是波士顿大学总体研究学院的全职教师。他因为对埃及斯芬克斯神像产生日期的重新界定这一革命性的研究而被媒体广泛宣传。同时他也对许多不同国家，比如秘鲁、波斯尼亚、埃及和日本等国的原始文化和遗迹有着非常了不起的研究成果。肖赫曾经出现在众多的广播和电视节目中，这些都可以在纪录片《斯芬克斯的秘密》（*Mystery of the Sphinx*）中找到。肖赫博士自己创作了、同时也和其他一些人联合创作了以下一些著作：《岩石的声音：一个科学家看大灾难和古代文明》（*Voices of the Rocks : A Scientist Looks at Catastrophes and Ancient Civilizations，1999*）；《金字塔建造者的航程：金字塔的真正来源——从迷失的埃及到古代美洲人》（*Voyages of the Pyramid Builders，2003*），《探寻金字塔》（*Pyramid Quest，2005*）。他的个人网站是：www.robertschoch.net。

莫伊拉·蒂姆斯（Moira Timms）

莫伊拉·蒂姆斯是一位畅销书作家，写有《预言与预见：预言之外，人人都能感知即将到来的变化》（*Prophecies and Predictions*）和《六点钟巴士：导向末日决战和新世纪》（*The Six O'clock Bus: A Guide to Armageddon and the New Age*）。她还是一位专家和老式未来主义者，尤其精通历史循环的起点和终点。她的作品对埃及神学（包括象征主义、神话学和神秘主义）、分析心理学和预言学深有心得。